사람은
왜 대충
합리적
인가

사람은 왜 대충 합리적인가

인간의 속마음을 풀이한
현실 경제학

조준현 지음

을유문화사

사람은 **왜**
대중 **합리적**인가

발행일
2013년 6월 25일 초판 1쇄
2013년 11월 5일 초판 2쇄

지은이 | 조준현
펴낸이 | 정무영
펴낸곳 | (주)을유문화사

창립일 | 1945년 12월 1일
주   소 | 서울시 종로구 수송동 46-1
전   화 | 734-3515, 733-8153
팩   스 | 732-9154
홈페이지 | www.eulyoo.co.kr
ISBN 978-89-324-7210-2 03320

차례

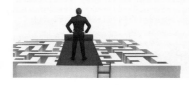

사람을 알아야 경제를 안다

경제학을 공부하고 싶은데 너무 어렵다는 분들이 많다. 명색이 경제학 박사요, 대학에서 학생들을 가르친다고 하니 내게도 그런 하소연을 털어놓는 분들이 적지 않다. 그때마다 내가 그분들에게 꼭 되묻는 말이 있다. "경제학은 왜 배우시려고요?" 물론 사람이 살아가는 데 경제는 매우 중요한 문제이다. 하지만 중요하기로 따진다면 경제학에서 이야기하는 한계효용 체감의 법칙보다 물리학에서 이야기하는 중력의 법칙이 더 중요하지 않겠는가? 그런데도 정작 물리학을 배우겠다는 분은 많지 않다. 물리학을 따로 배우지 않아도 우리는 중력의 법칙 속에서 잘 살고 있기 때문이다. 밤하늘의 별을 보기 위하여 천체물리학을 따로 공부해야 할 이유도 없고, 물에 빠져 죽지 않으려면 수영을 배울 일이지 굳이 해양공학을 배워야 할 일은 아니다. 그런데 왜 경제학은 따로 배워야 할까? 경제학을 배우고 싶다는 독자들에게 내가 하는 말은 바로 경제를 더 잘 알고 싶은 것과 경제학을 공부하는 일은 다른 문제라는 것이다. 경제학이란 천체물리학이나 해양공학처럼 아주 적은 수의 전문가들이 연구실에 틀어박혀 밤을 새워 연구하는 분야다. 너무 어려워서 보통 사람들은 이해할 수도 없고, 솔직히 이해할 필요도 없는 것이 경제학이다. 그러니 경제를 좀 더 잘 알고 싶은 분이라면 군이 경제학을 공부할 것이 아니라, 문학이든 철학이든 마음의 양식이 되는 좋은 고전을 읽는 편이 훨씬 낫다.

사람들이 경제학을 공부하고자 하는 이유는 경제 현상을 더 잘 이해하고 경제생활을 더 잘하기 위해서이다. 그리고 현실의 경제 현상을 이해하는 데 경제학의 몇 가지 기초개념들은 많은 도움이 되기도 한다. 하지만 꼭 거기까지다. 보통 사람들은 그 이상의 경제학을 공부할 필요도 없거니와 머리를 싸매고 경제학 교과서들을 들여다본들 도대체 무슨 소리인지 알아들을 수도 없다. 경제학은 전문가들만 알 수 있는 온갖 수식과 기호들로 이루어져 있기 때문이다. 그래서 어려운 교과서 대신 '알기 쉬운 경제학' 따위의 책들을 사서 읽지만 전혀 도움이 안 되기는 마찬가지다. 경제학이라는 학문 자체가 전혀 쉽지 않은데 어떻게 쉬운 경제학이 있을 수 있는가 말이다. 이런 종류의 책들은 경제학이 아니라 경제에 관한, 또는 경제학에 관한 온갖 잡담들로 이어져 있기 십상이다. 그나마 재미라도 있으면 돈이 아까워서라도 끝까지 읽을 텐데, 스무 쪽 남짓 읽고 나면 재미도 없고 감동도 없다. 이러니 경제 위기가 일어날 때마다 경제학자들이 불신을 받는 것도 당연한 일이다.

경제학이 경제 위기를 제대로 예측하거나 대응책을 제시하기는커녕 현실에서 일상적으로 일어나는 경제 현상들조차도 제대로 설명하지 못한다는 비판이 많다. 나 역시 경제학을 연구하는 사람으로서 무조건 옳다고 하기는 어렵지만, 어느 정도는 타당한 비판이라고 인정하지 않을 수 없다. 왜 경제학은 현실 경제를 제대로 설명하지 못할까? 경제학이 즐겨 사용하는 수식과 기호로 표현할 수도, 분석할 수도 없는 문제가 있기 때문이다. 이런 저런 경제 현상들과 경제활동들의 주체는 누구인가? 돈인가? 상품인가?

아니다. 바로 사람이다. 그런데 돈이나 상품은 숫자로 표현할 수 있지만 사람은 숫자로 표현할 수 없다. 그러니 경제를 제대로 알려면 경제학을 공부할 것이 아니라 거꾸로 경제학을 버려야 한다. 물론 지금 내가 하는 이야기는 경제학이 무엇을 해야 하는가에 관한 고민에서 나온 반어법인 줄 이해해 주시리라 믿는다. 경제학이 무엇을 해야 하는가를 생각하기 이전에 경제학은 과연 무엇이어야 하는가를 나는 고민해 본다. 경제학은 돈의 학문, 상품의 학문이기 이전에 사람의 마음을 읽는 학문이어야 한다고 나는 믿는다. 모든 경제 현상은 사람들의 선택에 의해서 일어나기 때문이다. 그래서 내가 자주 하는 말이 경제학은 수학보다 심리학에 더 가까워야 하고, 심리학보다 문학에 더 가까워야 한다는 것이다.

이 책은 '행동경제학' 또는 '행태경제학'이라고 불리는 경제학의 한 분야에 대해서 소개하는 책이다. 최근 몇 년 사이에 우리 출판계를 보면 행동경제학에 관한 책들이 놀랄 만큼 많이 나오고 있다. 오래전부터 이 분야에 관심을 둔 사람으로서 한편으로는 매우 반가운 일이지만, 다른 한편으로는 걱정스러운 점도 없지 않다. 몇몇 책들을 보면 내용이 지나치게 어렵거나 반대로 내용이 지나치게 부실하여 독자들로 하여금 행동경제학에 대한 잘못된 편견을 가지게 하지나 않을까 해서이다. 또 어떤 책은 홍보를 위하여 지나치게 과장된 문구들을 나열하여 독자들을 현혹하고 있기도 하다. '알기 쉬운 경제학' 따위의 책 한두 권을 읽는다고 경제학을 모두 이해할 수 없는 것과 마찬가지로, 행동경제학에 관한 책 한두 권을 읽는다고 사람의 마음을 모두 알 수는 없는 일이다. 무엇보다도 실은 행동경제학이라는 학문 자체가 아직은 발전과정에 있는, 그 체계나 내용이 덜 갖춰진 분야라는 사실이다. 그래서 행동경제학을 진지하게 연구하는 학자들은 아무도 그런 과장된 언사를 남발하지 않는다. 다만 나의 연구가 행동경제학의 발전과 더 나아가서는 경제학의 발전에 모래알 하나를 더했다면 기쁘겠노라고 말할 뿐이다. 물론 이 책은 모래알만큼도 못 된다. 왜냐하면 이 책에는 새로운 내용이 전혀 없기 때문이다. 나는 다만 행동경제학의 중요한 성과들을 독자들에게 가능한 한 가장 알기 쉬운 말로 전해 드리고자 한다. 교과서처럼 어려운 말이 아니라 우리가 일상생활에서 사용하는 언어로 마치 친구와 대화하듯 독자 여러분께 행동경제학을 들려 드리는 것이 이 책의 목적이다. 내가 독자 여러분을 가르치려 하지 않는 것처럼 독자들께서도 무엇을 배우겠다는 경직된 각오로 이 책을 대할 것이 아니라, 오랜만에 만난 친구와 마주 앉아 그동안 살아온 이야기를 나누듯이 읽어 주시기를 바란다.

원래 이 원고는 지난해부터 올해 초까지 월간 『인물과사상』에 연재되었던 글이다. 물론 연재된 내용 그대로는 아니고, 잘못된 곳은 고치고 부족한 곳은 덧붙였다. 연재하는 동안 원고를 읽고 함께 애써 주신 『인물과사상』 편집부 여러분께 먼저 감사드린다. 원고를 단행본으로 출판하도록 권유하고 격려해 주신 을유문화사 정무영 대표님과 편집부 모든 분께도 감사드린다.

2013년 나뭇잎 푸른 여름날에
조준현 드림

제1장

호모 에코노미쿠스를
찾아서

경제학자들은 왜 위기를
예측하지 못하는가?

요즘 경제가 어렵다. 그런데 경제는 왜 어려운
가? 한때는 "노통 때문에"라는 말이 유행하더니 요즘은 "MB 때문에"라는
말이 유행한다고 한다. 하지만 정말 그분들이 나라 경제를 말아먹으려고
작정하고 그러시기야 했겠는가? 물론 전혀 책임이 없지는 않겠지만 말이다.
아무튼 경제가 어려운 이유를 이야기하기 전에 먼저 경제학자들을 위한
변명을 좀 하자. 일본 앞바다에 쓰나미가 일어난다고 해서 해양물리학자들
을 비난하는 사람은 아무도 없다. 그런 일이 있어서야 안 되겠지만 설령 지
구와 혜성이 충돌한다고 천체물리학자들을 비난하는 사람도 없을 것이다.
그런데 많은 사람이 경제학자를 비난한다. 왜 경제 위기를 예측하지 못했
냐고. 경제학자로서는 참으로 억울하기 짝이 없는 일일 수도 있다. 그런데
실은 전문가의 지식보다 어린아이의 직관이 더 옳을 때가 있듯이, 경제학자

로서는 억울할 수도 있는 보통 사람들의 이런 비난에 진실의 전부는 아닐지라도 중요한 실마리가 숨어 있기도 하다. 경제학자를 위한 변명을 하겠다고 해 놓고 슬그머니 나 역시 경제학자를 비난하는 격이 되었다마는 해양학자들이 쓰나미를 예측하지 못하고 지질학자들이 지진을 예측하지 못하는 것과, 경제학자들이 경제 위기를 예측하지 못하는 이유는 다르기 때문이다. 그러니 경제학자는 욕 좀 들어도 된다.

경제 위기는 왜 일어나는가? 경제학을 처음 배울 때 가장 중요한 개념 가운데 하나가 바로 균형(equilibrium)이다. 균형이라는 개념은 원래 물리학에서 빌려 온 것인데, 가령 수요와 공급이 맞아떨어져서 가격이 결정되고 서로 거래가 이루어질 때를 균형이라고 부른다. 경제학은 수요와 공급 같은 시장에서의 여러 변수들은 균형을 맞추려는 경향이 있으며, 또한 일단 균형 상태가 되면 그러한 상태를 유지하려는 경향이 있다고 가정한다. 문제는 현실에서는 그렇지 않다는 것이다. 위기란 간단히 말하면 시장이 균형으로부터 이탈한 상태를 의미한다. 그것도 아주 많이, 아주 격렬하고 급하게 이탈한 상태다. 경제학의 가정대로라면 설령 경제가 일시적으로나 부분적으로 균형으로부터 이탈했다고 하더라도 곧 다시 균형으로 복귀해야 한다. 그런데 현실의 시장에서는 한 번 균형으로부터 이탈하면 오히려 더욱 가속적으로 이탈하는 현상이 일어난다. 바로 그것이 경제 위기이다.

시장이 경제학이 가정하고 있는 것처럼 잘 작동한다면 부분적이고 일시적인 이탈은 일어날지라도 경제 위기는 일어나지 않는다. 그렇다면 위기는 왜 일어나는가라는 질문에 대해서는 답이 나온 것 같다. 시장이 그렇게 효율적으로 작동하지 못하기 때문이다. 그런데 이번에는 또 다른 의문이 든다. 그렇다면 시장은 왜 효율적으로 작동하지 못하는가라는 의문 말이다.

경제학에서는 가장 좋은 시장 형태를 완전경쟁시장이라고 부른다. 그러나 현실에서는 완전경쟁시장이 존재하지 않는다. 시장이 완전경쟁시장이 되려면 몇 가지 전제 조건들, 즉 공급자가 무수히 많다거나 정보가 완전하게 공개된다거나 진입과 퇴출이 완벽히 자유롭다거나 하는 등의 조건들이 필요한데, 현실에서는 그러한 조건들을 모두 갖추기가 거의 불가능하기 때문이다. 그래서 현실에서는 시장이 교과서에서처럼 효율적으로 작동하는 경우가 그리 많지 않다. 경제학자들이 경제 위기를 예측하지 못하는 이유도 실은 여기에 있다. 경제학자들은 언제나 시장이 그러한 조건들을 갖추고 있다고 가정해 버린다. 경제학 교과서에 자주 나오는 우스갯소리처럼 "여기에 통조림 따개가 있다"고 가정해 버리면 모든 문제가 이론상으로는 간단히 해결되어 버리는 것이다. 어떤 농담이냐고? 한 경제학자가 무인도에 떨어졌는데 먹을 것이라고는 통조림밖에 없다. 그런데 통조림 따개가 없는 것이다. 그래서 이 경제학자는 여기에 통조림 따개가 있다고 가정하였다. 그리고는 굶어 죽었다는 이야기다.

시장이 효율적으로 작동하기 위한 조건들 가운데서 가장 중요한 조건은 무엇일까? 균형이라는 개념이 그렇듯이 경제학에서 쓰는 용어나 개념들 가운데는 물리학이나 수학에서 빌려 온 것들이 많다. 경제학의 선구자들 가운데는 수학이나 물리학을 전공했던 사람들도 많다. 용어를 빌려 쓸 뿐만 아니라 경제학의 논리 체계는 물리학의 그것과 많이 닮았다. 그래서 잠시 물리학의 이야기부터 시작해 보자. 물리학에서 이야기하는 물질의 기본 단위는 무엇인가? 원자이다. 원자를 쪼개면 뭐가 나오고 그것을 다시 쪼개면 또 뭐가 나온다는 이야기는 하지 말자. 사전적 정의로서의 원자만을 생각하자.[1] 그렇다면 경제학의 근본 단위는 무엇인가? 나는 강의 첫 시간에 종종 학생들에게 경제학이 무엇인지 물어본다. 가령 물리학은 물질과 물질의 운동에 대해서 연구하는 학문이다. 그렇다면 경제학은? 대개 학생들의 첫 번째 대답은 돈이다. 두 번째는 먹고사는 문제를 해결하는 방도라고 대답하는 경우가 많다. 그래서 좀 더 근본적으로 생각해 보자고 운을 뗀다. 근본적이라는 말에 학생들은 즉각적으로 희소성을 떠올린다. 모든 경제 문제의 근본 원인은 희소성이라고 교과서에 나오기 때문이다. 하지만 그렇다고 경제학이 희소성을 연구하는 학문은 아니다. 이제 학생들이 고민하기 시작한다. 효율성, 합리성, 합리적 선택 등등 교과서의 용어들이 차례로 나오기 시작한다. 행복의 추구는 그나마 내가 생각하는 경제학과 가장 가까운 답이다. 그래서 좀 더 힌트를 주기로 한다. 누가 선택을 하는가? 누가 행복을 추구하는가? 이제 거의 정답에 가까워진다. 그렇다. 내가 생각하는 경제학은 바로 사람을 연구하는 학문이다.

사람 운운하는 이야기가 너무 빤한 수작이라고 생각할 독자들을 위하여 조금 더 부언하기로 하자. 경제학은 선택의 학문이다. 빵을 먹을 것인가 라면을 먹을 것인가, 버스를 탈 것인가 지하철을 탈 것인가 등등 우리가 살면서 마주치는 숱한 선택들 앞에서 어떻게 선택하면 내가 더 행복해질 것인가를 고민하는 것이 바로 경제학이다. 경제학을 통해서 우리가 배우는

---

1 농담처럼 들릴지도 모르지만 실은 여기서 '원자(原子)'라는 표현은 나름 의미가 깊다. 물론 현대 물리학의 새로운 성과들에 따르면 원자보다 더 작은 물질의 최소 단위들이 새롭게 발견되었다고 한다. 다만 물질의 최소 단위가 원자라고 알려졌던 당시의 경제학 방법론이 '원자론적 개인주의'라고 불렸던 사실을 독자 여러분께 환기시키고 싶다. 각각의 물질은 서로 다른 성질을 가지고 있더라도 그 구성 단위인 원자의 성질은 동일하다. 이제부터 이야기하겠지만 경제학이 가정하는 '경제인'은 말하자면 원자와 같은 존재이다. 이런저런 경제 현상들은 다를지라도 그 현상들을 구성하는, 또는 행동하는 경제인은 똑같이 합리적이고 이기적인 보편적 인간이다. 경제학을 때로 '로빈슨 크루소의 학문'이라고 부르는 이유도 이 때문이다. 경제학은 오직 한 사람이 있다는 가정에서부터 출발하기 때문이다. 그다음에는 한 사람이 더 있다고 가정한다. 그리고 그다음에는 무수히 많은 사람이 있다고 가정한다.

모든 내용은 바로 어떻게 하면 더 좋은 선택을 할 수 있는가 하는 것이다. 하지만 대학에서 경제학 강의를 한 번이라도 들어 본 사람이라면 아마 내 말에 의문을 품을 것이다. 본인이 직접 들어 본 바에 따르면 경제학은 그렇지 않았기 때문이다. 흔히들 경제학이라고 하면 복잡한 수식과 그래프, 무슨 뜻인지 알 수 없는 통계자료와 숫자들을 떠올린다. 이런 것들이 경제학을 구성하는 일부인 것은 틀림없다. 하지만 경제학 그 자체는 아니다. 굳이 말하자면 그것들은 경제학이라는 내용을 설명하기 위한 도구들이라고 할 수 있다. 문제는 경제학을 좀 더 쉽고 편리하게 설명하기 위해 도입된 이런 도구들이 언제부터인가 경제학을 더 어렵고 복잡하게 만들어서 경제학을 공부하기 위해서는 그것들을 익히는 데 거의 모든 노력을 쏟아붓지 않으면 안 되는 지경이 되고 만 것이다.

다시 사람의 이야기로 돌아가 보자. 우리가 선택을 잘 하기 위해서는 먼저 선택의 목적이 무엇인가를 스스로 알아야 하고, 다음으로 어떻게 선택할 것인가 하는 방법에 대한 탐색이 필요하다. 행복의 추구, 효용, 경제문제의 해결 등등은 모두 선택의 목적을 가리키는 말이고, 경제학 교과서에 나오는 효율성이나 합리성은 모두 선택의 방법에 관한 것들이다. 그런데 나는 더 근본적인 질문을 던져 보고 싶다. 누가 선택하는가? 당연히 사람이다. 우리가 추구하는 행복은 누구의 것인가? 또 당연히 사람이다. 그러므로 선택을 잘하기 위해서는 이런저런 수학적 논리 이전에 먼저 사람의 본성을 이해하지 않으면 안 된다는 것이 경제학이란 무엇인가에 대한 나의 생각이다. 사람들이 어떤 상황에서 어떤 선택을 하는가, 또는 어떤 선택을 하는 것이 가장 합리적인가를 탐구하는 것이 바로 경제학이다. 그렇다면 경제학이 경제학답기 위해서는 무엇이 가장 필요한가? 바로 사람에 대한 이해, 인간의 심리와 인간성의 본질에 대한 통찰이다. 그래서 이미 몇 년 전에 쓴 책에서 나는 경제학이란 수학이기보다는 심리학이어야 하고, 심리학이기보다는 문학이어야 한다고 이야기한 적이 있다. 지금 생각해 보니 심리학까지는 그렇다 치고 문학은 좀 과장이었던 것 같기도 하다. 그러나 솔직히 말하자면 아직도 이런 내 생각에 변함은 없다.

호모 에코노미쿠스는 누구인가?

경제학이 사람을 부르는 명칭이 바로 '경제인'이다. 유식한 티를 좀 내면 '호모 에코노미쿠스(*Homo Economicus*)'다. 사람은 사람일 뿐이거늘, 마치 미국인이 따로 있고 중국인이 따로 있듯이, 경제인이 따로 있고 정치인이 따로 있고 문화인이 따로 있는 것은 아닐 터이다. 경제인이란 경제학이 바라보는 인간의 본성이라고 생각하면 된다. 인간을 탐구하고자 하는 모든 학문은 그 나름대로의 인간상을 가지고 있기 마련이다. 호모 에코노미쿠스란 경제학이 인간을 파악하는 방식, 경제학이 성찰한 인간상인 셈이다. 경제학의 모든 논리는 바로 이 경제인으로부터 출발한다. 거꾸로 말하면 경제학의 모든 문제도 바로 이 경제인에서 비롯된다고 말할 수도 있겠다. 그러나 호모 에코노미쿠스라는 말을 듣는 순간 대부분의 사람은 불편하거나 부정적인 인상을 먼저 떠올렸을 것이다. 경제학자가 아닌 대부분의 사람들이 생각하는 호모 에코노미쿠스의 이미지는 부정적이다. 심지어는 어떤 경제학자들 또한 그런 식으로 주장하기도 한다. 요컨대 경제학에 대한 오해와 경제인에 대한 오해는 다르지 않다는 것이다. 옆길로 빠지는 이야기지만, 나는 어느 물리학자도 물리학은 모두 거짓말이라고 말하는 것을 들어 본 적이 없다. 그런데 자학인지 자위인지는 모르겠지만 어떤 경제학자들은 태연히 그런 이야기들을 늘어놓는다. 더 황당무계한 것은 그런 주장을 하는 경제학자들일수록 여기저기 언론에 얼굴도 자주 나오고 책도 많이 팔린다는 사실이다. 경제학을 그렇게 불신한다면 그 자신부터 당장 경제학을 때려치우고 물리학이나 다른 학문을 공부하면 된다. 아니면 아예 미장일을 배우거나.

그러나 여기서 잠시 경제학을 위한 변명을 해 본다면, 경제학자들도 인간에게는 다른 본성과 다른 측면들이 많다는 사실을 잘 알고 있다. 다만 경제학이 중요하게 간주하여 관심을 가지고 분석하고자 하는 인간의 본성이 따로 있을 뿐이다. 하기야 경제학이 바라보는 사람의 본성이 지나치게 좁은 것만은 사실이기도 하다. 사전적으로 정의하면 호모 에코노미쿠스란 "윤리적이거나 종교적인 동기와 같은 외적 동기에 영향을 받지 않고 순전히 자신의 경제적인 이득만을 위하여 행동하는 사람"을 가리킨다. 경제학 교과서들은 조금 더 전문적으로 호모 에코노미쿠스를 정의하고 있다. 즉 이기적 동기에 따라 합리적으로 행동하며 자신의 욕구를 정확하게 이해하고 있는 인간이 바로 호모 에코노미쿠스이다. 어떤 책들은 여기에 효용 극대화나 완전한 정보, 고정된 선호 등의 조건을 덧붙이기도 한다. 그러나 호모 에코노미쿠스를 정의할 때 가장 중요한 개념은 바로 이기심, 합리성, 그리고 자기이해라는 세 가지이다. '경제인은 합리적 인간'이라고 말할 때의 합리적이란 의미는 좁은 의미에서의 합리성만을 가리키는 것이 아니라 바로 이 세 가지 조건을 모두 갖춘 인간이라는 뜻이다. 그런데 경제학에 대한 세상 사람들의 비판도 대부분 바로 여기에서부터 시작된다. 한마디로 인간은 반드시 이기적이지만도 않고 반드시 합리적이지도 않으며, 무엇보다도 자기 자신을 완전히 이해하고 있지도 않다는 것이다. 물론이다. 그렇게 보면 호모 에코노미쿠스는 어쩌면 현실에 존재하지 않는 인간형일지도 모른다. "흰 말은 말이 아니다(白馬非馬)"라는 논리학의 오래된 명제와 같은 의미에서 말이다.

이제 처음 던졌던 질문으로 돌아가 보자. 경제 위기는 왜 일어나는가? 경제학자들은 왜 위기를 예측하지 못하는가? 경제 위기가 일어나는 이유는 시장이 효율적이지 못하기 때문이며, 시장이 효율적이지 못한 것은 인간이 완전하게 합리적이지는 않기 때문이다. 그렇다면 경제학자들은 왜 위기를 예측하지 못하는가? 합리적이지 않은 인간을 합리적이라고 가정하기 때문이다. 사람은 그다지 합리적이지 않다. 그러나 이미 했던 변명을 다시 되풀이하자면, 실은 경제학자들도 그런 사실을 모르지는 않는다. 다른 이유는 모두 제쳐 두고 자기 자신을 바라보면 누구나 잘 알 수 있는 일이 아닌가? 경제학자라고 다를 바 없다. 그렇다면 인간은 철저히 비합리적인가? 요즘 '야성적 충동(animal spirit)'[2]이라는 말이 유행한다는데, 과연 인간은 모두 동물과 같은 본능과 충동에 따라 사는가? 인간이 철두철미 비합리적이라는 주장은 인간이 철두철미 합리적이라는 주장보다 더 터무니없는 이야기다. 둘다 아니라면 도대체 인간은 어떤 존재인가? 굳이 말하자면 인간은 그럭저럭 합리적인 존재일 듯싶다. 합리적일 때도 있고

---

2 '야성적 충동(animal spirit)'이라는 말은 존 메이너드 케인스(John Maynard Keynes)의 『고용, 이자 및 화폐의 일반이론』에 나오는 말이다. 다만 내가 가지고 있는 예전 판에서는 같은 말이 '야성적 혈기'로 번역되어 있다.(존 메이너드 케인스, 조순 옮김, 『고용, 이자 및 화폐의 일반이론』, 비봉출판사, 1995, 159쪽) 인간이 반드시 합리적 이성에 따라서만 행동하는 것이 아니라 때로는 논리적으로 설명할 수 없는 야성적 충동에 따라 행동하기도 한다는 뜻이다. 이를 제목으로 한 책이 다른 사람들에 의해 나와 있기도 하다.(조지 애커로프·로버트 J. 쉴러, 김태훈 옮김, 『야성적 충동』, 랜덤하우스코리아, 2009)

아닐 때도 있지만 그래도 합리적일 때가 좀 더 많고, 좀 많이 이기적인 존재이고, 자기 자신에 대해 대충은 이해하지만 이해하지 못할 때도 자주 있는 존재다. 이제부터 이야기할 행동경제학(Behavioral Economics)[3]의 표현을 빌리면 바로 '제한된 합리성(bounded rationality)'을 가진 존재가 바로 인간이다.

하지만 인간이 그러하다는 사실을 경제학자들도 잘 알고 있다면, 그럼에도 경제학자들은 왜 인간은 전적으로 합리적인 존재라고 주장하는가? 이런 질문에 굳이 대답하자면 그것은 실험실과 같은 이유라고 할 수밖에 다. 물리학자들이 가정하는 진공상태도 현실에 존재하지 않기는 마찬가지가 아닌가? 그런데도 그런 이유로 물리학이나 물리학자들을 비난하는 사람은 아무도 없지 않은가 말이다. 따라서 경제학자들이 실험실에서 실험한다고 해서 그들을 비난할 수는 없다. 문제는 이 글의 첫머리에서 말한 것처럼 물리학자들은 자신의 실험실과 현실을 혼동하지 않는데, 경제학자들은 실험실 안에 있으면서 자신이 현실 세계에 있는 줄 착각한다는 데서부터 나타나는 것이다. 물리학자들은 특수한 조건을 갖춘 실험실에서 수천수만 번의 실험을 거쳐서 드디어 하나의 결론에 도달한다. 설마 정말로 뉴턴이 사과나무 아래서 낮잠을 즐기다가 떨어지는 사과를 보고 만유인력의 법칙을 발견했다고 믿는 사람은 없을 것이다. 경제학 교과서의 무심한 듯한 문장 하나하나도 마찬가지다. 이러저러한 상황에서 보통의 사람들이 어떻게 행동하는가 하는 문제를 놓고 경제학자들은 오랫동

---

3 'Behavioral Economics'의 번역어로는 '행동경제학'과 '행태경제학'이라는 말이 사용된다. 그리 많지는 않지만 'Behavioral Economics'를 소개하고 있는 경제학 교과서들은 대체로 행태경제학이라는 말을 사용한다. 그러나 일반인을 위한 서적들에서는 행동경제학이라는 말이 더 친숙한 듯하다. 그래서 이 책에서도 행동경제학으로 부르기로 한다.

안의 사색과 토론과 계산을 거쳐서 하나의 결론에 도달한다. 그들의 노고는 물리학자들과 비교해도 결코 적지 않다. 문제는 그 다음부터 발생한다. 어느 물리학자도 자신이 수만 번의 실험을 거듭했던 그 실험실과 현실의 사과나무를 착각하지 않는다. 그런데 많은 경제학자들은 자신이 실험해서 얻은 결론을 거꾸로 자신의 출발점이었던 그 순간에 적용하는 오류를 너무도 쉽게 저지르고 만다.

어째서 경제학자들은 자신의 결론에 도달하기 위하여 그토록 오랫동안 고민했을까? 당연히 어떤 현상을 있는 그대로 묘사하기는 쉬워도 그것을 논리적으로 설명하기는 쉽지 않기 때문이다. 그래서 다른 모든 학문이 그렇듯이 경제학도 매우 오랜 수련을 거친 전문가들에 의해 숱한 시행착오를 거쳐서야 겨우 결론에 도달할 수 있다. 그런데 문제는 이러한 과정을 거쳐서 결론에 도달하자마자 경제학자들은 모든 경제주체들이 그러한 결론을 이미 직관적으로 이해하고 있으며, 따라서 바로 그러한 직관에 따라서 행동한다고 믿어 버린다는 것이다. 분석의 결과가 분석의 전제가 되어 버리는 것이다. 노벨경제학상을 받은 케네스 조지프 애로(Kenneth Joseph Arrow)도 말했듯이, "우리는 과학적으로 분석한다는 것과 경제주체들이 과학적으로 행동한다는 것을 동일시하는 아주 이상한 실수"4를 저지르고 있는 것이다. 이러한 논리 구조에서는 '경제주체들은 합리적이므로 합리적이다'는 동어반복이 나올 수밖에 없다. 경제학이 신줏단지 모시듯 하는 합리적 인간의 신화는 바로 이렇게 해서 나온 것이다. 그러나 어쩌랴? 경제학

---

4 리처드 H. 세일러, 최정규·하승아 옮김, 『승자의 저주』, 이음, 2009, 124쪽. (세일러가 쓴 책은 우리나라에도 여러 권 번역되었다. 그런데 좀 난처한 일은 책마다 저자의 이름이 다르게 표기되어 있다는 것이다. 어떤 책에서는 지은이의 이름을 탈러라고 써 놓았는데, 내가 보기에는 세일러도 탈러도 틀렸다. 아무튼 이 책에서는 본문에서는 세일러로 통일하고 각주에서는 옮긴이가 각자 적은 대로 쓰기로 한다.)

의 아버지라는 애덤 스미스(Adam Smith)조차도 "나는 나의 책 안에서만 완벽하다"고 고백했으니 말이다.

근대정신은 '인간'을 발견하고
경제학은 '경제인'을 발견하다

그런데 호모 에코노미쿠스 이야기를 하다 보니 문득 궁금해진다. '경제인'이라는 말을 가장 먼저 사용한 사람은 누구일까? 경제학의 아버지라고 불리는 애덤 스미스일까? 미안하지만 그의 저작에는 호모 에코노미쿠스라는 말이 전혀 나오지 않는다. 알려진 바로는 호모 에코노미쿠스의 번역어로 '경제인(economic human)'이라는 용어를 처음 쓴 사람은 영국의 경제학자 존 스튜어트 밀(John Stuart Mill)이다. 1874년에 발표된 논문에서 밀은 요즘의 경제학 교과서와 거의 다르지 않게 경제인을 정의하고 있다. 호모 에코노미쿠스라는 라틴어가 문헌에서 처음 사용된 것은 그보다 조금 더 지나 이탈리아 출신의 경제학자 빌프레도 파레토(Vilfredo Pareto)가 1906년에 발표한 논문에서이다. 그러나 아마 당시에는 이미 이 용어가 제법 광범하게 사용되고 있었을 것으로 여겨진다. 말하자면 누가 호모 에코노미쿠스라는 말을 가장 먼저 썼는지 모른다는 뜻이다. 그런데 경제인이라는 말을 처음 사용한 것도 아닌데 왜 애덤 스미스가 경제학의 아버지인가? 그것은 바로 그가 경제인이라는 이름을 붙이지는 않았지만 경제인의 본성을 가장 잘 설명했기 때문이다.[5]

애덤 스미스가 윤리학 교수였다고 말하면 많은 이들이 뜻밖이라고 대답한다. 물론 이때의 윤리학은 오늘날의 윤리학보다는 훨씬 범위가 넓은, 철학은 물론 행정학과 법학 등을 모두 포함하는 사회과학 일반에 가까운 학문이었다. 말하자면 사람들의 행동을 분석하고 그런 행동의 배후에 있는 동기, 즉 스미스의 표현으로는 윤리나 도덕을 분석하고자 한 것이 바로 애덤 스미스 시대의 윤리학이었던 것이다. 내가 경제학을 수학보다 심리학에 더 가깝다고 말하는 이유도 여기에 있다. 그렇다면 이제 왜 애덤 스미스가 경제학의 아버지인지 눈치챘을 것이다. 그 시대의 많은 경제학자와 철학자 가운데서도 애덤 스미스야말로 사람들이 어떤 행위를 선택하는 동기, 즉 인간성의 본질에 대해 가장 잘 이해하고 통찰했기 때문이다. 그리고 인간에 대한 이러한 통찰이 가능하게 된 것은 바로 근대라는 정신적 토양 위에서이다. 경제학이 근대의 정신적 토양 위에서 만들어졌다는 의미는 단순하게 말하면 근대 자본주의가 나타나면서부터 경제 현상이 복잡해지고, 따라서 사람들의 경제에 대한 생각도 복잡해지고, 그러한 생각들이 더욱 발전하여 경제학이라는 학문을 만들었다는 뜻이다. 당연히 근대 이전에도 경제에 대한 생각이야 있었지만, 그때는 경제 현상이나 경제활동부터가 단순하다 보니 기껏해야 콩 심은 데 콩 나고 팥 심은 데 팥 난다는 원리 정도면 충분했고, 경제'학'이라고 불릴 만큼 정밀한 이론 체계는 굳이 필요하지

---

5 나는 음악의 아버지가 바흐라고 하지만 과연 모든 음악가, 아니 대부분의 음악가가 정말 바흐를 음악의 아버지라고 생각하는지 궁금할 때가 많다. 교과서나 잡학 사전을 만드는 사람들이 그렇게 이름을 붙이다 보니 그렇게 불리는 것은 아닌지 하는 의구심이 들기도 한다. 난데없이 이런 말을 덧붙이는 이유는 정작 경제학자들 가운데는 왜 스미스가 경제학의 아버지인지 이해하지 못하는 사람도 많고, 그를 굳이 경제학의 아버지라고 생각하지 않는 사람도 많기 때문이다. 그들에게 스미스는 굳이 비유하자면 예수님이 아니라 물고기 뱃속에서 사흘 만에 나온 '요나' 같은 인물일지도 모르겠다. 그렇다면 경제학자들이 생각하는 진정한 근대 경제학의 아버지는 누구일까? 어떤 경제학자들에게는 아마 알프레드 마셜(Alfred Marshall)일 것이다. 그러나 어쩌면 더 많은 경제학자들이 레옹 발라(Léon Warlas)야말로 진정한 근대 경제학의 아버지라고 생각하지 않을까 싶다.

않았던 것이다. 이런 의미에서 경제학은 근대의 산물이다.

그러나 내가 '근대라는 정신적 토양 위에서'라고 말한 것은 조금 더 심오한 의미에서이다. 근대의 정신적, 사상적 의의를 "미신에서 과학으로"라고 정의한 사람은 바로 막스 베버(Max Weber)이다. 무엇이 미신이고 무엇이 과학인가? 한마디로 근대 이전에는 우주의 질서나 인간의 본성에 대한 우리들의 과학적 인식 수준이 매우 낮았다는 것이다. 가령 번개라는 자연현상에 대한 과학적 지식이 없었던 시대의 옛사람들이 그것을 모진 놈에 대한 어떤 초자연적 존재의 징벌로 이해한 것이 그런 예이다. 자연현상에 대해서 뿐 아니라 옛사람들은 사회와 역사의 발전 원리에 대해서도 전혀 과학적으로 인식하지 못했고, 더 나아가서는 인간이 그러한 주제들에 대해 과학적으로 인식할 수 있다는 가능성조차도 부정했다. 한마디로 인간은 결코 신의 섭리를 이해할 수 없다는 것이다. 이것이 전근대사회의 정신적, 사상적 태도다.

그러나 르네상스에서 계몽주의에 이르는 근대사상의 형성과 발전은 우리가 우주의 질서와 역사의 진보를 과학적으로 인식할 수 있다고 선언한다. 나는 철학사나 사상사를 공부한 사람이 아니니 여러 근대 사상가들의 이러저러한 차이에 대해서는 자세히 알지 못한다. 내가 말하고 싶은 것은 그들의 차이가 아니라 그들의 공통된 정신적 토양으로서의 합리주의 또는 이성주의이다. 인간이 자신의 이성을 사용하여 여러 자연현상과 사회현상들을, 그리고 더 근본적으로 바로 자기 자신의 본성을 이해할 수 있다는 자각이야말로 모든 근대사상의 출발점이라고 나는 생각한다. 물론 여기서의 '이성'은 순수하게 데카르트적인 의미가 아니라 경험이나 감정, 직관 등과 같은 인간의 지적, 정서적인 능력 일체를 의미한다. 굳이 부언하자면 뒤에서 다시 이야기할 하이에크적 의미에서의 합리주의라고나 할까. 아무튼 호모 에코노미쿠스는 인간이 경제 현상의 본질과 원리를 잘 이해할 수 있을 뿐 아니라 더 나아가 올바른 선택을 할 수 있다는 전제에서 나온 것이다. 그리고 이러한 전제는 르네상스 이후 근대사상의 발전이 정립해 온 인간상으로부터 나온 것이다. 경제학자들이 별난 사람들이어서 별난 가정을 만든 것이 아니라, 그들이 배우고 따랐던 근대 사상가들이 만든 '인간'이라는 정의에 '경제'라는 말을 덧붙여 '경제인'이라고 불렀던 것뿐이라는 이야기다. 경제학이 근대의 정신적 토양에서 나왔다는 말은 바로 이런 의미이며, 따라서 경제학이 경제인이라는 인간형으로 출발한다는 사실은 우리가 경제학을 비난할 근거가 되는 것이 아니라 반대로 경제학을 옹호하지 않으면 안 될 근거가 된다.

문제는 스미스를 비롯한 경제학의 아버지들이 전제한 경제인과 오늘날의 경제학 교과서에 나오는 경제인이 많아 다르다는 점이다. 오늘날 경제학이 받는 불신의 이유도 실은 그러한 차이에서 비롯된 것이다. 스미스가 인간의 이기심에 대해 참으로 놀라운 통찰을 보여 준다는 데 대해서는 굳이 길게 설명할 필요가 없겠다. "우리가 저녁 식사를 할 수 있는 것은 푸줏간 주인이나 양조장 주인, 빵 제조업자들의 박애심 때문이 아니라 그들의 돈벌이에 대한 관심 덕분이다. 우리는 그들의 박애심이 아니라 자기애에 호소하며, 우리의 필요가 아니라 그들의 이익만을 그들에게 이야기할 뿐이다"라는 『국부론』의 한 구절을 인용하는 것만으로도 충분하기 때문이다. 이러한 이기적 인간형이 나타날 수 있었던 것도 역시 근대의 산물이라는 점만 간단히 덧붙여 두자. 여기서 근대란 자본주의를 가리킬 뿐만 아니라 근대 시민사회를 가리키기도 한다. 그리고 스미스가 생각한 이기심이란 결코 타인의 행복을 침해함으로써 자신의 필요를 충족시키려 하는 탐욕을 의미하지 않는다는 사실도 함께 확인해 두자. 그것은 누구나 그러하듯이 내가 행복해지고자 하는 소박하고도 당연한 인간적인 욕구를 의미할 뿐이다. 궁금한 분들은 스미스의 『국부론』과 『도덕감정론』을 직접 읽어 보기 바란다. 그런데 혹시 아직 『국부론』을 읽어 본 적 없다고 해서 괜히 부끄러워할 필요는 없다. 대학에서 경제학을 공부하는 학생들의 99%는 『국부론』을 읽어 보지 않고도 학교에 잘 다닌다. 경제학을 강의하는 사람들 가운데도 역시 『국부론』을 읽어 보지 않은 이들이 많다. 다만 그 비율은 직업상의 기밀이어서 밝히기 어렵다.

인간의 이성은 무엇을 인식할 수 있고
무엇을 인식할 수 없는가?

애덤 스미스는 『국부론』이라는 저작을 통틀어 따로 인간의 합리성이나 합리적 인간이라는 것을 정의하지는 않는다. 어쩌면 그에게는 인간의 합리성이란 굳이 정의할 필요조차 없는 문제였을 것이다. 따라서 우리는 그가 생각한 합리적 인간은 과연 어떤 인간형이었을까를 여러 증거로부터 정황적으로 추적해 갈 도리밖에 없다. 애덤 스미스의 사상과 이론을 정립하는 데 가장 큰 영향을 미친 인물로는 두 사람이 있다. 한 사람은 스승이자 글래스고대학의 철학 교수 자리를 스미스에게 물려 준 프랜시스 허치슨(Francis Hutcheson) 교수이고, 다른 한 사람은 경험주의 철학자 데이비드 흄(David Hume)이다. 지금은 그 분야의 전문가가 아니면 그 이름조차 생소하지만 그 당시에 흄은 영국의 가장 위대한 철학자 가운데 한 사람으로 꼽혔으며, 많은 사상가들과 학자들에게 큰 영향을 미친 인물이다. 물론 애덤 스미스도 그 중 한 사람이며, 스미스를 경제학의 아버지로 불리게 만든 『국부론』에서도 흄의 영향은 지대하게 나타난다. 여담이지만 허치슨 교수가 은퇴하면서 그 자리를 기대했던 가장 유력한 인물도 실은 흄이었으나 결국 그 자리는 스미스에게 가고 말았다. 흄이 극단적인 불가지론자였기 때문이다. 흄의 사상은 지나치게 극단적이어서 그의 책을 소지하고 있다는 사실만으로도 불온시되었다. 실제로 스미스는 흄의 『인성론』을 탐독하다가 들켜 대학에서 퇴학당할 뻔한 적도 있다.

근대 서양철학의 가장 큰 두 가지 원류는 흔히 데카르트(René Descartes)의 이성주의와 베이컨(Francis Bacon)의 경험주의라고 이야기한다. 요즘이라고 무엇이 달라졌겠는가마는 내가 중·고등학교를 다녔던 시절에는 "경험주의-베이컨-영국 중심-경험 중시, 이성주의-데카르트-대륙 중심-이성 중시"라고 도표를 만들어 외우고 다녔던 기억이 있다. 정작 데카르트가 무엇을 말하고 베이컨이 무엇을 주장하고자 했는가는 모른다. 그저 데카르트라고 하면 "나는 생각한다, 고로 존재한다"가 바로 튀어나오고, 베이컨이라고 하면 "아는 것이 힘이다"라는 말이 반사적으로 뒤따를 뿐이다. 아무튼 중요한 것은 흄이 바로 베이컨으로부터 출발해 토머스 홉스(Thomas Hobbes)와 존 로크(John Locke)에 의해 발전된 영국 경험론 철학의 가장 중요한 계승자라는 사실이다. 그의 불가지론(不可知論)은 경험주의를 가장 극단적인 지경까지 추구한 철학이다. 즉 내가 경험하지 않은 존재는 존재하지 않는다는 것이다. 그리고 흄의 충실한 후배였던 애덤 스미스는 비록 스스로 자신을 그렇게 부른 적은 없지만 경험주의자였다. 스미스의 『국부론』을 직접 읽어 보지 않은 사람들은 그 책에는 온갖 수식과 그래프가 가득

할 것이라고 생각하기 쉽다. 경제학의 아버지가 쓴 책이니 당연히 요즘 우리가 진절머리내는 그 경제학 교과서들의 전범이 아니겠는가 말이다. 그러나 직접 『국부론』을 읽어 보면 수학이 전혀 나오지 않는다는 것을 발견할수 있다. 가끔 산수는 나온다. 더하기와 빼기 말이다. 그 대신 역사와 현실에서 가져온 갖가지 예들과 이야기들이 있을 뿐이다. 경험주의자 스미스의 모습을 잘 보여 주는 증거다.

그런데 굳이 우리나라의 주입식 교육 탓이 아니더라도 이성주의와 경험주의를 비교하여 설명하다 보면 지나치게 도식적이 되기 쉽다. 그래서 다른 사람의 이야기를 잠시 더 빌리면, 케인스의 친구이자 라이벌이었으며 요즘 경제학의 주류를 이루고 있는 이른바 신자유주의 사상의 창시자들 가운데 가장 중요한 인물인 프리드리히 아우구스트 폰 하이에크(Friedrich August von Hayek)는 경험이냐 이성이냐 하는 식의 이분법을 지양하고, 서양 근대사상의 핵심을 합리주의로 파악한다. 가령 순수이성이 아니라 경험을 통해서만 진리에 도달할 수 있다는 베이컨의 태도도 결국 인간이 진리를 인식할 수 있다고 확언하는 점에서는 합리주의의 사상적 전통 속에 있다는 것이다. 그런데 하이에크는 합리주의를 다시 진화적 합리주의와 구성적 합리주의로 구분한다. 이야기가 너무 길어질 것 같으니 되도록 간단히 요약해 보자. 하이에크가 말하는 구성적 합리주의란 인간이 바람직한 사회질서를 의도적으로 설계할 수 있다는 태도이다. 하이에크는 구성적 합리주의자의 주요한 인물로 데카르트, 장 자크 루소(Jean Jacques Rousseau), 그리고 칼 하인리히 마르크스(Karl Heinrich Marx) 등을 꼽았다. 그러나 이에 대해 하이에크는 그 누구도 사회의 구성 원리를 모두 파악할 수는 없으며, 다만 그것에 적응해 갈 수 있을 뿐이라고 비판하였다. 이것이 바로 진화적 합리주의이다. 그가 케인스류의 국가 개입을 이성의 오만이라고 비판한 것도 같은 맥락에서다. 정부든 누구든 시장에 개입하고 시장을 규제함으로써 더 나은 경제 질서를 만들 수 있다고 생각하는 것은 잘못된 생각이며 '이성의 오만'이라는 것이다. 하이에크가 진화적 합리주의자로 꼽은 인물들이 바로 베이컨, 로크, 흄, 그리고 애덤 스미스이다.

이쯤 오면 내가 이야기하고자 하는 바를 이미 짐작하신 독자도 많을 것이다. 하이에크는 이론적으로는 물론 그 근저에 놓인 사상적 측면에서 오늘날의 주류경제학6을 만드는 데 가장 중요한 역할을 한 인물이다. 시장에 대한 주류경제학자들의 사고방식은 거의 그가 주장한 진화적 합리주의 사상의 연장선에 있다. 그런데 정작 그들의 경제 이론에서 가장 근본 단위를 이루는 경제인의 개념은 하이에크나 애덤 스미스가 생각했던 진화적이고 경험적인 인간형이 아니라 스스로 모든 것을 안다고 확신하는, 다른 말로 표현하면 이성의 오만에 빠진 구성적 인간형이다. 도대체 이런 모순은 어디서 나온 것일까? 그리고 경제학자들은 이런 모순을 스스로 인식하고 있기나 한 것일까? 굳이 이런 식으로 표현하자면 경제학자들은 아무도 시장을 완전히 이해할 수 없다고 말함으로써 마치 자신은 시장을 완전히 이해하고 있는 것처럼 착각하고 있는 것이다. 그리고 오늘날 주류경제학이 빠져 있는 딜레마도 모두 여기서부터 나온 것이다.

---

6 나도 글을 쓸 때나 강의를 할 때 '주류경제학'이라는 표현을 자주 사용하지만, 과연 그것이 적절한 용어인지는 조금 의문스럽다. 어떤 책을 보니 '표준경제학(standard economics)'이라는 용어를 사용하는데, 어쩌면 이쪽이 더 적절할지도 모르겠다. 물론 표준이라는 말이 어떤 가치판단을 내포하는 것은 아니고, 말 그대로 경제학원론 교과서에 나오는 경제학이라는 뜻이다. 그래서 제법 고민을 해 보았지만, 역시 많은 사람이 사용하는 대로 '주류경제학'으로 부르기로 하자.

호모 에코노미쿠스로부터
행동경제학으로

한마디로 말해서 인간은 합리적이다. 대체로 그렇다는 이야기다. 그러나 호모 에코노미쿠스가 가정하는 것처럼 완벽하게 합리적이지는 않다. 그런 인간이 있을 수 있다고 생각한다면 그것은 정말 이성의 오만일 뿐이다. 또한 인간은 이기적이다. 역시 대체로 그렇다는 이야기다. 때로 인간은 이기적이지 않을 때도 있다. 무엇보다도 인간은 정작 자기 자신에 대해서는 잘 모르는 경우가 많다. 하지만 그렇다고 해서 경제학이 전혀 터무니없다거나 전적으로 오류라고 주장하려는 것은 아니다. 다만 물리학이 그렇고 해양과학이 그렇듯이 경제학도 모든 경제 현상을 완벽하게 설명하지는 못한다는 뜻이다. 당연히 완전하지 않다는 말이 전적으로 오류라는 것은 아니다. 오히려 여전히 경제학은 이런저런 현상과 현실을 설명하는 데 가장 유력한 도구 가운데 하나다. 다른 학문을 비난하려는 듯이 들리면 곤란하니 그 정도로 표현하고 말자. 잠시 케인스의 말을 한 마디 인용해 보자. "경제학자나 정치철학자들의 관념의 힘은 옳고 그름을 떠나 일반적으로 이해되는 것보다 훨씬 더 강력한 것이다."

아무튼 경제학의 부족함이 호모 에코노미쿠스라는 가정이 지나치게 엄격하기 때문이라는 사실을 인식한 몇몇 경제학자들은 주류경제학을 보완할 방법에 대해서 고민하게 되었다. 주류경제학과 행동경제학의 차이를 좀 더 쉽게 비유해 보자. 가령 경제학 교과서에는 '매몰비용(sunk cost)'이라는 개념이 나온다. 행동경제학에서도 자주 언급되는 개념인데, 이미 지불되어 회수할 수 없는 비용이라는 뜻이다. 경제학 교과서에서는 매몰비용은 계산하지 말라고 되어 있다. 이미 지불된 비용은 미래의 효용에 영향을 미치지 못하기 때문이다. 그러나 이 말은 거꾸로 현실에서 사람들은 매몰비용을 계산에 넣은 비합리적 행동을 자주 한다는 의미이기도 하다. 그런데도 주류경제학은 합리적 인간이라면 당연히 매몰비용은 계산하지 않는다는 가정에서부터 이론을 전개한다. 그러니 경제학이 현실을 제대로 설명하지 못하는 것이다. 매몰비용은 계산하지 않는 것이 합리적이라는 주류경제학의 내용이 잘못되었다고 할 수는 없다. 그러나 경제학이 인간은 처음부터 그렇게 행동한다고 가정해 버린 것은 틀렸다. 앞에서도 지적한 것처럼 분석의 결과가 분석의 전제가 되었기 때문이다. 그러다 보니 언제부터인가 경제학은 자신들의 가정을 고치기보다 비합리적인 인간을 비난하기 시작한 것이다. 그런 심리의 저변에는 다른 사람들은 합리적이지 못하지만 나 자신만은 합리적이라고 믿는 경제학자들의 지적 오만이 깔려 있음을 굳이 부정하지는 않겠다.

행동경제학은 매몰비용은 계산하지 않아야 하는데도 왜 인간은 매몰비용을 계산하는 것일까 하는 관점에서 인간의 행동을 설명하고자 한다. 이래야 한다거나 저래서는 안 된다는 당위가 아니라 왜 인간은 그렇게 행동하는가를 이해하자는 뜻이다. 그들은 인간 행동의 배후에는 직선적으로 단순하고 명료한 합리성보다 더 복잡하고 때로는 이해하기 어려운 심리와 정서가 있다는 사실에 주목하였다. 그래서 그들은 심리학, 정신분석학, 사회학, 인류학, 언어학, 정치학 등과 같은 다른 학문으로부터 배우고자 하였다. 죄송한 말씀이지만 당연히 경제학이 다른 학문으로부터 배워야 한다고 생각했던 경제학의 아버지들과 달리 요즘의 주류경제학자들은 다른 학문들로부터 배우는 것을 부끄럽게 여긴다. 오죽했으면 사회학은 경제학이 다루지 않는 주제를 연구하는 학문이라는 말까지 나왔을까? 그러나 지금 이야기할 몇몇 경제학자들은 다른 학문으로부터 배우는 것을 경제학이 부끄러워해야 할 일이 아니라, 애덤 스미스가 그랬던 것처럼 경제학 본연의 문제의식으로 돌아가는 것으로 생각했다. '행동경제학'은 이렇게 해서 탄생한 것이다.

그러나 오해는 하지 말자. 요즘 우리나라에서도 부쩍 행동경제학에 관한 책들이 많이 나오고 있다. 솔직히 나는 그 이유를 잘 모르겠는데, 굳이 짐작해 보자면 주류경제학에 대한 불신이 그만큼 크기 때문일 수도 있겠다. 그런데 이 책들의 광고 문구를 보면 낯이 뜨겁다 못해 손발이 오그라들 정도다. 행동경제학을 소개한 책을 파는 사람들이 행동경제학에 관한 오해를 만들어 낸다는 이야기다. 가령 적지 않은 사람들이 행동경제학을 경제학이 아닌 다른 무엇으로 생각한다. 심지어 '기존의 경제학을 완전히 뒤엎은' 등등의 표현도 자주 본다. 하지만 행동경제학이 경제학이 아니라면 왜 거기에 행동'경제학'이라는 이름이 붙었겠는가? 나도 주류경제학이나 정통경제학이라는 표현을 쓰기는 한다. 행동경제학이 아직 주류경제학은 아니라는 뜻이다. 그러나 불과 30년 전에는 게임이론도 주류경제학이 아니었다. 하지만 그 누구도 게임이론을 경제학이 아닌 다른 이름으로 부르지는 않는다. 경제학에는 여러 세부 분야들이 있으며, 게임이론도 그 가운데 하나이듯이 행동경제학도 그 가운데 하나이다.

행동경제학은 사람이 합리적이라는 주류경제학의 가정을 부정하는 것이 아니라, 왜 합리적 인간이 때때로 비합리적인 행동을 하는가를 이해하고자 할 뿐이다. 변증법적 사유에서는 사물이 운동한다고 생각한다. 하지만 그렇다고 해서 때로는 사물이 정지 상태에 있을 수도 있다는 것을 부정하지는 않는다. 정지는 운동의 특수한 형태일 뿐이기 때문이다. 사람은 합리적이지만 때로는 비합리적이기도 하다. 어쩌면 그런 비합리성 또한 사람이 가진 합리성의 한 부분일 터이다.

허버트 사이먼
Herbert Alexander Simon,
1916~2001

행동경제학의 지평을 처음 연 사람은 흔히 1978년 노벨경제학상을 받은 허버트 알렉산더 사이먼이라고 이야기한다. 독일계 이민자의 아들로 태어난 사이먼은 시카고대학에서 정치과학으로 석사와 박사 학위를 받았으며, 몇몇 대학을 거쳐 카네기 멜론대학의 심리학, 인지과학, 컴퓨터공학 분야의 교수를 지냈다. 1978년 "경제조직 내부에서의 의사 결정 과정의 연구"에 관한 공로로 노벨상을 받았다. 실은 사이먼이 행동경제학의 토대를 닦은 여러 가지 실험들을 수행하기 전에 이미 여러 사람들이 그보다 먼저 그런 실험들을 시도했었다. 그럼에도 사이먼을 행동경제학의 진정한 선구자로 꼽는 것은 바로 그가 '제한된 합리성'의 개념을 정초하였기 때문이다.

제2장
사람은 무엇으로 사는가?

우리가 저녁거리를
걱정하지 않는 이유

여든 살이 넘어 가족도 재산도 모두 버리고 자기를 찾아 홀로 떠났다가 어느 시골 역에서 세상을 떠난 톨스토이(Lev Nikolaevich Tolstoi)의 작품 가운데 「사람은 무엇으로 사는가」라는 단편이 있다. 천사 미하일은 어느 여인의 목숨을 거두러 갔다가 막 태어난 아이가 여인의 젖을 빨고 있는 모습을 보고는 차마 그러지 못하고 돌아간다. 하느님의 지시를 어긴 벌로 그는 지상에 내려가 사람으로 살면서 다음 세 가지 질문의 답을 찾으라는 명령을 받는다. 그 세 가지 질문은 바로 "인간의 내면에는 무엇이 있는가?", "인간에게 허락되지 않은 것은 무엇인가?", "사람은 무엇으로 사는가?"이다. 지상에 내려와 구두 수선공이 된 미하일은 그 여자아이가 이웃 사람들의 도움과 양부모의 보살핌으로 건강하고 훌륭하게 자란 것을 본다. 하느님이 준 세 가지 질문의 답을 모두 찾은 그는 다시 천사가 되어 하늘로 돌아간다. 그가 찾은 세 가지 해답은 이렇다. "인간의 내면에는 사랑이 있다", "인간에게는 자기의 운명을 아는 것이 허락되지 않는다" 그리고 바로 "사람은 사랑으로 살아간다"는 것이다. 그런데 톨스토이가 여든 살에 집을 나간 진짜 이유는 구도를 위해서가 아니라 부인의 잔소리를 견디지 못해서라고 말하는 이도 있다. 어쩌면 이쪽이 더 진실에 가까울 성싶기도 하다.

호모 에코노미쿠스를 규정하는 가장 중요한 특징은 이기심, 합리성, 자기이해라고 이야기했다. 그렇다면 이제 이기심부터 이야기를 시작해 보자. 인간은 과연 이기적인가? 경제학의 아버지 애덤 스미스는 사람이 이기심으로 산다고 말하였다. 인간의 본성이 바로 이기심에 있다는 것이다. 물론 스미스보다 훨씬 이전부터 수많은 철학자와 사상가들은 인간의 본성에 대해 고민해 왔다. 가령 우리가 아는 중국의 성현들을 생각해 보자. 맹자(孟子)는 인간의 본성이 선하다 하였고, 순자(荀子)는 악하다고 하였다. 이기심과 이타심이라는 말 대신에 선과 악이라는 말을 넣어 보니 너무 과장하는 듯싶기는 하다. 그러나 우리가 흔히 생각해 온 이기심이라는 개념이 악에 가깝다는 것을 부인하기는 어려울 것이다. 요컨대 스미스 이전까지 철학자들은 인간의 본성을 이기적이기 때문에 악하다고 보거나 이타적이기 때문에 선하다고 파악해 왔다는 뜻이다.

그런데 스미스는 인간의 본성을 이기적이라고 파악하고, 이 이기심이 그 자신을 위해서는 물론 사회 전체의 풍요와 발전을 위해서도 선이라고 주장하였다. "우리가 식사할 수 있는 것은 정육점 주인, 양조장 주인, 빵집 주인의 자비에 의한 것이 아니라 자기 자신의 이익에 대한 그들의 관심 때문이다. 우리는 그들의 인간성에 호소하지 않고 그들의 이기심에 호소하며, 그들에게 우리 자신의 필요를 이야기하지 않고 그들의 이익을 이야기한다"[1]는 이 유명한 구절이 그의 사상을 단적으로 보여 주고 있다. 비단 여기서만이 아니라 『국부론』과 다른 저작들의 여러 곳에서 스미스는 인간의 이기적 본성이야말로 경제적 풍요와 사회 발전의 원동력이라고 말한다.[2] 스미스가 경제학자 이전에 철학자였다는 사실을 기억해 주시기 바란다. 스미스가 경제학의 아버지라고 불리는 이유는 이런저런 경제 이론들을 수립하고 정리했기 때문만이 아니라, 바로 이처럼 인간의 본성에 대한 새로운 통찰을 우리에게 제시했기 때문이다.

그런데 스미스가 말한 이기심이라는 개념은 우리가 흔히 생각하는 이기심과는 전혀 다른 의미다. 다시 빵집 주인 이야기로 돌아가 보자. 위에 인용한 『국부론』의 구절을 원문으로 보면 이렇다. "It is not from the benevolence of the butcher, the brewer, or the baker, that we expect our dinner, but from their regard to their own interest."[3] 우리가 흔히 '이기심'으로 번역하는 용어를 스미스는 '자애심(self-love)'이라고 표현한다. 『국부론』뿐 아니라 다른 저작에서도 스미스는 'selfish'나 'selfishness'라는 말은 그다지 자주 사용하지 않는다. 가끔 나오기는 하지만 그런 경우에

---

1 애덤 스미스, 김수행 옮김, 『국부론』, 동아출판사, 1996, 22쪽.

2 가령 『도덕감정론』에서 스미스는 "천성(天性)이 이런 방식으로 우리를 기만한다는 것은 다행스러운 일이다. 인류의 근면성을 일깨워 주고 계속해서 일을 하게 만드는 것은 이러한 기만이다"(애덤 스미스, 박세일·민경국 옮김, 『도덕감정론』, 비봉출판사, 2009, 344쪽)라고 이야기한다. 그런데 본문의 내용과는 상관없는 이야기지만, 같은 책의 초판에서는 'nature'가 '자연'으로 번역되어 있다. 그래서 예전에 출판한 책에서 나도 '자연의 기만'이라는 용어를 사용하였다.(조준현, 『누구나 말하지만 아무도 모르는 자본주의』, 카르페디엠, 2011, 35쪽) 스미스의 경제 이론이나 사상을 소개한 다른 책들에서도 자연의 기만이라는 용어를 사용하는 경우가 많으므로 잘못된 일은 아니다. 그러나 내가 보기에도 자연보다는 천성이 스미스가 말하고자 한 의미에 더 옳은 듯싶다.

3 Adam Smith, *The Wealth of Nations*, Random House, New York, 1937, p.14.

는 부정적인 의미로 사용될 때가 많다. 가령 스미스 자신이 『국부론』보다 더 중요한 저작으로 여겼던 『도덕감정론』의 첫 문장은 "인간이 아무리 이기적(selfish)인 존재라 하더라도, 그 천성에는 분명히 이와 상반되는 몇 가지가 존재한다"[4]는 말로 시작된다. 여기서 이기심은 동정이나 연민과 같은 감정과 상반되는 의미다. 또 같은 책에서 그는 "그 누가 과도한 적의, 과도한 이기심(selfishness), 과도한 분개를 혐오하지 않겠는가?"[5]라고 말한다. 과도한 이기심은 혐오의 대상이라는 것이다. 스미스가 자주 사용하는 자애심은 복잡한 의미를 담고 있다. 때로 그것을 이기심과 비슷한 의미로 사용하기도 한다. 그러나 다른 곳에서는 이기심과 대비하여 사용하기도 한다.

스미스가 버나드 맨더빌(Bernard de Mandeville)의 『꿀벌의 우화』[6]를 비판하기 위해 『도덕감정론』을 썼다는 주장은 아무래도 과장된 이야기일 듯싶다. 물론 스미스가 이 책을 읽고 감동을 받아 『국부론』을 썼다는 이야기는 과장을 넘어 황당한 이야기다. 아무튼 스미스가 『도덕감정론』의 여러 곳에서 맨더빌을 비판하고 있는 것은 사실이다. 맨더빌은 "개인의 악덕이 사회의 미덕"이라고 주장하였다.[7] 스미스가 맨더빌을 비판하는 가장 중요한

---

4 애덤 스미스, 『도덕감정론』, 3쪽.

5 애덤 스미스, 『도덕감정론』, 576쪽.

6 맨더빌은 스미스보다 반세기 정도 앞서 활동했던 인물이다. 네덜란드 출신의 의사로, 영국에 귀화하여 활발한 저술 활동을 하였다. 그의 저작 가운데 가장 유명한 것은 바로 『꿀벌의 우화(The Fable of the Bees; or Private Vices, Public Benefits)』이다. 이 책에서 그는 인간의 탐욕과 낭비 등의 악덕이 오히려 부를 증대시키고 실업을 해소한다고 주장하여 동시대인들은 물론 후세로부터도 많은 비난을 받았다. 그러나 유효수요이론을 주장한 케인스는 『고용, 이자 및 화폐의 일반이론』에서 맨더빌의 시를 인용하면서 수요가 경제 발전을 가져온다는 그의 주장을 옹호하였다.(존 메이너드 케인스, 『고용, 이자 및 화폐의 일반이론』, 361~364쪽)

7 "사치는 가난뱅이 100만 명에게 일자리를 주었고 / 얄미운 오만은 또 다른 100만 명을 먹여 살렸다. / 시샘과 헛바람은 산업의 역군이니 / 그들이 즐기는 멍청한 짓거리인 / 먹고 쓰고 입는 것에 부리는 변덕은 / 괴상하고 우스꽝스러운 악덕이지만 / 시장을 돌아가게 하는 것은 바로 그 바퀴였다네."(버나드 맨더빌, 최윤재 옮김, 『꿀벌의 우화』, 문예출판사, 2010, 106쪽)

이유는 그가 미덕과 악덕을 구분하지 않기 때문이다.[8] 맨더빌은 개인이 자신의 행복을 추구하는 감정을 모두 악덕으로 불렀다. 그러나 스미스에게 그것은 존중받아야 할 인간의 천성이다. 또한 맨더빌은 인간이 타인을 존중하고 그를 연민하거나 동정하는 행위조차도 이기적인 동기에서 나오는 것이라고 간주하였다.[9] 그러나 스미스에게 동감과 이기심은 전혀 다른 감정이다. 스미스가 생각하기에 인간이 다른 사람을 존중하는 이유는 그러한 행위를 통해 스스로 만족감을 느끼기 때문이 아니라 자기 자신도 타인으로부터 그렇게 대접받고 싶기 때문이다.

스미스는 자애심을 무조건적으로 긍정하지만은 않는다. 스미스는 인간의 자애심이 칭찬받을 가치도 없지만 그렇다고 비난받아서도 안 된다고 말한다. 자애심이 공동의 이익을 방해할 때에는 언제나 악덕이다. 그러나 자애심이 개인으로 하여금 오직 자신의 행복만을 돌보도록 할 때에는 무죄일 따름이다.[10] 빵집 주인의 이야기를 다시 한 번 인용하자. "우리가 식사할 수 있는 것은 정육점 주인, 양조장 주인, 빵집 주인의 자비에 의한 것이 아니라 자기 자신의 이익에 대한 그들의 관심 때문이다." 이 문장은 다음과 같이 이어진다. "우리는 그들의 인간성에 호소하지 않고 그들의 이기심에 호소하며, 그들에게 우리 자신의 필요를 이야기하지 않고 그들의 이익을 이야기한다(We address ourselves, not to their humanity but to

---

8 애덤 스미스, 『도덕감정론』, 599쪽.
9 스미스는 이러한 이론의 창시자로 토머스 홉스를 지적하였다. 『리바이어던』을 비롯한 여러 저작에서 홉스는 인간은 "만인에 대한 만인의 투쟁"이라는 자연 상태로부터 자신을 보호하고자 하는 이기적 동기에서 자신의 권리를 국가에 양도한다고 주장하였다.(토머스 홉스, 최공웅·최진원 옮김, 『리바이어던』, 동서문화사, 2009, 132쪽) 이에 대해 스미스는 세속의 권력을 옹호하려는 목적에서 나온 잘못된 이론이라고 비판하였다.(애덤 스미스, 『도덕감정론』, 612쪽)
10 애덤 스미스, 『도덕감정론』, 580쪽.

their self-love, and never talk to them of our own necessities but of their advantages)." 문명사회에서 사람들이 서로 협력하는 이유, 사람들이 서로 분업하고 교환하는 이유도 바로 자기 이익에 관한 관심 때문이다.

"인간은 항상 동료의 도움을 필요로 하는데, 이것을 오직 동료의 자비로 부터 기대하는 것은 불가능하다. 이렇게 하는 것보다는 오히려 자기의 이 익을 위해 동료의 이기심을 자극하고 자기의 요망 사항을 들어 주는 것이 그들 자신의 이익이 된다는 것을 보여 주는 것이 훨씬 낫다. 타인에게 어떤 종류의 거래를 제의하는 사람은 누구든지 그렇게 하려고 한다. 내가 원하 는 것을 나에게 주면, 너는 네가 원하는 것을 가지게 될 것이라는 것이 이 러한 모든 제의가 의미하는 바다. 그리고 이러한 방법으로 우리는 우리가 필요로 하는 호의의 대부분을 상호간에 얻어낸다."[11] 여기서 알 수 있듯이 스미스가 『도덕감정론』에서는 '공감'의 원리를, 『국부론』에서는 '이기심(자 애심)'의 원리를 각각 주장했다는 식의 설명은 잘못된 것이다. 스미스가 진 정으로 말하고자 했던 것은 바로 공감과 자애심이 어떻게 공존하는가 하 는 원리이기 때문이다. 『도덕감정론』에서 『국부론』에 이르기까지 자애심 에 대한 스미스의 사상은 매우 일관된다. 다만 『국부론』에서 앞의 저서와 달라진 점은 자신의 행복을 추구하는 인간의 천성으로서 자애심의 가장 핵심적인 내용을 "자신의 이익에 관한 관심", 즉 간단히 말하면 '자기 이익 (self-interest)'에서 찾았다는 점이다.

이제 다시 '인간은 과연 이기적인가?' 하는 질문을 던져 보자. 여기서 인 간이 이기적이라는 말은 당연히 스미스적 용법으로 자애적이라는 뜻이다.

---

11 애덤 스미스, 『국부론』, 22쪽.

물론 그 용어를 어떻게 부르든 우리가 묻고자 하는 질문의 핵심이 달라지는 것은 아니다. 여기서 문득 떠오르는 의문은, 인간은 이기적인가 하고 묻기보다 차라리 나는 이기적인가 하고 물어보는 편이 더 낫지 않은가 하는 것이다. 굳이 다른 사람들의 이야기를 할 필요가 어디 있는가? 우리 모두 자기 자신에게 직접 물어보자. 나는 과연 이기적인가? 그런데 정작 이런 질문이 더 어려운 이유는, 한마디로 나는 이기적이라거나 그 반대라고 대답할 수 있는 사람은 아마 거의 없을 것이기 때문이다. 이렇듯 나 자신조차 모르면서 감히 사람이 무엇으로 산다고 어떻게 말할 수 있겠는가 하고 반문할 수도 있지만, 실은 우리의 삶이 그렇다. 감히 나는 어떻다고 말하기는 어려우면서 인간은 어떻다고 말하기는 쉽다.

시식 코너의 비극

"자본주의적으루다 살자구." 영화 「타짜」에서 아귀의 대사이다. 모시던 두목의 복수를 다짐하는 조직원에게 아귀는 인간적인 감정 따위는 모두 잊어버리고 나한테 무슨 이익이 되는지만 생각하라고 말한다. 참으로 호모 에코노미쿠스적인 사고방식이다. 그런 사고방식을 가진 인물이 어쩌다가 손목까지 잃게 되었을까? 다른 사람의 손목을 얻고자 한 탐욕 때문이다. 그러나 이기심, 즉 자기 이익에 관한 관심은 탐욕이 아니다.

경제학 교과서에 꼭 나오는 이야기 가운데 하나가 '공유지의 비극'이다. 목동들이 양이나 소에게 풀을 먹일 때에는 자기 풀밭의 풀은 나중에 먹이고 공동으로 이용하는 목초지의 풀을 먼저 먹이기 마련이니 그 결과 공유지가 황폐해지고 마는 것이 바로 공유지의 비극이다. 경제학 용어를 좀 섞어서 표현하면 배제성은 없는데 경합성은 있는 재화를 공유 자원이라고 부른다. 배제성이 없다는 말은 누구든 이용할 수 있다는 뜻이고, 경합성이 있다는 말은 다른 사람이 먼저 이용하면 나는 이용할 수 없다는 뜻이다. 그러다 보니 모두가 다른 사람보다 먼저 이용하려 하기 마련이고, 꼭 필요하지 않더라도 남용하게 된다. 우리 집 화장실의 화장지는 오래가는데, 공용 건물 화장실의 화장지는 금방 떨어지는 것과 같은 이유다. 아프리카의 코끼리가 멸종 위기에 빠진 이유도 마찬가지다.

공유지의 비극 또는 공유 자원의 비극은 인간의 이기심을 보여 주는 좋은 예이다. 경제학 교과서에 따르면 공유지의 비극을 해결하는 가장 좋은 방법은 소유권을 부여하는 것이다. 즉 배제성은 없는데 경합성은 있는 것이 공유 자원이므로 소유권을 부여함으로써 배제성을 만들자는 뜻이다. 가장 좋은 예가 바로 아프리카 케냐의 어느 국립공원에서 코끼리의 밀렵을 막기 위하여 코끼리마다 주민에게 소유권을 부여한 일이다. 그랬더니 주민들이 스스로 자기 코끼리를 보살피고 밀렵꾼을 막더라는 이야기다. 시장이 자원의 남용을 막는 가장 좋은 방법이라는 예로 자주 인용되는 이야기다. 하지만 그에 앞서 코끼리의 상아가 시장에서 비싼 값으로 팔리지 않는다면 과연 누가 코끼리를 밀렵할까?

우리 주변에서 이런 공유 자원을 가장 쉽게 만날 수 있는 곳이 바로 대형 마트다. 마트의 식품부에 가 보면 이런저런 음식들을 내놓고 소비자들로 하여금 맛을 보게 한다. 시식 코너의 음식들은 누구나 먹을 수 있으므로 배제성은 없다. 그러나 다른 사람이 먼저 먹어 버리면 나는 먹을 수 없으니 경합성은 있다. 그래서 시식 코너의 음식은 공유 자원인 것이다. 예전에 썼던 책에서 과연 시식 코너의 음식들은 몇 번까지 공짜일까 하는 이야기를 한 적이 있다.[12] 그러니 다시 물어보자. 시식 코너의 음식들은 몇 번까지 공짜일까? 당연히 무한 번까지 가능하다. 논리적으로는 그렇다는 이야기다. 시식 코너에서 배가 부를 때까지 음식을 먹는 사람은 없다. 왜 그럴까?

행동경제학에서는 이런저런 실험들을 통해 사람의 행동을 분석한다. 물론 이 실험들은 거창한 실험 기계와 도구를 갖춘 실험실에서가 아니라 바로 강의실에서 이루어진다. 행동경제학의 실험들은 흔히 '종이와 연필의 실험'이라고 불리는데, 말 그대로 종이와 연필만 있으면 되기 때문이다.[13] 오늘날 행동경제학에 관한 여러 책들에서 소개하는 내용은 바로 아모스 트버스키(Amos Tversky)와 대니얼 카너먼(Daniel Kahneman) 같은 선구자들이 그들의 학생들을 대상으로 시도한 실험의 결과들이다. 그래서 나도 내 강의를 듣는 학생들을 대상으로 똑같은 실험들을 해 보았다. 물론 트버스키와 카너먼이 한 실험은 매우 정교하고 사려 깊게 고안된 실험인 반면 내 강의실에서 이루어진 실험은 그냥 흉내내 본 것에 불과하니 너무 큰 기대는 하지 않는 편이 좋다. 솔직히 말하면 내 학생들은 표본으로서 그다지 신뢰도가 높은 편이 못 된다. 아무튼 내 학생들에게 시식 코너에서 몇 번까지 먹느냐고 물었더니 다음과 같이 대답한다. "한 번만 먹는다"(23%), "맛있으

---

12 조준현, 『19금 경제학』, 인물과사상사, 2009.

13 대니얼 카너먼과 함께 2002년 노벨경제학상을 공동 수상한 버논 스미스(Vernon L. Smith)에 의하면, 이런 유의 실험을 처음 시도한 사람은 하버드대학의 경제학과 교수이던 체임벌린(Edward Hastings Chamberlin)이라고 한다. 체임벌린은 일반 독자들에게는 그다지 익숙한 이름이 아닐 테지만, 오늘날 미시경제학의 핵심 분야인 기업의 균형이론을 정립하는 데 매우 중요한 기여를 했으며, 특히 '독점적 경쟁'이라는 불멸의 이론을 남긴 경제학자다. 버논 스미스는 학생 시절 자신이 그 실험에 참여했다고 이야기하는데, 그런 이유에서인지 그는 자신의 연구를 행동경제학이 아닌 '실험경제학(Experimental Economics)'이라고 부른다. 노벨상을 함께 받은 데서도 알 수 있듯이 두 연구는 공통된 내용도 많지만 차이점도 있다. 버논 스미스와 그의 동료들이 한 실험은 카너먼과 아모스 트버스키의 실험보다 좀 더 엄격하고 세밀한 조건 아래서 이루어졌는데, 가장 중요한 차이는 아마 카너먼과 트버스키가 심리학자인데 반해 버논 스미스는 경제학자이기 때문일 것이다.

면 두 번까지 먹는다"(49%), "세 번 이상도 가능하다"(12%), "한 번 먹고 다른 코너 갔다가 다시 와서 또 먹는다"(12%). 엉뚱하지만 "시식 코너를 이용하지 않는다"는 대답도 5%였다. 반올림 때문에 합계가 100%가 넘었다. 응답한 학생이 모두 몇 명이냐고? 43명이다. "애걔, 겨우?" 하고 비웃지는 마시라. 트버스키와 카너먼이 했던, 행동경제학의 역사에서 가장 중요한 실험의 응답자는 모두 42명이었다. 물론 내 실험의 학생 수는 그때그때 달라진다.[14] 아무튼 시식 코너의 음식은 공유 자원이므로 마치 코끼리를 밀렵하듯이 누구든 마음대로 먹을 수 있다. 하지만 대부분의 사람은 그렇게 행동하지는 않는다. 사람이 반드시 이기적이지는 않다는 의미다.

대형 마트의 식품부에 시식 코너가 왜 있는가 하고 물어보면 대부분의 사람들이 "음식 맛을 보고 구매하도록 하기 위해서"라고 대답한다. 그러나 시식 코너에 놓인 음식들의 맛은 굳이 먹어 보지 않아도 안다. 똑같은 소시지인데 무슨 별다른 맛의 차이가 있겠는가 말이다. 그래서 시식 후에 그 상품을 구매한 적 있느냐고 물었더니 "있다"가 68%, "없다"가 32%였다. 상품을 구매한 이유로는 대부분이 "맛이 있어서"라고 대답했고, 구매하지 않은 이유로는 "처음부터 그 상품을 구매할 의사가 없었다"는 대답이 가장 많았다. 그런데 구매할 의사도 없으면서 왜 먹었을까? 그래서 공유 자원인 것이다. 아무튼 시식 후에 상품을 구매하지 않은 학생들의 대부분이 처음

---

14 나중에 따로 이야기할 기회가 있겠지만 표본의 크기와 관련해서는 '큰 수(大數)의 법칙'이니 '작은 수(小數)의 법칙'이니 하는 문제가 있다. 표본의 크기가 클수록 신뢰도는 높아진다는 뜻이다. 그러나 트버스키와 카너먼의 실험에서 보듯이 표본의 크기가 절대적인 문제는 아니다. 대통령 선거가 있을 때 여론 조사기관들은 불과 천여 명을 조사하고도 3000만 명이 넘는 유권자들의 성향을 정확하게 조사하는 경우가 많다. 주사위를 던지는 것과 같은 무작위적인 행위에서는 큰 수의 법칙이 매우 중요한 의미를 가지지만, 일정한 규칙성을 가지는 행동에서는 그다지 문제가 되지 않을 수 있다는 뜻이다. 이런 경우에는 표본의 수보다 응답자가 모두 대학생이라는 특수 집단에 속하기 때문에 일정한 편향을 가질 수 있다. 그러니 그저 재미삼아 들어 보라는 이야기다.

부터 그 상품을 구매할 의사가 없었다고 대답한 반면에, 먹어 보니 맛이 없어서 구매하지 않았다는 대답은 한 명도 없었다. 먹어 보니 맛이 있어서 구매한다고 대답한 사람들은 실은 그렇게 생각하고 있는 것일 뿐이다.

대형 마트에 시식 코너가 있는 진짜 이유는 대부분의 사람들이 무료로 시식하고 나면 미안한 마음을 느끼기 때문이다. 그래서 이왕 삼겹살 한 근을 사기로 했다면 시식을 했던 그 가게에서 사게 되고, 가끔은 계획에 없던 물만두도 한 봉지 더 사게 되는 것이다. 물론 그렇지 않은 사람도 많다. 그렇다고 그들이 굳이 다른 사람들보다 더 이기적이라는 뜻은 아니다. 재미있는 일은 세 번 이상도 먹을 수 있다고 대답한 학생들은 평균 보다 훨씬 높은 수치인 80%가 구매한 적이 있다고 대답한 반면, 다른 코너에 갔다가 다시 와서 또 먹는다고 대답한 학생들은 평균 이하인 60%만이 구매한 적이 있다고 대답한 점이다. 세 번이나 시식하고도 그냥 갈 수 있다면 대단한 배짱이다. 반면에 일부러 다른 코너에 갔다가 다시 오는 사람들은 시식을 하고도 구매하지 않을 가능성을 미리 생각하고 있다는 의미다.

이제 행동경제학에서 가장 유명한 실험 가운데 하나를 소개해 보자. 이른바 '최후통첩 게임(ultimatum game)'이라는 것이다. 조 아무개 교수가 당신에게 10만 원을 주면서 옆 사람과 나누도록 한다. 얼마씩 나눌 것인가는 당신이 결정하지만, 만약 그 금액이 마음에 들지 않으면 상대방은 거절할 수 있다. 그럴 때 10만 원은 다시 조 아무개 교수가 가져간다. 당신은 얼마를 제안할 것인가? 반대로 당신이 제안을 수락하거나 거부할 처지라면 과연 얼마까지 수락할 것인가? 경제학이 말하는 이기심이란 바로 자기 이익에 관한 관심을 의미한다는 것은 앞에서 제법 길게 설명하였다. 그러니 이기심에 따르면 당신은 1원만 제안해도 충분하다. 상대방 역시 당신이 1원만 제안하더라도 수락하는 편이 더 이익이다. 아무것도 생기지 않는 편보다는 1원이라도 생기는 편이 더 낫기 때문이다. 그러나 사람들은 그렇게 행동하지 않는다. 내 강의의 학생들에게 1만 원부터 5만 원 사이에서 제안하도록 했더니 학생들이 제안한 평균 금액은 44,000원이었다. 3분의 2에 가까운 학생들이 5만 원을 제안하였다. 역시 신뢰도가 형편없는 학생들이다. 그 이유를 물었더니 대부분의 학생이 매우 간단하게 대답하였다. 5만 원씩 나누는 것이 가장 공평하다는 것이다. 이 '공평성'이라는 문제에 대해서는 마지막 장에서 다시 이야기해 보자. 아무튼 내 학생들은 매우 이기적이지 않게 행동한 셈인데, 과연 이 학생들이 진짜 돈을 앞에 두고도 그렇게 행동할지는 모르겠다.

더 재미있는 일은 반대의 경우이다. 즉 당신이 제안을 받는 처지라면 얼마까지 수락하겠느냐는 질문에 학생들이 대답한 평균 금액은 22,000원이었다. 상대방에게 제안할 때는 4만 원 이상을 선택했지만, 자신이 수락할 때는 2만 원이면 충분하다는 것이다. 물론 제안 액수가 적을 때는 거부하겠다는 학생들도 있다. 다른 이들의 실험에서는 이 거부 비율이 매우 높았다. 상식대로라면 우리 강의실에서도 결과가 반대로 나와야 하는데 역시 민망한 일이다. 내 학생들이 밝힌 수락의 이유로는 당연히 그만큼이라도 받는 편이 이익이기 때문이라는 응답이 가장 많았다. 이 점에서 보면 확실히 사람은 이기적이다. 그런데 우리가 흔히 사람은 이기적이라고 말할 때는 타인에 대해 자신의 이익을 중시한다는 뜻이다. 그런데 학생들은 타인의 이기심에 대해서는 관대하고 정작 자신은 그다지 이기적이지 않게 행동하였다. 그렇다면 사람의 본성은 이기심이 아니라 상대방에 대한 이해와 관용에 있는 것인가?

최후통첩 게임에 약간의 수정을 더한 것이 '독재자 게임'이다. 최후통첩 게임에서는 상대방이 나의 제안을 거부할 수 있다. 그러나 독재자 게임에서는 거부할 수 없다는 것이 차이점이다. 똑같은 질문을 학생들에게 했더니 제안한 액수의 평균은 4만 원이었다. 최후통첩 게임의 44,000원보다 조금 낮기는 하지만, 상대방이 거부할 수 없음에도 학생들은 비교적 높은 금액을 제안했다는 뜻이다. 전혀 영향을 미치지 않은 것은 아니더라도 상대방의 거절 여부가 제안 금액에 그다지 결정적인 요인이 아니라는 뜻이다. 응답자 가운데는 5만 원을 제안한 학생이 가장 많았는데, 그 이유에 대해 학생들은 상대방이 거절할 수 있든 없든 간에 5만 원씩 나누는 것이 가장 공평하기 때문이라고 대답하였다. 그다음으로 많은 응답은 4만 원인데, 상대방이 모르는 사람이라면 3만 원 이하를 제안하겠지만 친한 정도에 따라서 4만 원 이상을 제안하겠다고 대답한 학생도 있다.

그런데 이 게임에서 특히 주목할 만한 사실은 경제학을 배운 학생일수록 더 적은 액수를 제안하고, 또 더 적은 액수더라도 수용한다는 것이다. 이런 사실은 흔히 경제학이 사람을 더 이기적으로 만든다는 증거로 사용되기도 한다. 그러나 미국이든 한국이든 학생들은 어떤 질문을 받으면 으레 버릇처럼 무엇이 정답일까를 생각하기 마련이다. 내가 보기에는 경제학을 배운 학생들이 더 이기적인 것이 아니라 무의식적으로 '이것이 정답이구나' 하고 선택하기 때문이다. 비슷한 경우로 질문지에 대문자의 굵은 글씨로 "당신의 이익을 극대화하도록 행동해 주십시오"라고 적어 놓으면 제안 금액은 더 적어진다고 한다.[15] 두 가지 경우 모두에서 이기적인 선택을

---

15 리처드 H. 세일러, 『승자의 저주』, 63쪽.

하는 이유는 질문자가 암시를 통하여 선택을 유도하고 있기 때문이다. 다만 경제학을 배운 학생들은 조금 오래전에 간접적으로, 후자의 학생들은 바로 그 자리에 직접적으로 암시를 받는다는 차이뿐이다. 그런데 이야기를 하다 보니 결국 경제학은 사람을 더 이기적으로 만든다는 바로 그 이야기를 나 또한 되풀이하고 있는 것 같기도 하다.

사람의 행동은 상대방이 누구냐에 따라서 달라지는 경우가 많다. 내 강의실에서의 실험에서 제안 액수가 매우 높게 나타난 이유도 학생들은 은연중에 상대방을 나의 친한 친구라고 가정했기 때문이다. 다른 예를 한 가지 더 이야기해 보자. 마트의 시식 코너처럼 무료는 아니되 얼마를 지불할 것인가를 자신이 결정할 수 있는 무인 판매기가 있다. 판매기의 수익금은 주민들의 복지를 위하여 사용된다. "인근의 가게에서 1,500원에 파는 콜라를 마시고 당신은 얼마를 지불하겠습니까?" 하고 질문했더니, 학생들이 대답한 평균 금액은 1,140원이었다. 그 이유는 무인 판매기이므로 인건비 등등이 들지 않으므로 1,000원 정도만 지불하면 된다는 것이다. 이기적이라기보다는 매우 합리적인 학생들이다. 물론 0원을 지불하겠다는 학생도 있고 2,000원을 지불하겠다는 학생도 있다. 주민들의 복지를 위하여 사용되므로 그 정도는 더 지불할 수 있다는 것이다.

그런데 같은 질문을 우리 동네가 아니라 다른 동네로 바꿔서 물었더니 평균 금액은 890원으로 낮아졌다. 내가 아는 사람들과 모르는 사람들 사이에는 존중의 정도가 달라지기 때문이다. 물론 무인 판매기이므로 우리 동네든 다른 동네든 누가 나를 지켜보고 있지는 않다. 그러나 보는 사람이 없어도 대부분 사람들은 자신이 속한 공동체에 대한 의무나 봉사, 나에 대한 타인들의 평판 같은 점들을 중시한다. 사람이 반드시 이기심만으로 살지는 않는다는 증거다. 아무튼 학생들의 응답 가운데 가장 재미있는 것은 "콜라를 좋아하지 않습니다"라는 대답이다. 그럼 사이다를 마시면 되는데 말이다. 이런 학생들을 데리고 실험을 하니 내가 어떻게 노벨상을 받겠는가?

용의자의 딜레마

이제 조금 더 전문적인 이야기를 해 보자. 경제학의 한 분야인 게임이론에서 가장 자주 나오는 이야기 가운데 하나가 바로 '용의자의 딜레마(prisoner's dilemma)'이다. 게임이론에 대해서는 나중에 다시 이야기하기로 하자. 아무튼 용의자의 딜레마는 굳이 경제학에 관한 책이 아니어도 워낙 자주 인용되는 이야기여서 아마 대부분의 독자가 한두 번은 들어 보았을 것이다.[16] 두 사람의 범죄자가 남의 집에 침입하여 강도질을 저질렀다. 검사는 두 용의자를 체포하였으나 결정적인 증거는 없다. 따라서 두 용의자 가운데 한 사람이라도 자백하지 않으면 용의자들은 사소한 경범죄 위반으로 1년 형만 받게 된다. 그러나 용의자 가운데 한 사람

---

16 '용의자의 딜레마'가 만들어지게 된 데에는 재미있는 일화가 있다. 제2차 세계대전이 끝난 후 미국 국방성은 안보를 위한 과학적 연구를 수행하기 위하여 랜드 연구소(RAND Corporation)를 설립했다. 랜드 연구소에서 수행한 대부분의 연구는 군사적 용도로 사용되었다. 그러나 랜드 연구소는 응용수학 연구의 중심지이기도 했으며, 또한 게임이론의 산실이기도 했다. 랜드 연구소에 소속되어 있으면서 게임이론의 발전에 지대한 공헌을 한 학자로 폰 노이만(Johann von Neumann)과 모르겐슈테른(Oskar Morgenstern), 존 내시(John Nash), 메릴 플러드(Merrill Flood), 멜빈 드레셔(Melvin Dresher) 등을 들 수 있다. 랜드 연구소의 고문이자 프린스턴대학교의 수학 교수인 앨버트 터커(Albert Tucker)는 1950년 스탠퍼드대학교 심리학자들로부터 게임이론에 대한 강연을 요청받았다. 터커는 게임이론에 생소한 심리학자들의 이해를 돕기 위하여 플러드와 드레셔가 공동으로 행한 실험 게임에 바탕을 두고 용의자의 딜레마라는 아이디어를 만들었다.

만 자백하고 다른 사람은 범죄를 부인하면, 앞의 용의자는 자백의 대가로 무죄가 되고 부인한 용의자는 혼자 25년 형을 받게 된다. 만약 두 사람 모두 자백하면 각각 10년 형을 받게 된다. 검사는 두 용의자를 서로 다른 방으로 데려가 자백하면 무죄를 받을 수 있다고 회유한다. 자, 여러분이 용의자라면 어떻게 할 것인가? 왜 하필 용의자에 나를 비유하느냐고 화내지는 마시라. 저 높은 곳에 계신 분이 보시기에 우리 모두 가여운 죄인들 아니겠는가?

〈표 2-1〉 용의자의 딜레마

		홍길동	
		자백	부인
로빈 후드	자백	(10년, 10년)	(무죄, 25년)
	부인	(25년, 무죄)	(1년, 1년)

먼저 로빈 후드의 처지에서 생각해 보자. 로빈 후드는 홍길동이 무엇을 선택할지 모른다. 그러니 일단 가정을 해 보자. 먼저 홍길동이 자백을 선택한다고 가정하면 로빈 후드가 자백하면 10년 형, 부인하면 25년 형을 받는다. 당연히 자백하는 편이 이익이다. 반대로 홍길동이 부인을 선택했다면? 그래도 로빈 후드는 자백하는 편이 이익이다. 자백하면 무죄, 부인하면 1년 형을 선고받기 때문이다. 그러므로 로빈 후드는 홍길동이 무엇을 선택하든 자백하는 편이 이익이다. 이러한 경우를 '우월전략(dominant strategy)'이 있다고 하며, 우월전략이 있는 게임을 '우월전략 게임', 그리고 그 결과를 '우월전략 균형'[17]이라고 부른다. 홍길동의 경우도 마찬가지다. 조건이 똑같

으니 선택과 결과도 똑같을 수밖에 없기 때문이다.

용의자의 딜레마는 우리로 하여금 많은 것을 생각하게 한다. 가령 이 문제에서 최선의 결과는 두 사람 모두 부인하는 것이며, 최악은 두 사람 모두 자백하는 것이다. 그런데 홍길동과 로빈 후드 모두 합리적으로 행동했음에도 결과는 최선이 아니라 최악으로 나타난다. 시장이 그다지 효율적이지 않다는 증거이기도 하고, 때로는 보이지 않는 손이 반대로 작용하기도 한다는 의미로도 해석될 수 있다. 다만 지나친 확대 해석은 곤란하다. 용의자의 딜레마는 의도한 결론을 이끌어 내기 위해 만들어진 특수한 경우에 불과하다. 그러니 시장에서는 언제나 이런 상황이 일어난다고 과장되게 말하는 것은 옳지 않다. 이런 상황이 일어날 수도 있다는 이야기일 뿐이다. 아무튼 이제 용의자의 딜레마가 우리에게 주는 함의를 조금 더 깊이 생각해 보자. 여러분이라면 이런 경우에 무엇을 선택하겠는가?

내 강의를 듣는 학생들에게 용의자의 딜레마에서 어떻게 행동하겠느냐고 물었더니 38명(54%)이 자백한다고 대답하였고, 33명(46%)이 부인한다고 대답하였다. 내 학생들의 신뢰도가 낮다는 말은 엉뚱한 답을 한 학생들이 많다는 뜻이다. 가령 자백한다는 대답을 한 학생 가운데에는 죄를 지었으면 당연히 벌을 받아야 한다는, 모범 시민이 할 법한 답을 한 학생도 있

---

17 영화 「뷰티풀 마인드(Beatiful Mind)」의 실재 인물인 존 내시에게 노벨상을 준 것이 바로 게임이론이다. 그런데 게임이론이나 행동경제학을 소개한 책들 가운데는 용의자의 딜레마를 '내시 균형'이라고 설명하는 경우가 자주 있다. 이것은 틀린 말은 아니지만 그다지 적절한 설명은 아니다. 본문에서 설명한 것처럼 용의자의 딜레마는 내시 균형 가운데서도 '우월전략 균형'이라고 부른다. 상대방이 무엇을 선택하든 상관없이 나에게 더 우월한 전략 ― 이 경우에는 자백 ― 이 존재한다는 뜻이다. 그런데 내시 균형의 중요한 의미는 우월전략이 있는 경우는 물론이거니와 우월전략이 없는 경우에도 균형은 존재할 수 있다는 것이다. 따라서 우월전략 균형은 내시 균형의 한 경우이지만, 모든 내시 균형이 우월전략 균형은 아니다. 그러니 우월전략 균형을 내시 균형으로 소개하는 것은 틀린 것은 아니지만 오해의 여지가 많은 설명이다.

다. 경제학원론 교과서에 나오는 이야기다 보니 자신이 어떻게 행동하겠다고 답하지 않고 배운 대로 "정답은 자백임"이라고 응답한 학생도 있다. 인생에 무슨 정답이 있다고? 잘못된 입시 교육의 부작용이다. 함께 범죄를 저지를 정도면 매우 소중한 친구임에 틀림없으니 친구를 위해서 내가 교도소에 가겠다는 학생도 적지 않았다. 이처럼 학생들은 소소한 대목에서 엉뚱한 상상력을 발휘하는 경우가 많다. 아무튼 용의자의 딜레마에서 핵심적인 문제는 동료에 대한 신뢰와 희생이다. 그래서 두 번째에는 똑같은 질문을 친구 대신 연인과 함께 범죄를 저지른 것으로 바꿔서 물어보았다. 그러자 자백하겠다는 비율은 45%로 내려갔고 부인하겠다는 비율은 55%로 올라갔다. 그냥 공범이 아니라 사랑하는 사람이라면 더 많이 신뢰하고 기꺼이 희생을 감수한다는 뜻이다.

용의자의 딜레마는 2인 게임이다. 같은 원리를 여러 명이 참가하는 다자 게임으로 확장한 것이 바로 '공공재 게임'이다. 가령 10명의 참가자가 있다고 가정하자. 모든 참가자에게 5만 원씩을 주고, 5만 원을 자신이 가질 것인가, 공공의 이익을 위하여 기부할 것인가를 결정하게 한다. 만약 5만 원을 자신이 가지면 다른 사람에게는 아무것도 주어지지 않는다. 그러나 5만 원을 기부하면 자신을 포함한 모든 사람에게 2만 원씩 주어진다. 모든 참가자가 자신이 5만 원을 가지기로 하면 모두 5만 원씩을 가지게 되고, 반대로 모든 참가자가 기부하기로 결정하면 모두 2만 원×10명, 즉 20만 원씩을 받게 된다. 당신이라면 어떻게 할 것인가? 참가자가 2명에서 10명으로 늘어났을 뿐 공공재 게임은 용의자의 딜레마와 똑같은 우월전략 게임이다. 즉 다른 사람들이 모두 5만 원을 가질 때 내가 기부하면 나는 2만 원밖에 못 받는다. 그러나 나 또한 5만 원을 가지기로 결정하면 적어도 5만 원은 가질 수 있다. 반대로 모든 사람이 기부하기로 결정할 때 나도 기부하면 나는 20만 원을 받지만 5만 원을 가지기로 하면 23만 원을 가질 수 있다. 다른 사람들이 어떻게 선택하든 나는 5만 원을 가지는 것이 더 이익이라는 뜻이다. 내 학생들의 선택은 '기부한다'가 21명(43%), '내가 가진다'가 28명(57%)이었다.

이런 게임을 공공재 게임이라고 부르는 이유는 바로 무임승차자(free-rider)가 나타나기 때문이다. 공공재란 배제성도 경합성도 없는 재화다. 가장 쉬운 예로 골목길의 가로등을 생각해 보자. 나도 가로등이 있으면 좋겠다고 생각한다. 하지만 같은 골목 안에 사는 다른 사람들이 돈을 내 가로등을 만들면, 나는 돈을 내지 않고도 가로등의 불빛을 이용할 수 있다. 바로 무임승차자다. 공공재의 공급에서 문제가 되는 것은 언제나 이런 무임승차자다. 위의 게임에서도 자신은 5만 원을 가지면서 다른 사람이 기부하면 2만 원을 받으려는 무임승차 행위가 문제가 된다. 모든 사람이 기부하면 최선의 결과가 나타나지만, 반대로 모든 사람이 무임승차자로서 행동하면 최악의 결과가 나타나게 된다.

그렇다면 사람들은 왜 무임승차 행위를 하는 것일까? '탐욕'과 '두려움' 때문이다.[18] 탐욕이란 무임승차 행위를 함으로써 내가 더 가지고 싶은 욕구이다. 두려움이란 다른 사람들이 무임승차할 때 내가 덜 가지게 될 것에 대한 걱정이다. 탐욕을 제거하는 방법은 참가자들이 받을 수 있는 돈의 상한을 정하는 것이다. 가령 무임승차 행위를 하더라도 최대 10만 원을 넘는 돈은 받을 수 없도록 하는 것이다. 마찬가지로 두려움을 없애는 방법은 최소한의 금액을 보장해 주는 것이다. 즉 다른 사람들이 무임승차 행위를 하

---

18 리처드 H. 세일러, 『승자의 저주』, 44쪽.

더라도 최소 10만 원은 받을 수 있게 하는 것이다. 두 경우 모두 기부의 비율은 늘어난다. 그런데 우월전략으로 생각해 보면 탐욕을 제거하든 두려움을 제거하든 간에 기부하기보다 내가 가지는 편이 더 이익이다. 그런데도 이런 장치를 하는 것만으로도 기부의 비율은 늘어난다. 사람들의 선택에 심리적인 위안이나 심리적인 규제가 중요한 역할을 한다는 의미다. 그렇다면 둘 가운데는 어느 쪽이 더 효과가 클까? 탐욕을 제거한 경우다.

눈에는 눈, 이에는 이

「아마존의 눈물」이라는 다큐멘터리가 큰 화제를 몰고 온 적이 있다. 아마존 밀림 지역에 사는 원시 부족들의 삶을 그대로 담은 이 영상물에서는 사냥한 수확물을 온 부족 사람들이 공평하게 나눠 먹는 모습이 나온다. 그곳에서는 수확물을 더 많이 차지하거나 몰래 감춰 놓으려는 사람도 없고, 다른 사람이 사냥한 수확물을 나눠 먹는 부족 사람들의 표정도 남의 것이 아니라 자기 것을 먹는 듯 당당하고 자연스럽다. 말하자면 모든 수확물이 공공재인 것이다. 이런 원시 부족들의 모습은 시장을 의심하는 이들에게 좋은 증거가 된다. 사람이 이기적이어서 시장이 있는 것이 아니라, 시장이 있기 때문에 사람이 이기적이라는 증거 말이다. 나도 문득 그런 의심이 좀 든다. 그런데 정작 이 원시 부족에게 최후통첩 게임을 해 보면 오히려 매우 낮은 금액을 제시한다고 한다. 제시받은 사람도 그다지 불만 없이 제안을 수용하는 경우가 대부분이다.[19] 이런 현상은 어떻

---

19 이준구, 『36.5°C 인간의 경제학』, 랜덤하우스, 2009, 161쪽.

게 설명해야 할까? 시장경제에서 살고 있는 우리는 나의 이익과 상대방의 행동을 이리저리 계산하여 적당한 금액을 제안한다. 그런데 원시 부족은 그런 계산을 전혀 하지 않기 때문에, 바꿔 말하면 이러한 행동은 이기적이며 따라서 상대방이 거부할 가능성도 있다는 생각을 전혀 하지 않기 때문에 당연한 듯이 낮은 금액을 제시하는 것이다. 인간의 본성이 이기적이라는 의미가 아니라 이기심에 관한 우리의 고정관념을 조금 더 유연하게 가질 필요가 있다는 뜻이다.

아무튼 똑같은 집단을 대상으로 공공재 게임을 반복해 보면 의외의 결과가 나온다. 물론 나에게는 예상과 정반대의 결과인데, 다른 분들에게는 당연한 결과일 수도 있겠다. 그러니 결과를 보기 전에 먼저 스스로 생각해 보기 바란다. 공공재 게임을 반복하면 어떤 결과가 나올까? 실험자들이 동일한 사람들을 대상으로 공공재 게임을 10번 반복해 보았더니 그 결과는 반복하면 할수록 기부의 비율이 낮아진다는 것이었다. 처음에는 덜 이기적이던 사람들도 게임을 반복할수록 이기적이 된다는 뜻이다. 이런 결과는 실험자들의 예상과 전혀 달랐다. 그래서 실험자들은 참가자들이 처음에는 게임의 규칙을 잘 이해하지 못하다가 게임을 반복할수록 규칙을 잘 이해하게 되면서 기부의 비율이 낮아진 것이라고 해석하였다. 처음에는 어떻게 선택하는 편이 나에게 얼마나 더 이익인지 계산하지 못한 사람들이 많았으나 반복할수록 사람들이 이익을 정확하게 계산하게 되었다는 것이다. 그런데 10회의 게임이 모두 끝난 뒤 똑같은 사람들을 대상으로 새로 게임을 시작했더니 기부의 비율은 처음과 비슷하게 높아졌다. 당연히 참가자들은 이미 10회의 게임을 반복했으므로 게임의 규칙을 잘 이해하고 있다. 그런데도 게임을 다시 시작하면 기부의 비율이 높게 나타났다가 앞서와 마찬가지로 게임을 반복하면 할수록 그 비율은 다시 낮아지는 것이다.

이런 결과에 대해 여러 가지 해석이 있기는 하지만 어느 것도 아직 충분한 설득력이 없다. 내 의견을 말한다면 다음 두 가지 가운데 하나가 아닐까 싶다. 첫 번째는 '귀차니즘' 때문이다. 즉 기부도 거듭할수록 귀찮아져서 그냥 내가 가지는 것이 아닌가 싶다. 두 번째는 기부하지 않는 사람들, 즉 무임승차자들에 대한 불만 때문이다. 첫 번째 게임에서 기부한 사람들은 무임승차자들이 다음 게임에서는 기부하기를 기대하기 마련이다. 그런데 두 번째 게임에서도 세 번째 게임에서도 계속 무임승차자들이 나타나면 이제 기부가 억울해지는 것이다. 이런 심정은 우리의 일상생활에서도 자주 겪는다. 늘 점심을 얻어먹기만 하고 밥 한 번 사지 않는 직장 동료, 함께 레포트나 발표를 준비하기로 해 놓고 자신의 몫을 해 오지 않는 친구, 마누라는 직장에서 돌아오자마자 밥하고 빨래하고 청소하느라 힘든데 소파에 누워서 야구 중계만 보는 남편 등등. 네가 무임승차를 한다면 나도 무임승차를 하겠다. 또 네가 배신하면 나도 배신하겠다는 전략을 게임이론에서는 '눈에는 눈, 이에는 이(Tit for Tat)' 전략이라고 부른다.[20] 눈에는 눈 이에는 이, 즉 보복 전략이 가장 효과적이라는 것을 잘 보여 주는 실례가 있다. 게임이론을 연구하는 어느 기관에서 컴퓨터를 이용하여 여러 가지 전략들을 서로 대결시켜 보았다. 모두 10개의 연구팀이 참가했는데, 1위는 바로 보복을 취한 팀이 차지하였다. 꼴지를 한 팀은 무작위(random) 전략, 즉 상대방이 어떻게 나오든 무턱대고 대응하는 전략을 사용했다. 그런데 이 이야기에는

---

20 토머스 셸링(Thomas Schelling)과 로버트 아우만(Robert Aumann)은 게임이론을 현실의 갈등과 협력에 관한 이론으로 발전시킨 공로로 2005년 노벨경제학상을 공동 수상하였다. 이들의 연구를 간단히 요약하면, 군사적인 것이든 경제적인 것이든 현실의 갈등에 대해 무한 반복게임을 해 보면 순종보다 저항이, 저항보다 보복이 훨씬 더 효과적이라는 것이다.

반전이 있다. 일대일 대결에서 보복 전략을 택한 팀이 다른 팀을 모두 이겼는데, 단 1개 팀, 즉 무작위 전략을 취한 팀에만 진 것이다.

다시 용의자의 딜레마로 돌아가 보자. 과점시장에서는 실제로 이와 유사한 경우가 많이 일어난다. 과점시장에서는 경쟁자의 수가 제한되어 있기 때문에 담합이 자주 일어난다. 가령 삼성과 애플이 가격을 똑같이 높게 유지하기로 담합했다고 가정해 보자. 담합은 두 기업이 모두 지킬 경우에는 두 기업 모두의 이익이 된다. 그러나 만약 한 기업이 담합을 깨고 몰래 가격을 낮춰 판매한다면, 그 기업은 더 많은 판매 수익을 올릴 수 있는 반면 담합을 지킨 기업은 판매 수입이 크게 줄어들 것이다. 그래서 과점시장의 기업들은 담합도 잘하지만 배신의 유혹도 그만큼 크게 받는다. 그런데 실제로 과점시장에서 기업들이 서로 배신하는 경우는 그리 자주 있지 않다. 그 이유는 이번에 내가 배신하면 다음에는 상대 기업이 배신할 것을 알기 때문이다. 시장에서 기업들은 한두 번 만나고 헤어지는 것이 아니라 지속적이고 장기적으로 관계를 맺는 경우가 보통이다. 만약 내가 배신하더라도 상대 기업이 계속 양보하리라고 생각한다면 나는 당연히 계속 배신할 것이다. 아름다운 여인을 짝사랑하여 그녀가 원하는 것은 뭐든지 들어 주는 순진한 청년과, 그런 청년의 순정을 이용하여 배신을 밥 먹듯 하는 사악한 처녀처럼 말이다. 물론 그와 반대로 순진한 처녀와 사악한 바람둥이도 있다. 아무튼 시장에서도 그런 경우가 적지 않다. 서로 배신과 보복을 반복할 경우 똑같이 파탄을 맞을 것이 뻔하다면 더 많은 것을 가진, 그래서 더 잃을 것이 많은 기업이 양보하는 경우도 있다. 그러나 대부분 기업들은 적당히 담합하고 타협함으로써 이익을 극대화하려고 한다.

<표 2-2> 담합의 이익

		삼성	
		안 지킨다	지킨다
애플	안 지킨다	(50억원, 50억원)	(150억원, 10억원)
	지킨다	(10억원, 150억원)	(100억원, 100억원)

　이처럼 시장에서 기업들이 덜 이기적으로 행동하는 이유는 학습의 결과다. 공공재 게임에서 사람들이 더 이기적이 되는 것도 그 내용과 과정은 다르지만 역시 학습의 효과다. 나는 아마존의 원시 부족들이 먹을 것을 공평하게 분배하는 행위 또한 학습의 효과가 아닐까 생각한다. 얼핏 보면 원시 부족들에서는 아무런 제재나 처벌이 따르지 않는데도 모든 사람이 기꺼이 자신의 수확물을 부족 공동의 공공재로 내놓는 것처럼 보인다. 그러나 처벌이 따르지 않는 이유는 처벌할 행위가 일어나지 않기 때문이다. 아주 먼 과거에는 아마존의 원시 부족들도 먹을 것을 감추거나 더 많이 차지하려고 싸웠던 적이 있었을 것이다. 하지만 먹을 것이 부족한 상황에서 개인의 탐욕은 부족 전체의 생존을 위협하였고, 따라서 무임승차자에게는 부족 전체의 제재나 처벌이 주어졌을 것이다. 이렇게 탐욕과 처벌이 반복되면서 오랜 세월을 거쳐 이제는 아무도 탐욕을 부리지 않게 되었고 처벌도 불필요해진 것이다. 구성원의 수가 많지 않은 원시 부족에서는 모든 사람이 다른 모든 사람의 감시자가 될 수 있기 때문에 가능한 일이다.

　시장이 자원을 배분하는 가장 좋은 방법이라는 생각에는, 공유 자원에 소유권을 부여하고 가격을 부과하면 가장 효율적으로 배분된다는 것과 똑같은 사고방식이 전제되어 있다. 사람들은 이기적이므로 그 이기심에 부합하는 방향으로 행동하도록 유인하면 된다는 것이다. 그러나 때로 사람들은 이익보다도 존중이나 배려라는 원칙에 따라 행동하기도 한다. 역시 예전에 다른 책에서 했던 이야기를 잠시 빌려 오자. 맞벌이 부부는 직장에서 일이 늦어져 유치원이 끝난 뒤에서야 아이를 찾으러 가는 경우가 종종 있기 마련이다. 이럴 때는 유치원 교사들 가운데 한 명이 남아서 부모가 아이를 데리러 올 때까지 보살펴 주어야 하는데, 교사 입장에서는 참으로 번거롭고 피곤하며 반대로 부모 입장에서는 참으로 황송하고 미안하기 그지없는 일이다. 그래서 한 유치원이 아이를 늦게 데리러 오는 부모에게 시간당 비용을 부과하기로 결정했다. 1시간에 1만 원 하는 식으로 말이다. 이렇게 되면 부모들은 정말 부득이한 경우가 아니면 늦지 않으리라는 것이 유치원의 예상이었다. 그러나 결과는 정반대로 나타났다. 그 후로 부모들은 더 자주, 더 많이 늦게 아이들을 데리러 왔다. 이전에는 선생님에게 폐를 끼치는 것이 미안해서 어떻게든 조금이라도 일찍 아이를 데려가려고 애썼지만, 비용을 지불하게 된 이후로는 그럴 필요가 없어졌기 때문이다. 많이 늦으면 그만큼 더 비용을 지불하면 그만이니 선생님께서 힘드실까 봐 미안해할 필요도, 선생님께서 기다릴까 봐 조급해할 필요도 없어진 것이다. 이런 결과를 더 효율적이라고 부를 수 있을지는 모르겠지만, 아무튼 시장이 사람들을 서로 덜 배려하고 덜 존중하게 만든 것만은 분명한 듯싶다.

사람의 본성이 이기적인가 아닌가는 대답하기 어렵다. 나는 사람이 이기적이기도 하고 아니기도 하다고 생각한다. 평균적으로 말하자면 양심의 가책을 받지 않을 정도로만 이기적이라고 할까. 그러나 중요한 것은 사람이 반드시 본성에 따라 행동하는 것은 아니며, 그보다 학습과 경험에 따라 행동하는 경우가 더 많다는 것이다. 어떤 이들은 시장을 최상의 기구라고 믿고, 어떤 사람들은 시장을 야수들이 사는 밀림이라고 생각한다. 시장이 '멋진 신세계'가 되느냐 '동물의 왕국'이 되느냐는 시장에 내재한 어떤 본성 때문이 아니라, 사람들이 시장에 어떤 질서와 윤리를 부여하느냐에 따라 달라진다. 탐욕에는 처벌이 따르고 희생에는 보상이 따른다면 사람들은 덜 이기적으로 행동하겠지만, 그렇지 않다면 이기적이지 않던 사람들조차 점점 더 이기적으로 행동할 것이다. 그것이 바로 사람의 본성이며 또한 시장의 본성이기도 하다.

행동경제학을 만든 사람들

대니얼 카너먼
Daniel Kahneman, 1934~

대니얼 카너먼은 이스라엘에서 태어나 프랑스 파리에서 어린 시절을 보냈다. 에루살렘의 히브리대학을 졸업하고 캘리포니아 주립대학 버클리 분교에서 심리학 박사학위를 받았다. 지금은 프린스턴대학의 교수로 있다. 아모스 트버스키와 함께 행동경제학의 가장 중요한 이론 가운데 하나인 '프로스펙트 이론'을 발표하였으며, 그 공로로 2002년 노벨경제학상을 받았다. 휴리스틱 이론, 프레임 효과 등도 카너먼과 트버스키가 함께 실험하고 정립한 이론들이다. 허버트 사이먼을 행동경제학의 창시자라고 부르지만, 행동경제학의 체계를 확립한 공은 아무래도 카너먼에게 돌려야 옳을 것이다.

제3장
사람은 어떻게
행동하는가?

그까이 거 대충

먼저 간단한 질문부터 하나 던져 보자. 당신은 인천공항
의 보안 요원이다. 그런데 흉악하기로 소문난 국제 테러리스트가 당신이 일
하는 공항을 통해 입국할 것이라는 정보가 들어왔다. 그 테러리스트의 얼
굴은 아무도 모른다. 다만 남자라는 사실만 알려졌을 뿐이다. 입국장을 감
시하는 당신의 눈에 세 사람의 행동이 수상해 보인다. 첫 번째는 친절한 이
웃집 할아버지 같은 얼굴을 했지만 왠지 불안해 보이는 60대 후반의 백인
남성이다. 두 번째는 어딘지 모르게 금융 사기꾼 — 솔직히 월 가의 금융 전
문가라는 이들은 모두 사기꾼 아니던가? — 처럼 보이는 60세가량의 아랍
계 남성이다. 마지막 사람은 조금 뚱뚱하고 평범한 인상의 50세 전후의 동
양계 남성이다. 이 가운데 국제 테러리스트는 누구일까? 다음 사진을 보고
고르시오.

　호모 에코노미쿠스를 규정하는 가장 중요한 세 가지 조건은 이기심, 합리성, 그리고 자기이해다. 그러니 이제 과연 사람은 합리적인가 하는 이야기를 시작해 보자. 물론 여기에서 '합리성(rationality)'이라는 개념이 대단히 심오한 철학적 의미를 가리키는 것은 아니다. 경제학에서 합리성이란 목적과 수단의 정합성을 의미한다. 여기서 목적이란 바로 이기적 동기를 가리킨다. 가령 기업에게는 그것이 이윤일 것이고 소비자에게는 효용일 것이다. 아무튼 이러한 목적을 충족시키기 위하여 선택한 수단이 그 목적에 가장 적합한 것이라면 '합리적(rational)'이라고 말할 수 있다. 예를 들어 배가 고플 때 밥을 먹는 것, 빵을 먹는 것, 돌을 먹는 것, 세 가지의 대안이 있다고 가정하자. 밥을 먹을 때의 효용은 100이고 빵을 먹을 때는 70, 돌을 먹을 때는 30이다. 여러분은 무엇을 선택할 것인가? 대부분의 사람들은 당연히 밥을 선택할 것이다. 바로 그것이 경제학에서 이야기하는 합리성이다. 그러니 대부분의 사람은 합리적이라고 말할 수 있다. 다만 모든 선택이 이처럼 단순하지는 않다는 데서 문제가 일어날 뿐이다.

　행동경제학의 가장 중요한 선구자들 가운데 두 사람인 트버스키와 카너먼은 실제로 사람들이 어떻게 행동하는가를 설명하기 위하여 '휴리스틱

(heuristic)'이라는 용어를 만들었다. 휴리스틱은 우리말로 번역하기가 쉽지 않다. 꼭 맞는 말이 없기 때문이다. 그래서 대부분의 교과서에서도 휴리스틱이라는 말을 그대로 사용하는 것이 보통이다. 군이 번역하자면 '주먹구구식 행동', '어림짐작으로 행동하기', '대충 선택하기 정도'이다. 예전에 유행했던 어느 개그맨의 표현을 빌면 "그까이 거 대충" 정도로 번역할 수 있겠다. 우리말로 옮기기는 어렵지만, 그 의미를 이해하기는 어렵지 않을 것이다. 아마 벌써 자기 무릎을 치는 분들도 계실 듯싶다. "그래, 바로 내가 그렇게 행동하지" 하고 말이다. 밥을 먹을까, 빵을 먹을까 하는 선택에 직면했을 때 합리적인 경제인이라면 당연히 밥과 빵이 주는 편익과 비용을 정확하게 계산하여 겨자씨만큼이라도 더 효용이 큰 쪽을 선택한다. 그러나 오늘 점심을 먹으면서 과연 여러분은 그렇게 행동했는가? "오늘 점심은 뭐 먹을까?" 하고 묻는 동료나 친구의 질문에 대부분의 독자들은 이렇게 대답했을 것이다. "아무거나." 바로 이 "아무거나"가 휴리스틱이다.[1]

다른 기회에 더 자세히 이야기하겠지만 제한된 합리성의 개념을 제시한 허버트 사이먼은 사람이 주류경제학이 가정하고 있는 '극대화' 원리가 아니라 '만족화(saticificing)'[2] 원리에 따라 행동한다고 지적하였다. 극대화 원리란 경제주체들이 이윤 극대화나 효용 극대화와 같은 목적을 충족시키기 위하여 행동한다는 것이다. 그런데 이러한 효용함수들을 극대화하기 위해서는 매우 복잡하고 엄밀한 수학적 계산이 필요하다. 그것도 필요한 모든

---

1 휴리스틱과 반대되는 사고방식이 바로 '알고리즘(algorithm)'이다. 사전적으로 정의하면 알고리즘이란 "어떤 문제를 해결하기 위해 명확히 정의된 유한 개의 규칙과 절차의 모임"을 의미한다. 간단히 설명하면 주어진 순서에 따라서 문제를 해결하는 방식이 알고리즘이다. 중·고등학교 수학 책에서는 아마 '순서도'라는 이름으로 나올 것이다. 중학교 수학 시간에 배운 정삼각형을 그리는 방법이 좋은 예이다. 컴퓨터가 문제를 해결하는 방식도 미리 주어진 알고리즘에 의해서다.

2 'saticificing'은 사이먼이 만든 조어로 'satisfying'과 'sacrificing'의 합성어다.

정보가 완전하게 주어져 있다는 전제하에서만 그러하다. 그러나 현실에서 자신의 효용함수를 아는 소비자는 아무도 없다. 자신의 이윤 극대화 지점을 계산할 수 있는 기업도 없다. 현실에서 대부분의 기업들은 극대이윤이 아니라 적정이윤을 추구하거나, 매출액이나 시장점유율 등과 같은 다른 목표를 추구한다. 다시 말해 현실의 경제주체들은 극대화가 아니라 만족화를 추구한다는 것이다. 휴리스틱이란 극대화 원리를 충족시키기 위해서는 부족하지만 만족화를 추구하는 데에는 충분할 수도 있는 행동이다.

사람은 과연 합리적이냐는 질문에서부터 이야기하고 있지만, 그렇게 ○와 × 사이에서 선택하도록 묻는 것이 과연 적절한지 모르겠다. 만약 대답이 ○라면 사람은 절대적으로 합리적이라는 의미가 될 것이고, 반대로 대답이 ×라면 사람은 전혀 합리적이지 못하다는 의미가 될 것이기 때문이다. 그러나 나는 내 주변에서 그만큼 온전하게 합리적인 사람을 만나 본 적이 없다. 그만큼 온전하게 비합리적인 사람은 몇 사람 만나 본 적이 있는 것 같기도 하다마는. 아무튼 보다 적절한 질문은 사람은 얼마만큼 합리적인가, 또는 사람은 어느 만큼까지 합리적일 수 있는가 하는 것일 터이다. 거꾸로 질문을 던지면 사람은 왜 때때로 합리적이지 못한 선택을 하는가 하고 물어볼 수도 있겠다. 휴리스틱은 말하자면 바로 그러한 질문이다. '사람은 왜 대충 합리적일까'라는 질문 말이다.

마음만은 홀쭉하다

내가 가장 좋아하는 TV 프로그램은 바로 「개그콘서트」이다. 그런데 「개그콘서트」의 한 꼭지를 보면 인기가 없거나 촌스럽거나 키가 작거나 뚱뚱하다는 단점을 가진 네 명의 인물들이 나온다. 사투리를 쓰는 촌스러운 남자가 말한다. "촌에 산다고 우리는 쥐차 마시는 줄 아나? 우리도 아메리카노 마셔. 촌에 살아도 마음만은 턱(!)별시다." 부산 출신의 학생이 서울의 대학에 진학했더니 친구들이 이렇게 묻더란다. 너희 집은 무슨 생선 잡느냐고. 실화다. 서울 사람들은 부산에서는 대문만 열고 나가면 바로 백사장인 줄 안다. 하지만 나도 바다 구경 한 번 하려면 지하철을 타야 한다. 아무튼 이 꼭지에서 내가 가장 친근감을 느끼는 개그맨은 맨 마지막에 나오는 뚱뚱한 인물이다. 이름도 나와 같고 외모도 비슷하기 때문이다. 나는 이 양반의 안타까운 마음을 충분히 공감한다. "나도 배부르면 그만 먹어. 누굴 진짜 돼지로 아나? 생긴 건 뚱뚱해도 마음만은 홀쭉하다." 뚱뚱하니까 많이 먹는 것인지 반대로 많이 먹어서 뚱뚱해진 것인지는 모르겠지만, 아무튼 뚱뚱한 사람은 많이 먹는다고 치부해 버리는 것이 바로 '대표성 휴리스틱'이다.

할리우드 영화에 알게 모르게 인종차별적인 내용이 많다는 것은 다 아는 사실이다. 그런데 미국 영화를 보면 흑인이나 유색인종들에 대해서만이 아니라 백인들에 대해서도 차별하는 경우가 많다고 한다. 가령 영화 속의 독일계는 대부분 이성적이기는 하지만 인간미는 없는 냉혈한으로 나오며, 프랑스나 이탈리아 출신은 바람둥이가 아니면 떠버리이고, 아일랜드계는 무식한 술꾼에 주먹쟁이로 나온다. 그런데 가만히 생각해 보면 할리우드 영화만 그런 것이 아니다. 알게 모르게 우리도 독일인이라거나 프랑스인이라고 하면 그런 이미지를 먼저 떠올리는 경우가 많다. 바로 전형성 또는 '대표성 휴리스틱(representative heuristic)'이다. 우리는 미국인은 이렇다더라, 중국인은 저렇다더라, 한국인은 또 그렇다더라 하는 식으로 사람을 판단하는 경우가 많다. 한국인은 이러하다는 대표성이 판단의 기준 또는 근거가 되고 있는 것이다. 경상도 사람은 어떻다거나 B형 남자는 또 어떻다는 것도 대표성 휴리스틱이다.

　그렇다면 대표성 휴리스틱은 어느 만큼 정확할까? 먼저 나 자신이 가지고 있는 대표성 휴리스틱에 어떤 것들이 있는지 생각해 보자. 그리고 그 휴리스틱이 어느 정도 올바른지도 함께 생각해 보자. 우리나라 남자들이라면 지역성에 대한 휴리스틱은 대부분 군대에서 형성되는 경우가 많다. 청소년 시절에는 다른 지역의 사람들을 만나 볼 기회가 거의 없다. 대부분의 청년은 군대에서 여러 지역의 사람들과 만나게 된다. 그런데 나는 경상도 출신인데 하필이면 전라도 출신의 선임병이 나를 아주 괴롭히는 것이다. 이럴 때 우리는 전라도 사람은 성질이 고약하다는 휴리스틱을 가지게 된다. 이처럼 대표성 휴리스틱은 잘못된 편견이나 고정관념에서 나오는 경우가 많다. 그러나 내가 경상도 출신이지만 직장이나 다른 이유로 전라도에서 한 20여 년 살았다면 전라도 사람에 대한 나의 휴리스틱은 상당히 올바를 수 있다. 대표성 휴리스틱이 어느 만큼 올바른가는 표본의 크기에 좌우된다는 뜻이다. 거꾸로 표본의 크기를 고려하지 않고 판단하는 데서 나타나는 오류를 '표본 크기의 무시'라고 부른다.

　조금 더 단순한 예를 들어 보자. 주사위를 세 번 던졌는데 세 번 모두 6이 나오는 경우는 얼마든지 있을 수 있다. 확률로 말하자면 216분의 1이라는 상당히 높은 가능성을 가지고 있기 때문이다. 그러나 주사위를 3만 번 던졌는데 모두 6이 나오는 경우는 거의 생각하기 어렵다. 확률이 얼마인지는 스스로 계산해 보시라. 만약 주사위를 3억 번 던진다면? 1부터 6까지의 수가 거의 고르게 나타난다. 이런 현상을 통계학에서는 '큰 수의 법칙

(law of large numbers)'이라고 부른다. 표본이 커질수록 확률 분포가 고르게 나타난다는 뜻이다. 가령 야구에서는 '2년차 징크스'라는 말이 있다. 신인 때 훨훨 날던 선수가 그다음 해에는 죽을 쑨다는 뜻이다. 여기에 관해 야구 해설가들은 작년에 잘한 선수에 대해 상대 팀에서 그만큼 견제를 많이 하기 때문이라고 설명한다. 그러나 통계학자들은 그것을 '평균으로의 회귀(regression to the mean)'라고 설명한다. 가령 타율이 3할 정도의 능력을 갖춘 타자가 해에 따라 2할 5푼을 치거나 3할 5푼을 치는 경우는 있을 수 있지만 장기적으로는 결국 3할로 회귀한다는 것이다. 따라서 작년에 3할 5푼을 치면서 훨훨 날았던 선수가 올해 죽을 쑤면서 겨우 2할 5푼을 치는 것도 통계적으로 당연한 현상이다.

휴리스틱의 올바름이 표본의 크기에 좌우된다고 할 때, 문제는 우리가 가지고 있는 대표성 휴리스틱의 대부분은 그다지 많은 경험으로부터 나온 것이 아니라는 것이다. 물론 앞에서도 이야기한 것처럼 여론조사 전문가들은 작은 표본을 가지고도 거의 정확한 조사 결과를 내놓는 경우가 많다. 하지만 우리는 전문가가 아니지 않은가? 그런데도 사람들은 자기 자신을 과신하는 경우가 많다. 즉 자신은 작은 표본으로도 정확한 판단을 할 수 있다고 믿는 것이다. 이처럼 표본 크기가 작아도 충분히 모집단의 특징을 반영할 수 있다고 기대하는 심리를 큰 수의 법칙에 빗대어 '작은 수의 법칙(law of small numbers)'이라고 부른다. 가령 내 친구 가운데도 자기가 행운을 가져오는 사나이라고 주장하는 친구가 있다. 자기만 가면 텅 비어 있던 술집이 갑자기 손님들로 와글와글한다는 것이다. 물론 우연히 그런 일이 일어날 수도 있다. 하지만 그렇다고 정말 행운을 부르는 사나이 따위가 있을 리 없다. 우연한 사건에 대한 잘못된 확신은 대표성 휴리스틱으로 말미암은 가장 흔한 오류의 한 가지다. 진실을 말하자면 할 일이 없던 내 친구들은 아직 다른 손님들이 나타나기 전에 이미 술집의 의자를 차지하고 있었던 것뿐이다. 당연히 그 시간에는 술집이 텅 비어 있을 수밖에 없다. 그러다 퇴근 시간이 되면 이 손님 저 손님이 술집을 찾게 되고 그래서 마치 내가 손님들을 모두 데리고 온 것처럼 여겨지기도 한다. 그러나 솔직히 단골 술집의 아주머니 처지에서 보자면 저놈들이 이제 대충 일어섰으면 좋겠거늘 싸구려 안주 하나 시켜 놓고 엉덩이를 뗄 줄 모르니 웬수도 저런 웬수가 없다.

확률에 대해서는 나중에 더 자세히 이야기하기로 하자. 한 가지만 미리 언급해 두자면, 우리는 확률적으로 행동하면서도 동시에 확률에 대해서 잘 이해하지 못하는 경우가 많다는 사실이다. 가령 그런 일은 매우 드물지만 주사위를 아홉 번 던졌는데 모두 6이 나왔다고 가정하자. 그러면 대부분의 사람은 다음에는 6이 나오지 않을 것이라고 생각한다. 그러나 이미 6이 몇 번 나왔든 간에 다음에 그 숫자가 나올 확률은 1부터 6까지 모두 똑같이 1/6이다. 그런데도 사람들은 6이 이미 아홉 번이나 나왔으므로 열 번째에서는 나오지 않을 것이라고 믿는다. 보통 사람들만 그런 것이 아니라 전문가들도 마찬가지다. 확률에 가장 철저한 전문가는 누구일까? 통계학자가 아니라 도박사다. 그래서 이런 오류를 '도박사의 오류(gambler's fallacy)'라고 부른다. 굳이 변명하자면 도박사의 오류는 1이 나올 확률과 6이 나올 확률을 비교하는 것이 아니라, 6이 나올 확률과 6이 나오지 않을 확률을 비교하는 데서 비롯된 것이기도 하다.

기저율(base rate)도 대표성 휴리스틱의 신뢰도를 결정하는 요인 가운데 하나다. 기저율이란 말 그대로 기초가 되는 비율을 가리킨다. 몇 해 전 어느 공익광고를 보면 늦은 밤 귀가하는 젊은 여성의 뒤를 웬 남자가 쫓아온다. 두려움을 느낀 여성은 발걸음을 빨리하지만, 남자는 계속 뒤따라온다. 드디어 여성이 막 자기 집에 도착한 순간, 남자는 이웃집의 초인종을 누른다. 알고 봤더니 옆집 아빠였던 것이다. 이웃끼리 인사하고 지내자는 공익광고다. 누구라도 밤늦은 시간에 야구 모자를 쓰고 입 가리개를 한 남자와 마주치면 범죄자를 떠올리기 쉽다. 야구 모자와 입 가리개는 TV의 범죄 드라마나 뉴스 시간에 자주 나오는 범죄자의 대표성 휴리스틱이기 때문이다. 그러나 우리 동네에 범죄자가 살 확률, 즉 기저율이 1%라면, 내가 마주친 그 남자가 야구 모자를 열두 개 쓰고 나온들 범죄자일 확률 역시 매우 낮다. 그저 평범한 야구팬일 가능성이 99%이다.

이처럼 기저율을 고려하지 않고 판단하는 데서 나오는 오류를 '기저율의 무시'라고 부른다. 대표성 휴리스틱에 빠지면 이처럼 기저율을 무시하는 오류에 빠지기 쉽다. 외국인 범죄자 가운데 중국인이 가장 많다는 이유로 중국인들은 특별히 흉악하다고 생각하는 것도 기저율을 무시한 데서 비롯된 오류다. 우리나라에 체류하고 있는 외국인들 가운데는 중국인의 수가 압도적으로 많기 때문이다. 지금은 프로 팀의 감독이 된 어느 축구 선수는 국가대표 시절 흔히 말하는 똥볼로 유명하였다. 골문 앞에서 잡은 숱한 찬스를 매번 허공에 날려 버렸기 때문이다. 그에 비해 다른 선수는 단 한 번도 찬스를 놓친 적이 없다. 왜냐하면 다른 선수는 아예 찬스를 잡아본 적이 없기 때문이다. 반대로 똥볼 때문에 두고두고 욕을 들어먹은 그 선수는 찬스를 많이 만드는 능력이 있었기 때문에 그만큼 실수도 많이 했던 것이다. 그 국가대표 선수는 바로 황선홍이다.

덴마크의 코끼리

잠시 이야기를 돌려 재미있는 퀴즈를 하나 풀어 보자. 2에서 9 사이의 숫자를 하나 선택하시오. 그 숫자에 9를 곱하시오. 두 자리 숫자가 나왔지요? 그 두 숫자를 더하시오. 이제 그 수에서 5를 빼시오. 1은 A, 2는 B, 3은 C, 4는 D 하는 식으로 숫자를 알파벳으로 바꿉니다. 지금 그 숫자에 해당하는 알파벳으로 시작하는 나라 이름을 생각하시오. 이번에는 그 숫자에 1을 더해서 역시 알파벳으로 바꿉니다. 그 알파벳으로 시작하는 동물을 생각하시오. 이제 여러분이 생각한 나라와 동물을 맞춰 보겠습니다. 정답은 덴마크의 코끼리입니다. 맞습니까? 맞으면 박수~

아마 대부분의 독자들은 지금 "어?" 하고 놀라고 계실 것이다. 마술사도 아닌데 도대체 어떻게 여러분 머릿속의 생각을 맞추었을까? 실은 인터넷에서 이 수수께끼의 비밀을 찾기란 그리 어렵지 않다. 알고 보면 그 비밀은 더 간단하다. 2에서 9사이의 어떤 수든 9를 곱하여 나온 두 숫자를 합하면 반드시 9가 나온다. 9를 곱하면 반드시 9의 배수가 나오기 마련이고, 9의 배수는 숫자를 모두 더하면 9가 되기 때문이다. 9에서 5를 빼면 4가 나오고, 4는 알파벳 D에 해당한다. 1을 더하면 5가 나오니 알파벳 E에 해당한다. 이 수수께끼의 비밀은 D로 시작하는 나라가 많지 않다는 데 있다. 지금 세계지도를 펴놓고 찾아보시라. 도미니크 공화국을 찾았다면 대단한 분이다. 그러나 당연히 D로 시작하는 나라라고 하면 대부분의 사람들은 덴마크를 떠올리는 경우가 많다. E로 시작하는 동물도 마찬가지다. 코끼리는 가장 먼저 떠오르는 동물이다. 가끔 야구를 좋아하는 이들은 독수리를 떠올리기도 한다. 내가 학생들에게 물어본 답변 가운데 가장 색다른 것은 장어(eel)였다. 도대체 E로 시작하는 동물을 생각하라는데 장어를 생각하는 학생이 있을 줄 내가 어떻게 알았겠는가?

덴마크의 코끼리는 '가용성 휴리스틱(availability heuristic)'을 설명하는데 좋은 예이다. 가용성 휴리스틱이란 말 그대로 내가 가진 정보들 가운데 이용하기 쉬운 정보를 더 많이 이용한다는 것이다. 트버스키와 카너먼은 피실험자들에게 다음과 같은 두 가지 질문을 던져 보았다. ① 4쪽 분량(약 2,000자)의 소설에서 일곱 철자로 된 단어 가운데 어미가 ing로 끝나는 단어는 몇 개일까? ② 4쪽 분량의 소설에서 일곱 철자로 된 단어 가운데 여섯 번째 철자가 n인 단어는 몇 개일까? 답을 확인하기 전에 먼저 여러분도 생각해 보시라. 트버스키와 카너먼의 실험에서는 ①번이 13.4개 ②번이 4.7개였다. 그런데 일곱 글자이면서 어미가 ing인 단어들은 모두 여섯 번째 철자가 n이다. 반대로 여섯 번째 철자가 n인 단어 가운데 어미가 ing로 끝나지 않는 글자도 있을 수 있다. 그러니 당연히 ①번의 답보다 ②번 답의 숫자가 더 커야 한다. 초등학교에서 배운 집합의 원리로 이야기하면, ①번은 ②번의 부분집합이기 때문이다. 그런데도 사람들은 거꾸로 대답하였다. 이른바 '결합의 오류(conjunction fallacy)'[3]다. 이런 오류가 나타나는 이유는 어미가 ing로 끝나는 단어들이 훨씬 기억에 많이 남아 있기 때문이다. 더 정확하게 말하면 기억에서 끄집어 내기가 훨씬 더 용이하다고 말할 수 있다.

가용성 휴리스틱은 기억의 내용과 기억의 용이성에 의해 만들어진다. 가령 화상을 입은 적이 있는 사람들은 불을 보면 순간적으로 피한다. 화상은

---

[3] '결합의 오류'란 단일 사건의 확률보다 두 사건이 결합한 경우의 확률을 더 높게 추정하는 오류를 의미한다. 독립적인 두 사건이 함께 일어날 확률은 두 사건이 일어날 확률의 곱이므로 어느 한 사건의 확률보다 클 수가 없는데도 불구하고 결합 사건의 확률을 더 높게 추정하는 오류다. 예를 들어 어떤 사람이 B형 남자일 확률은 당연히 남자일 확률보다 낮아야 하는데 거꾸로 높게 추정하는 경우다.

다른 사고보다도 훨씬 강하게 또 훨씬 오랫동안 기억에 남기 때문이다. 덴마크의 코끼리 같은 경우는 기억의 용이성 때문이다. 대부분의 사람에게 덴마크는 도미니크보다 기억하기 쉽고 코끼리는 장어보다 기억하기 쉽다. 물론 가끔 그렇지 않은 학생도 있지만 말이다. 청소년들의 사망 원인 가운데 비중이 가장 높은 원인은 무엇인가 하고 물어보자. 철수는 교통사고라고 대답하였고, 영희는 암이라고 대답하였다. 철수는 얼마 전에 교통사고를 당하여 병원에 입원한 적이 있으며, 영희는 친한 친구가 암으로 죽은 경험이 있다. 당연히 두 사람에게는 교통사고와 암의 기억이 매우 강하게 남아 있다. 그래서 각각 그렇게 대답한 것이다. 이것을 가용성 휴리스틱이라고 한다. 그렇다면 우리나라 청소년들의 사망 원인 1위는 무엇일까? 자살이다.

예전에는 담뱃갑에 흡연은 임산부나 청소년에게 해로울 수도 있다는 투의 미지근한 문구가 있었다. 그런데 요즘 나오는 금연 광고를 보면 많이 무섭다. 실제로 흡연자들에게 흡연으로 인한 사망률이 얼마라는 식의 교육보다 흡연으로 구멍이 숭숭 뚫린 폐를 보여 주는 편이 훨씬 더 효과가 크다고 한다. 이 또한 가용성 휴리스틱이다. 가용성 휴리스틱은 특히 시각적 정보에 크게 반응한다. 흡연만 그런 것이 아니라 학생들에게 여러 질병에 걸린 환자들의 모습을 각각 보여 주고 어느 질병의 사망률이 가장 높을 것 같으냐는 질문을 해 보면, 상태가 가장 심각해 보이는 환자의 질병에 대한 응답률이 높다고 한다. 물론 실제로 그 질병의 사망률이 높은 것은 아니다. 학생들은 여러 정보 가운데 특히 시각적으로 가장 강렬하고 오랫동안 기억에 남는 정보에 의존하여 판단한 것이다. 조금 더 친숙한 예를 들어 보면 시중에 나와 있는 비타민 약품들은 대부분 노란색이다. 그런데 정작 비타민 그 자체는 아무 색도 없다고 한다. 굳이 말하자면 흰색이라는 뜻이다.

그런데도 비타민 약품들이 노란색인 이유는 우리가 비타민이라는 말을 들으면 오렌지나 레몬 같은 과일들을 쉽게 떠올리기 때문이다. 아하, 그렇구나! 그런데 실은 오렌지나 레몬보다 고추에 비타민이 더 많이 들어 있다고 한다.

가용성 휴리스틱을 자주 이용하는 예로는 영화의 예고편이나 TV 드라마의 마지막 장면을 들 수 있다. 드라마의 마지막 장면은 늘 강한 인상을 남긴다. 그래야 시청자들이 그 장면을 오래 기억하기 때문이다. 행동경제학에서는 이런 현상을 '피크 엔드 효과(peak end effect)'라고 부르는데, 마지막이 좋으면 모든 것이 좋다는 의미다. 가령 내시경 검사를 받은 환자에게 검사가 고통스러웠느냐고 물어보면, 검사 후 바로 내시경을 뺀 경우와 3분쯤 뒤에 뺀 경우의 대답이 다르다고 한다. 바로 내시경을 뺀 환자들은 검사가 매우 고통스러웠다고 기억한 반면 3분쯤 후에 뺀 환자들은 덜 고통스러웠다고 대답한다는 것이다. 실은 검사가 끝났는데도 내시경을 꼽고 있으면 그만큼 고통은 더 늘어난다. 그러나 환자들이 기억하는 것은 전체 검사 시간이 얼마인가, 즉 고통의 총량이 얼마인가가 아니라 마지막 3분의 고통이 얼마나 강한가 하는 것이다. 카너먼은 이런 현상을 '지속 시간의 무시(duration neglect)'라고 불렀다. 식당에서 여러 가지 요리가 나올 때 사람들이 일부러 맛있는 음식을 나중에 먹는 이유도 바로 피크 엔드 효과 때문이다. 마지막에 맛있는 음식을 먹음으로써 식사에 대한 기억이 더 행복해지는 것이다. 그러나 나는 가장 맛있는 음식부터 먼저 먹는다. 그래야 다른 사람보다 더 많이 먹을 수 있기 때문이다.

반대로 영화나 드라마의 첫 장면에 강한 인상을 주는 장면을 넣는 경우도 있다. 특히 스릴러 영화들이 그런데, 영화 「스크림(Scream)」에서 드류

배리모어가 등장하자마자 살해당한 것과 같은 경우이다. '첫인상 효과' 또는 '초두 효과(primacy effect)'는 말 그대로 사람을 판단할 때 첫인상이 가장 중요한 것처럼 먼저 들어온 정보가 뒤에 들어온 정보보다 더 오래 기억에 남는다는 의미다. 첫인상 효과와 반대되는 경우가 '빈발효과(frequency effect)'이다. 첫인상이 좋지 않더라도 자주 오랫동안 좋은 모습을 보여 주면 그 사람에 관한 판단이 바뀌게 되는 경우이다. 먼저 알게 된 정보에 의하여 뒤에 알게 된 새로운 정보들의 지침이 만들어지고 전반적인 맥락이 주어진다는 '맥락효과(contextual effect)'도 있다. 처음에 긍정적인 정보를 얻은 대상이라면 이후에도 긍정적으로 생각하려는 경향이 있다는 뜻이다. 가령 공부를 잘하는 학생이 어떤 잘못을 저지르면 실수려니 하고 감싸 주는 경우가 많지만, 성적이 나쁜 학생이 똑같은 잘못을 저지르면 원래 그런 놈이라고 생각하는 것이 바로 맥락효과이다.[4]

번호 좀 주세요

이제 잠시 쉬어 가기로 하자. 여러분께 간단한 퀴즈를 하나 내 보겠다. 먼저 당신의 주민등록번호 뒷자리 숫자 두 개를 생각하시오. 생각했으면 다음 질문에 대답하시오. UN의 회원국 가운데 아프리카 국가들의 비율은 얼마일까요? UN에서 아프리카 국가들의 비율과 나의 주민등록번호는 아무 상관도 없다. 그런데 뒷 번호가 큰 사람들은 아프리카 국가들의 비율을 매우 높게 예측하는 반면 뒷 번호가 작은 사람들은 그 비율

---

4 맥락효과는 다른 의미로 사용되기도 한다. '유인효과'와 '타협효과' 등이 그것인데, 이에 대해서는 제8장에서 다시 이야기하겠다.

을 낮게 예측한다고 한다. 왜냐하면 무의식적으로 자신의 주민등록번호를 기준점으로 삼기 때문이다. 비슷한 실험으로 전화번호부에서 아무 번호나 선택하게 한 뒤에 뉴욕에 사는 변호사의 숫자를 물어도 역시 비슷한 결과가 나타난다. 우연히 선택한 전화번호가 기준점이 되기 때문이다. 이러한 현상을 '기준점 휴리스틱(anchoring heuristic)'[5]이라고 부른다. 항구에 정박한 배가 닻의 주변에서만 움직이듯이 우리의 판단도 어떤 기준점이 주어지면 그 주변에서 이루어진다는 뜻이다.

기준점 휴리스틱을 설명하기 위해 학생들에게 두 가지 질문을 해 보았다. 가정은 다음과 같다. 나는 대형 화물차를 운전할 수 있는 자격증을 가지고 있으며, 지금 맡고 있는 업무도 운송 업무이다. 운송 업무는 다른 업무에 비해 임금이 높다. ① 회사에서 불경기라 경영 사정이 안 좋으니 임금을 낮추자고 제안한다. 당신은 이 제안을 받아들이겠습니까? ② 회사에서 더 이상 운송 업무가 필요하지 않으므로 다른 업무를 맡으라고 제안한다. 하지만 업무가 바뀌면 임금도 낮아진다. 당신은 이 제안을 받아들이겠습니까? 늘 이야기하지만 내 강의를 듣는 학생들은 그다지 신뢰도가 높지 않은 피실험자들이다. 그럼에도 이번 실험에서는 ①번 제안보다 ②번 제안을 받아들이겠다는 비율이 훨씬 높았다. ②번 제안을 받아들이겠다는 비율은 52%였지만, ①번 제안을 받아들이겠다고 응답한 비율은 37%에 불과했다. 그 이유는 업무가 연속되는 ①번에서는 현재의 임금이 기준점이 되지만 ②번 제안에서는 기준점이 바뀌기 때문이다. 물론 모든 사람들이 똑같이

5 정확하게는 '기준점과 조정 휴리스틱(anchoring and adjustment heuristic)'이라고 한다. 'anchoring'은 '닻 내림' 정도로 번역하는 것이 옳으나 행동경제학에 관한 여러 책이 '기준점 휴리스틱' 또는 '준거점 휴리스틱'으로 번역하여 소개하고 있으므로 그에 따랐다. 어느 책에서는 '닻 내림 효과'로 서술하기도 한다.

행동하는 것은 아니다. 여전히 현재의 임금을 기준점으로 유지하는 사람들이라면 당연히 그 제안을 거부할 가능성이 높다. 이처럼 기준점 휴리스틱은 우리가 어떤 선택을 할 때 매우 중요한 고려 사항이 되는 공정성의 판단에 결정적인 영향을 미친다. 또한 '부존효과(endowment effect)'나 '현상유지 바이어스(status quo bias)' 등과 같은 행동경제학의 중요한 개념들도 기준점 휴리스틱과 관련된 것이다. 이에 대한 자세한 이야기는 뒤에서 다시 하겠지만, 행동경제학의 여러 개념과 이론들은 서로 연관된 것이 많다.

얼마 전에 번역되어 나온 카너먼의 최근 저작에서는 '감정 휴리스틱(affect heuristic)'에 관한 재미있는 일화가 있다. 카너먼이 한 대형 금융회사의 최고투자책임자(CIO)를 만났는데, 이 책임자가 말하기를, 자기가 포드 자동차를 좋아해서 포드사의 주식에 투자했다는 것이다.[6] 물론 보통 사람들이라면 흔히 있을 수 있는 일이다. 재미 삼아 로또 대신 주식을 사는 사람이라면 자기가 좋아하는 배우가 출연하는 영화를 선택하듯이 주식도 같은 방법으로 선택할 수 있다. 그러나 대형 금융회사의 최고투자책임자가 과연 그런 식으로 투자를 결정할 수 있을까? 믿기 어렵지만 충분히 있을 수 있는 일이다. 이처럼 자기가 좋아하는 것을 옳다고 판단하는 것이 바로 감성 휴리스틱이다. 광고주들이 터무니없이 비싼 몸값을 지불하고 인기 연예인들을 TV의 상품 광고 모델로 고용하는 이유도 감성 휴리스틱으로 설명할 수 있다. 소비자들은 자기가 좋아하는 연예인이 광고하는 상품을 더 신뢰하기 때문이다. 다만 이런 광고들이 그토록 비싼 모델료만큼 효과가 있는지는 잘 모르겠다. 굳이 그런 식으로 따지자면 여성용 화장품의 광고 모

---

6 대니얼 카너먼, 이진원 옮김, 『생각에 관한 생각』, 김영사, 2012, 20~21쪽.

델은 장동건이나 원빈이 나와야 옳을 듯싶지만, 정작 화장품 광고에 나오는 것은 이영애나 김태희다. 내가 여성 소비자라면 당연히 그 화장품은 절대 쓰지 않는다.

중국의 고전인 『한비자(韓非子)』에는 '여도담군(餘桃啗君)'이라는 고사가 나온다. 임금에게 먹다 남은 복숭아를 먹였다는 이야기다. 위(衛)나라에 미자하(彌子瑕)라는 미소년이 왕의 총애를 받고 있었다. 어느 날 그는 모친이 병들었다는 소식을 듣고 밤에 몰래 임금의 수레를 훔쳐 타고 나갔는데, 그 나라에는 왕의 허가 없이 왕의 수레를 타면 두 다리를 잘라 버리는 벌이 있었다. 그러나 이 사실을 안 위왕은 효성이 지극하다며 오히려 미자하에게 상을 내려 칭찬했다. 또 하루는 미자하가 복숭아를 먹다가 맛이 너무 좋다며 반쯤 먹다 남은 복숭아를 왕에게 바쳤다. 왕은 기뻐하며 "그 맛있는 것을 다 먹지도 않고 과인에게 주다니, 진정 너의 사랑을 알겠다"고 말했다. 그러나 세월이 흘러 미자하에 대한 왕의 사랑이 식자 어느 날 사소한 일로 미자하를 꾸짖으며 "이놈은 본래 성품이 좋지 못한 놈이다. 예전에 나를 속이고 수레를 탔으며, 나에게 먹다 남은 복숭아를 주었다"고 비난하였다. 먹다 남은 복숭아를 준 일은 똑같은데, 언제는 상이 되고 언제는 벌이 되는 이유는 바로 내가 그를 좋아하거나 좋아하지 않기 때문이다. 사랑에 빠지면 곰보 자국도 보조개로 보이지만, 사랑이 식으면 보조개도 곰보 자국으로 보이는 이치와도 같다.

광고 이야기가 나온 김에 한 가지 더 이야기하자면 광고의 가장 중요한 목적은 '제품 차별화'이다. 가령 소주를 예로 들어 보자. 솔직히 소주 맛은 이것이나 저것이나 큰 차이가 없다. 그런데 소주 광고를 보면 소주 한 잔에도 하늘과 땅이 놀랄 만큼 엄청난 차이가 있는 듯이 이야기한다. 여기서 실제로 상품마다 소주 맛에 차이가 있느냐 없느냐는 중요하지 않다. 중요한 것은 소비자들이 그 차이를 인식하느냐 그렇지 않느냐는 것이다. 소주 맛에 차이가 없거늘 소비자들이 그 차이를 어떻게 인식하느냐고? 그래서 비싼 돈을 주고 인기 연예인들을 모델로 쓰는 것이다. 실제로 차이가 있건 없건 소비자들로 하여금 차이가 있다고 인식하게 하는 것이 바로 광고의 역할이다. 문제는 그러다 보니 자기는 대한민국의 모든 소주 맛을 구분할 줄 안다고 자신하는 허풍선이도 꼭 나타나는 법이다. "내가 해 봐서 아는데"가 바로 그런 예이다. 내가 소주 좀 마셔 봐서 안다거나, 내가 삽질 좀 해 봐서 안다거나, 그래서 나는 반드시 옳다고 믿는 사람들 말이다. 이런 사람들의 착각을 '확증 바이어스'라고 부른다. 휴리스틱과 바이어스는 원인과 결론처럼 언제나 함께 다닌다. 다만 어느 것이 원인이고 어느 것이 결론인가는 그때그때 달라진다.

시식 코너에서 길을 잃은 이유

사람들의 선택에서 나타나는 이런저런 휴리스틱을 설명하는 것보다 정말 중요한 문제는 사람들은 왜 휴리스틱하게 행동하는가 하는 것이다. 사람들이 휴리스틱하게 행동하는 이유는 자기 이해와도 관련이 있다. 사람들은 정작 자기 자신이 무엇을 선호하는지, 어떤 선택이 나에게 더 큰 효용을 주는지 등에 대해서 잘 모른다는 것이다. 그래서 매일 점심시간마다 김치찌개를 먹을지 순두부찌개를 먹을지 고민하는 것이다. 사람들이 매우 높은 수준의 합리성에 따라 행동하지 않는 가장 중요한 이유는 그렇게 행동하는 데 필요한 조건을 가지고 있지 못하기 때문이다. 앞에서 이야기한 것처럼 경제학에서는 가장 바람직한 시장의 형태를 완전경쟁시장이라고 말한다. 그런데 현실에서는 완전경쟁시장이 존재하지 않는다. 시장이 완전경쟁적이기 위해 필요한 조건들을 현실에서 모두 갖추는 것은 사실상 불가능하기 때문이다. 이 조건이란 경쟁자의 수가 무수히 많을 것, 진입과 퇴출이 완벽히 자유로울 것, 모든 정보가 완전하게 공개될 것 등이다. 그러나 현실에서는 무수히 많은 경쟁자가 존재할 수 없다. 그래서 완전경쟁시장이란 하나의 이상형일 뿐이고, 시장이 어느 만큼 경쟁적인가를 평가하는 기준이 될 뿐이다. 완전경쟁시장의 조건들 가운데 요즘 경제학이 특별히 관심을 두는 문제가 바로 '정보(information)'이다. 정보가 완전한가 아닌가는 시장에서 참가자들이 어떻게 행동하는가를 설명하는 데 매우 중요한 문제이기 때문이다.

『성경』의 「마태오의 복음서」 25장에는 '달란트의 비유'라는 유명한 이야기가 나온다. 어떤 사람이 여행을 떠나면서 세 명의 종을 불러 각자의 능력에 따라 각각 다섯 달란트, 두 달란트, 한 달란트를 맡겼다. 다섯 달란트를 받은 이는 곧 그 돈을 투자하여 다섯 달란트를 더 벌었다. 두 달란트를 받은 이도 그렇게 하여 두 달란트를 더 벌었다. 그러나 한 달란트를 받은 이는 땅을 파고 주인의 그 돈을 숨겼다. 오랜 뒤에 주인이 돌아오자 종들은 각자가 맡았던 재산을 내놓았다. 주인은 재산을 불린 두 종은 칭찬하였으나, 한 달란트를 가진 종에게는 크게 화를 내며 그 한 달란트마저 빼앗아 열 달란트를 가진 이에게 주었다. 이 이야기의 마지막은 "누구든지 있는 사람은 더 받아 넉넉해지고, 없는 사람은 있는 것마저 빼앗길 것"이라는 말로 끝난다. 요즘 '마태(오) 효과'라는 말로 자주 인용되는 이야기다. 가진 자는 더 넉넉해지고 없는 자는 가진 것마저 빼앗기는 양극화 현상 말이다. 물론

『성경』 말씀의 원래 뜻이 그런 것은 아니다. 옳은지 그른지 감히 내가 말할 수는 없지만 나는 이 이야기를 다르게 해석한다.

경제개발 이후 우리 경제의 역사에서 가장 큰 사건을 꼽으라면 아마 많은 이들이 지난 1997년의 외환 위기를 꼽을 것이다. 그때 우스갯소리로 나온 이야기가 바로 외환 위기가 우리 국민을 모두 경제 전문가로 만들었다는 것이다. 틀린 말도 아닌 것이 외환 위기 이전에 국제통화기금이 뭐하는 곳인지 아는 국민이 과연 몇 명이나 되었겠는가? 오죽했으면 YS가 국제전화하는데 왜 기금이 필요하냐고 물었다는, 물론 전혀 근거 없는 이야기까지 나돌았겠는가 하는 이야기다. 그때 우리 국민에게 익숙해진 몇가지 경제 용어들이 있다. '도덕적 해이(moral hazard)'도 그 가운데 하나다. 도덕적 해이라는 말은 얼핏 도덕적으로 문제가 있다거나 도덕적으로 나쁜 놈이라는 의미로 들리기 쉽다. 그때 나라 경제를 말아먹은 분들에게 도덕적으로 문제가 많았던 것은 분명하다. 그러나 도덕적 해이라는 용어는 그냥 도덕적으로 나쁜 놈들이라는 것보다는 조금 더 엄밀하게 사용된다.

『성경』에 나오는 달란트의 비유는 종이 주인을 위하여 의무를 다하지 않았다는 이야기다. 경제학에서는 이것을 '주인-대리인(principle-agent problem)' 문제라고 부른다. 가령 변호사가 큰돈이 오가는 소송을 맡았다고 가정해 보자. 그런데 만약 중간에 합의한다면 의뢰인에게는 더 이익이 되지만 변호사가 받는 보수는 많지 않을 것이고, 반대로 재판까지 간다면 의뢰인이 얻는 이익은 작지만 변호사가 받는 보수는 많을 것이다. 만약 여러분이 변호사라면 어떻게 할 것인가? 성실한 변호사라면 당연히 의뢰인의 이익을 위하여 합의를 권할 것이다. 그러나 그렇지 못한 변호사라면 의뢰인을 속여 재판을 권할 것이다. 이처럼 대리인이 주인의 이익이 아닌 자기 자신의 이익을 위하여 행동하는 경우를 경제학에서는 도덕적 해이라고 부른다. 어떻게 이런 일이 가능할까? 법률 전문가가 아닌 의뢰인은 소송에 관한 지식도 부족하고 상대방이 어떤 제안을 해 왔는지, 어떤 선택이 더 유리한지에 대한 정보도 부족하기 마련이다. 상대방이나 그 대리인을 만나는 것도 변호사고, 상대방의 제안이나 그에 따른 이익에 관한 정보를 가지고 있는 것도 변호사다. 이처럼 대리인은 정보를 가지고 있으나 주인은 그렇지 못한 것을 경제학에서는 '정보의 비대칭성'이라고 부른다. 말하자면 대리인이 정보의 비대칭성을 이용하여 주인이 아닌 자신의 이익을 추구하는 행위가 바로 도덕적 해이이다. 도덕적으로 나쁜 놈인 것은 맞는데, 도덕적으로 나쁘다고 모두 도덕적 해이라고 부르는 것은 아니며, 정보의 비대칭성 때문에 그러한 문제가 나타날 때 도덕적 해이라고 부른다.

정보의 비대칭성과 그로 인한 도덕적 해이는 모든 경제학 교과서에서 자주 나오는 이야기다. 책에 따라 예로 드는 이야기가 조금씩 다를 뿐인데, 가장 자주 나오는 예는 중고차 시장과 개살구 시장 ─ 미국식으로 말하면 '레몬 시장(lemon market)' ─ 이다. 중고차 시장에는 새 차는 아니지만 그런대로 괜찮은 자동차와 겉은 멀쩡하지만 큰 사고를 겪어서 엉망인 자동차가 섞여 있기 마련이다. 그러나 소비자는 어느 차가 좋은 중고차인지 어떤 차가 나쁜 자동차인지 알 수 없다. 자동차에 대한 정보는 오직 판매자가 모두 가지고 있기 때문이다. 물론 이때 중고차 딜러가 성실한 판매자라면 아무런 문제도 일어나지 않는다. 그러나 이기적(!)인 판매자는 자신에게 불리한 정보는 숨기려 들기 마련이다. 오해는 하지 말자. 모든 판매자가 반드시 그렇다는 뜻이 아니라 적어도 소비자가 그렇게 의심해 볼 수는 있다는 뜻이다. 좋은 차의 가격은 1000만 원, 나쁜 차는 200만 원이라고 가정하자. 그러나 소비자는 어떤 차가 좋은지 어떤 차가 나쁜지 알 수 없다. 과연 소비자는 그 자동차에 얼마를 지불할까? 합리적인 소비자라면 600만 원을 지불하려 할 것이다. 중학교 때 배운 산수를 잠시 복습해 보자. 내가 사려는 자동차가 좋은 차일 확률과 그렇지 못한 차일 확률은 모두 1/2씩이다. 그러니 1000만 원×1/2 + 200만 원×1/2 = 600만 원이 정답인 것이다. 그런데 여기서 다시 문제가 나타난다. 판매자의 처지에서 보면 1000만 원 짜리 자동차를 600만 원에 팔 수는 없는 일이다. 아무도 좋은 차는 내놓으려 하지 않을 것이 당연하다. 그래서 결국 중고차 시장에는 좋은 차는 사라지고 나쁜 차만 남는다. 모든 참가자가 자기 이기심에 따라서 합리적으로 행동했는데도 시장이 왜 자원을 효율적으로 배분하고 사회 전체의 후생을 증가시키는 데 실패하고 마는가를 보여 주는 예다. 경제학에서는 이런 현상을 '역선택(adverse selection)'이라고 부른다. 시장에 참살구는 사라지고 개살구만 남고, 오렌지는 사라지고 너무 시어서 먹지 못하는 레몬만 남는 것도 모두 같은 이치다.

레몬 시장 이론은 용의자의 딜레마와 마찬가지로 소비자들이 합리적으로 행동하지 않았기 때문이 아니라 합리적으로 행동했기 때문에 오히려 비합리적인 결과가 나타날 수 있다는 것을 보여 준다. 완전경쟁시장에서는 정보가 완전하게 공개되어 있다는 것은 하나의 가정일 뿐이다. 경제학자들이 만들어 낸 가상의 이상형이라는 뜻이다. 당연히 현실에서는 정보가 완전하지 않다. 대부분의 경우에는 대칭적이지도 않다. 그래서 사람들은 휴리스틱에 의존해서 판단하는 것이다. 그런데 현실에서 사람들이 완전한 합리성이 아니라 휴리스틱하게 판단하는 이유가 정보의 부족 때문이라면, 정보가 많으면 많을수록 사람들은 더 합리적이 될까? 반드시 그렇지는 않다. 가령 인터넷을 정보의 바다라고 한다. 구글 같은 검색 엔진은 필요한 자료를 찾는 데 매우 편리하다. 그런데 가끔 자료를 찾으러 검색어를 넣어 보면 내가 찾는 것과는 전혀 무관한 자료들이 몇십 쪽에 걸쳐 나오는 바람에 도저히 원하는 자료를 찾을 수 없는 경우가 있다. 정보의 바다가 아니라 정보의 쓰나미여서 자칫하면 내가 떠내려갈 판이다.

내가 아는 이 가운데 맞선을 한 100번쯤 봤다는 사람이 있다. 100번이라고 하면 엄청나게 대단한 일처럼 들리지만, 처음 몇 번을 넘기면 습관처럼 주말마다 맞선 자리에 나가게 된다고 한다. 문제는 처음 몇 번은 이 사람은 이래서 좋은데 저래서 마음에 안 들고, 또 저 사람은 이런 점이 싫다는 식으로 판단하는데, 몇십 번을 넘어가면 도무지 이 사람이 이 사람인지 저 사람이 저 사람인지 구분이 안 된다는 것이다. 심지어는 예전에 만났던 사람과 다시 맞선을 보는 경우도 있었다고 한다. 맞선과 소시지를 비교하기는 좀 그렇다마는, 시식 코너에 세 종류의 소시지를 놓고 사람들에게 맛을 평가하라고 하면 대부분의 사람들은 쉽게 어느 한 종류를 선택한다고 한다. 그러나 열여섯 종류의 소시지를 놓고 평가하라고 하면 쉽게 평가하지 못한다고 한다. 열여섯 가지쯤 되면 처음 먹었던 소시지의 맛이 도통 기억날 리 없기 때문이다. 정보가 너무 많아도, 다른 말로 하면 대안이 너무 많아도 사람들은 합리적으로 선택하기 어렵다. 주어진 모든 정보가 올바른 정보일 때도 그렇다. 하물며 우리가 얻는 정보 가운데는 잘못된 정보도 많고, 불필요한 정보 때문에 정작 중요한 정보를 놓치는 경우도 많다. 가령 마트에서 1+1 상품에 나도 모르게 손이 나가는 경우가 그렇다. 그 상품이 과연 지금 나에게 그만큼의 양이 필요한 상품인지, 낱개로 구매했을 때와 단위 가격은 얼마나 차이가 나는지 등을 따져 보지도 않고 1+1이라는 정보에 현혹되어 합리적이지 못한 판단을 하고 만다. '오늘만 세일'이라는 문구나 "3분 남았습니다"라는 쇼호스트의 말 등에 현혹되는 경우도 마찬가지다. 어쩜 그렇게 주부들 마음을 잘 아느냐고? 실은 바로 내가 그렇기 때문이다.

그래서 사람이다

제한된 정보만을 이용하여 완전한 합리성이 아니라 제한된 합리성에 따라 행동하는 휴리스틱은 당연히 잘못된 판단을 하는 경우가 많다. 이미 몇 가지 예를 소개했지만, 트버스키와 카너먼은 그런 비합리적 결과들을 '바이어스(bias)'라는 말로 부른다. 우리 말로 하면 '편향' 정도로 옮길 수 있지만 대개는 그냥 바이어스라고 부르는 경우가 많다. 무슨 효과라거나 무슨 오류라고 부르기도 한다. 예를 들어 가용성 휴리스틱은 내가 끄집어 내기 쉬운 기억에 더 많이 의존한다는 뜻이다. 그런데 이런 편향이 심한 사람들은 자신이 듣고 싶어하는 이야기만 듣는 경우가 많다. 이른바 '확증 바이어스(confirmation bias)'[7]가 나타나는 것이다. 심리학에서는 '칵테일 파티 효과'라는 말을 쓴다. 칵테일 파티에는 많은 사람이 모이기 마련이고 저마다 자기 이야기를 하다 보면 시끌벅적 소란스럽다. 그런데도 파티에 참석한 사람들은 옆 사람과 대화하는 데 그다지 곤란을 겪지 않는다. 자기가 듣고자 하는 이야기에만 집중하기 때문이다. 똑같은 크기의

---

7 때로는 확증 바이어스를 가용성 휴리스틱보다 기준점 휴리스틱과 연관 지어 설명하기도 한다. 기준점을 중심으로 벗어나지 않으려는 편향 때문이라는 것이다.

목소리로 이야기하는데도 자신이 대화하는 상대의 이야기는 더 잘 들린다는 뜻이다. 나는 이런 현상을 '리어왕 효과'라고 부른다.

'리어왕 효과'라는 말은 내가 만든 것이어서 당연히 아무도 알아주지는 않는다. 아무튼 내가 그렇게 부르는 이유는 리어왕의 비극도 결국은 자기가 듣고 싶은 말만 듣고자 한 데서 비롯되었기 때문이다. 인터넷에서 떠도는 괴담들이나 어느 가수의 학력이 위조되었다는 논란도 확증 바이어스 때문이다. 이 사람들은 아무리 증거를 들이대도 그 증거가 위조된 것이라며 믿으려 하지 않는다. 이미 자신의 마음속에 확신을 가지고 있기 때문에 다른 말은 처음부터 들리지 않는 것이다. 자신이 지지한 후보가 선거에서 떨어지면 반드시 부정선거가 있었을 것이라고 믿는 것도 같은 이유에서이다. 이런 현상을 심리학에서는 '인지 부조화(cognitive dissonance)'라는 말로 설명한다. 인지 부조화란 사람이 두 가지 모순되는 인지 요소를 가질 때 나타나는 인지적 불균형 상태를 의미한다. 이러한 인지적 불균형 상태는 심리적 긴장을 유발하고, 사람들은 이 갈등을 해소하기 위해 두 상충 요소 중 하나를 선택한다. 이때 대부분의 사람들은 나에게 심리적 안정을 가져다 줄 수 있는, 즉 나에게 더 유리한 요소를 선택하게 된다. 그래서 자기가 듣고 싶은 말만 듣는 것이다.

인지 부조화가 발생하는 또 다른 이유는 '과다 구분 바이어스(distinction bias)' 때문이다. 이것과 저것, 나와 남의 차이를 과다하게 구분한다는 뜻이다. 세상의 소주 맛을 모두 구분한다는 친구는 단지 허풍선이일 뿐이다. 물론 소주 맛이 달라서 특정 소주만 마신다는 친구들도 있다. 문제는 이런 이들 중에 다른 사람들의 취향과 기호를 전혀 존중해 줄 줄 모르는 사람들이 가끔 있다는 것이다. 혼자 안 먹으면 그만인 것을, "너는 이런 화학 조

미료 범벅이 그렇게 맛있냐" 하면서 자기는 이슬만 먹고 사는 척하는 놈들 말이다. 그래, 음식 취향까지는 또 참기로 하자. 먹기 싫은 놈은 안 먹으면 그만이니까. 그러나 이야기가 선거에서 어느 당의 후보를 찍느냐는 데로 가면 많이 고약해진다. 지지하는 정당이나 후보가 다르다는 사실을 하늘이 무너지기라도 할 것처럼 호들갑스럽게 받아들이는 사람들도 있다. 그래서 내 편 네 편을 나누어 치고 박고 싸우지만, 정작 두 정당의 공약이나 정책에 무슨 차이가 있는지는 아무도 모른다. 과다 구분 바이어스는 구분하는 행위 바로 그것으로부터 나는 남과 다르다는 만족과 쾌락을 얻기 때문이다. 나는 이런 사람들을 보면 노벨문학상을 받은 독일의 반전 작가 하인리히 뵐(Heinrich Böll)이 생각난다. 하느님이 아담에게 "아담, 너는 어디에 있었느냐?" 하고 물으니 아담이 이렇게 대답하더란다. "투표하고 왔는데요."

확증 바이어스는 '낙관 바이어스(optimism bias)'의 한 가지라고도 할 수 있다. 대부분의 사람들은 자신이 선택한 결과에 대해 근거 없이 낙관하는 편향이 있다. '막연히 잘 될 거야' 하고 기대하는 심리가 바로 그것이다. 물론 반대로 '비관 바이어스(pessimism bias)'도 있다. 근거 없이 '안 될 거야', '나는 틀렸어' 등으로 생각하는 편향이다. 대부분의 사람들은 낙관 바이어스와 비관 바이어스 사이에서 왔다 갔다 하지만, 낙관 바이어스가 더 자주 나타난다. 비관보다는 낙관이 내 마음을 더 편안하게 해 준다는 사실은 부인할 수 없으니까 말이다. '계획 오류(planning falacy)'도 낙관 바이어스의 한 예인데, 계획했던 것보다 실제 진행에는 더 많은 시간과 비용이 든다는 뜻이다. 가령 내일 시험을 앞둔 학생이 조금만 더 놀다가 공부해야지 하다가 시험을 망치는 이유도, 시험공부를 지나치게 낙관적으로 전망했기 때문이다. 여러 나라 정부가 벌이는 각종 사업에서도 계획 오류는 자주 나타난다. 가장 유명한 예 가운데 하나가 바로 시드니의 오페라하우스다. 지금은 그 도시를 상징하는 건축물로 관광객들의 사랑을 받고 있지만, 원래 계획에 따르면 시드니 오페라하우스는 1957년부터 6년간 700만 달러를 들여 짓기로 되어 있었다. 그러나 실제로 완공된 것은 16년이나 지난 1973년이며, 건설 비용도 1억 달러로 예산보다 열 배 이상 늘었다. 웃을 일이 아니다. 새만금부터 4대강까지 우리나라에서 벌인 갖가지 토건 사업들 또한 다르지 않기 때문이다.

잠시 막간을 이용하여 모든 남성들이 공감할 만한 우스갯소리 한마디해 보자. 남자들이 아내나 여자 친구와 쇼핑하는 것을 싫어하는 이유가 무엇일까? 너무 많은 시간이 걸리는 것? 갔던 가게를 몇 번이나 다시 가는 것? 다 맞는 말이겠지만 나의 경우에 가장 황당한 일은 이런 일이다. 마누라가 빨간 옷과 파란 옷을 꺼내 놓고 어느 쪽이 더 자기에게 어울리느냐고 묻는다. 내가 빨간 옷이라고 대답하면 마누라는 잠시 생각하더니 파란 옷을 고른다. 어차피 자기 마음대로 고를 바에야 묻기는 왜 묻느냐고? 그런데 실은 우리 마누라의 마음속에서는 이미 파란 옷으로 결정해 놓고 있던 것이다. 마누라는 어느 옷이 더 어울리는가를 내게 물어본 것이 아니라, 파란 옷이 더 어울린다는 말을 듣고 싶었을 뿐이다. 만약 내가 파란 옷이라고 대답했다면 당연히 마누라는 나를 칭찬하는 것이 아니라 자신의 안목을 칭찬했을 것이다. "역시 내가 옷은 잘 고른다니까!" 하고. 그렇다면 빨간 옷이 더 어울린다는 내 말에 대한 마누라의 반응은? "역시 저 인간은 아무데도 쓸모가 없어!"이다.

그냥 하는 우스갯소리 같지만, "역시 내가 옷은 잘 고른다니까"가 확증 바이어스라면 "저 인간은 아무 쓸모없어"는 '사후 판단 바이어스(hindsight bias)'라고 부른다. 어떤 일이 벌어지고 나서야 나도 그렇게 생각했다거나 이미 그럴 줄 알고 있었다는 식으로 자신을 합리화하는 경우다. 내가 자주 하는 썰렁한 이야기가 있다. 어떤 사람이 점쟁이를 찾아 갔더니 집에 대추나무가 있냐고 묻더란다. 그래서 없다고 했더니 점쟁이가 "있었으면 큰일 날 뻔 했어"라고 말하더란다. 자기합리적 사후 판단 바이어스다. 그래도 "저 포도는 실 거야" 하고 자위한 『이솝 우화』의 여우는 순진한 편이다. 자기 합리화를 위해 타인에게 책임을 미루지는 않으니까 말이다. 반드시는 아니지만 사후 판단 바이어스는 가용성 휴리스틱 때문에 나타나는 경우가 많다. 가령 "차 조심해라"라는 말은 특별히 차를 조심해야 할 이유가 없을 때에도 쓰는 말이다. 여러 가지 상투적인 잔소리 가운데 가장 가용성이 높은 잔소리이기 때문에 거의 무의식적으로 하는 이야기인 것이다. 그런데 단지 우연일 뿐이지만 정말 교통사고가 일어나면 이런 사람들은 꼭 한 마디 더 한다. "내가 그럴 줄 알았다니까!" 여자 친구와 헤어져 슬퍼하는 친구에게 나는 처음부터 너희들 오래 못 갈 줄 알았다며 속을 긁어 놓는 나쁜 놈도 사후 판단 바이어스의 예이다. 이런 놈은 더 이상 만나지 말아야 한다.

이제 결론을 내리자. 사람은 어느 만큼 합리적인가? 내가 가진 휴리스틱만큼 합리적이다. 사람은 완전한 합리성에 따라서가 아니라 대충 어림짐작에 따라 휴리스틱하게 행동한다. 하지만 그렇다고 휴리스틱이 늘 잘못된 결과에 도달한다고 생각하면 오해다. 트버스키와 카너먼의 연구는 휴리스틱으로 인해 어떤 바이어스가 나타나는가에 많이 집중되어 있다. 그러나 그 이후의 새로운 연구들에 의하면 많은 경우에 휴리스틱은 매우 복잡한 과정을 거쳐야 도달할 수 있는 결론과 거의 비슷한 결론에 보다 쉽게 도달한다고 한다. 말하자면 완전하지는 않지만 과정에 드는 비용과 편익을 계산해 보면 오히려 휴리스틱이 더 합리적인 방법일 수도 있다는 뜻이다. 휴리스틱의 장점은 흔히 야구에서 외야수들이 거의 뒤를 돌아보지도 않고 공을 잡아내는 모습에 비유된다. 이 선수들은 복잡한 수학적 계산을 통해 공의 낙하지점을 정확히 예측하는 것이 아니라, 경험에 의해서 공이 날아오는 순간 낙하지점을 예측한다고 한다. 바로 휴리스틱이 그들로 하여금 정확하게 공을 잡아내도록 해 주는 것이다.

마지막으로 앞에서 던진 질문의 답을 확인해 보자. 여러분은 누구를 국제 테러리스트라고 생각하는가? 아마 이미 질문의 의도를 파악한 분이 많으실 것이다. 아랍인은 위험하다는 대표성 휴리스틱을 실험하는구나 하고 말이다. 그러니 테러리스트는 아랍계 남성이 아니라 반대로 착한 얼굴을 한 백인일 듯싶기도 하다. 그러나 조금 생각이 복잡한 독자는 어쩌면 그런 생각을 역이용하여 아랍인이 정말 테러리스트일 것이라고 생각할 수도 있겠다. 더 생각이 복잡한 독자라면 한 번 더 그런 짐작을 역이용하여 백인이 테러리스트일 것이라고 생각하지는 않았는지 모르겠다. 너무 생각이 복잡한 독자라면 그런 짐작조차도 전부 다 속임수이며 테러리스트는 실은 평범해 보이는 동양계 남자라고 짐작했을 수도 있겠다. 그러나 미안하다. 이 가운데 테러리스트는 없다. 첫 번째 백인 남성은 바로 게임이론으로 노벨상을 받은 존 내시이다. 노벨상 수상식에 가느라고 오랜만에 면도도 하고 말끔해진 얼굴이다. 두 번째 남성은 핵의 평화적 이용을 위해 노력한 공로로 2005년 노벨평화상을 받은 이집트의 법률가 무함마드 엘바라데이(Mohamed ElBaradei)이다. 이름이 많이 어렵기는 하지만 테러리스트와는 전혀 거리가 먼 사람인 것만은 분명하다. 그럼 세 번째 남성은? 다들 짐작하셨는지 모르겠다만 바로 나다. 그래, 나 뚱뚱하다. 하지만 경제학자가 이 정도 생겼으면 배 좀 나와도 되잖아?

행동경제학을 만든 사람들

조지 애컬로프
George Akerlof, 1940~

정보의 비대칭성이 시장 실패의 원인이 된다는 레몬 시장의 이론을 처음 발표한 사람은 버클리대학의 경제학과 교수인 조지 애컬로프이다. 정보경제학의 선구자 가운데 한 사람이 기도 하지만 물질적 유인과 함께 아이덴티티(정체성)가 선택의 주요한 동기가 된다는 '아이덴티티 경제학(Identity Economics)'의 창안자이기도 하다. 시장 참여자들의 불균등한 정보 소유가 시장에 끼치는 영향을 분석한 공로로 2001년 노벨경제학상을 받았다. 사진 속의 애컬로프가 들고 있는 책이 바로 그의 주저 『야성적 충동(Animal Spirits)』이다.

제4장

위험하고
불확실한 세상

목숨 걸고 선 보기

당신은 100명의 여자와 선을 보기로 한다. 여자들은 저마다 지참금을 가지고 나오는데, 그 사람과 선을 보기 전까지는 누가 얼마를 가지고 나오는지 알 수 없다. 만약 당신이 그 가운데 어느 한 사람을 선택하면 더 이상 다른 사람과 선을 볼 수 없으며, 되돌아가서 선택하지 않았던 사람을 다시 선택할 수도 없다. 참으로 고민스러운 상황이다. 이 여자를 선택하려니 앞으로 만날 다른 여자가 더 많은 지참금을 가져올지 모르고, 선택하지 않으려니 혹시라도 지금 이 여자가 가장 많은 지참금을 가져온 사람이 아닐까 걱정된다. 당신은 누구를 선택할 것인가? 물론 그깟 지참금이야 좀 덜 받아도 그만이라고 생각할 수도 있다. 얼굴만 예쁘면 지참금 따위는 없어도 좋다는 남성들도 많을 것이다. 그렇다면 문제를 조금 바꿔 보자. 당신은 아주 포악한 술탄의 신하다. 술탄은 당신이 가장 많은 지참금을 가져온 여자를 선택한다면 살려 둘 것이지만, 그렇지 못하면 당신의 목을 베겠다고 말한다. 이제 지참금이 아니라 목숨이 걸렸다. 당신은 과연 누구를 선택할 것인가?

강의 시간에 경제학 교수들이 학생들의 흥미를 유도하려고 자주 하는 질문이 있다. 바로 투자와 투기의 차이가 무엇이냐는 것이다. 내가 하면 투자, 남이 하면 투기? 적당히 하면 투자, 과도하게 하면 투기? 내 돈으로 하면 투자, 남의 돈으로 하면 투기? 물론 모두 아니다. 경제학에서 투자란 실물자산이 늘어나는 경우만을 의미하며, 위험성과 불확실성하에서 금융자산을 선택하는 행위는 모두 투기라고 부른다. 가령 일상생활에서는 주식투자나 부동산투자라는 말을 많이 쓰지만 경제학에서 보면 그것들은 모두 투기라는 뜻이다. 그런데 예전에 어느 책에서 이런 이야기를 했더니 출판사의 편집자에게서 전화가 왔다. "교수님, 주식은 금융자산이지만 부동산은 실물자산이지 않습니까?" 그래서 위험성과 불확실성 이야기를 들어 경제학에서는 집이나 공장을 짓기 위한 목적이 아닌 투기의 대상으로서의 부동산은 금융자산으로 분류한다고 이야기했더니 이 편집자가 하는 말이 이렇다. "교수님, 네이버에서 한 번 검색해 보십시오." 아무려면 나도 명색이 경제학 박사인데 네이버 지식인에게 물어보라니, 이것 참 난감한 일이다.

경제학 교과서를 보면 불확실성과 위험성이라는 말이 자주 나온다. 휴리스틱에 관한 이야기를 하면서 휴리스틱이 얼마나 정확한가는 표본의 크기와 같은 확률적인 문제와 무관하지 않다고 이야기했다. 그러니 이제 확률에 관한 이야기를 본격적으로 해 보자. 우리가 살고 있는 현실은 확정적인 세계가 아니라 확률적인 세계다. 위험성과 불확실성도 확률적인 세계에서 일어나는 일이다. 적지 않은 경제학 교과서에서 위험성과 불확실성은 비슷한 의미로 사용되는 경우가 많다. 굳이 구분하자면 우리가 어떤 사건이 일어날 확률분포를 알고 있는 경우를 위험성, 아예 그 확률분포를 알지 못할 때를 불확실성이라고 부른다. 가령 주사위를 던져서 6이 나올 확률은 1/6 이다. 우리는 그 확률은 알고 있지만 지금 주사위를 던져 과연 6이 나올지 다른 숫자가 나올지는 알 수 없다. 이것이 위험성이다. 동전 던지기도 마찬가지다. 그러나 가위바위보는 주사위나 동전 던지기와 다르다. 가위를 낼지 바위를 낼지는 말 그대로 엿장수 마음이기 때문이다. 이것이 불확실성이다. 그렇다면 확률분포의 일부는 알고 일부는 알지 못하는 경우는 위험성일까 불확실성일까? 이런 경우는 애매모호함이라고 부른다.

사람이 합리적으로 행동한다는 것은 한마디로 확률적으로 행동한다는 뜻이다. 가령 주사위를 던져 나오는 숫자만큼 상금을 받는 도박이 있다고 가정하자. 가령 1이 나오면 만 원을 받고 6이 나오면 6만 원을 받는 식이다. 그렇다면 내가 이 도박에서 딸 수 있는 상금의 기댓값은 얼마일까? $1/6 \times 1$만 원 $+ 1/6 \times 2$만 원 $+ 1/6 \times 3$만 원 $+ 1/6 \times 4$만 원 $+ 1/6 \times 5$만 원 $+ 1/6 \times 6$만 원 $= 35{,}000$원이다. 아마 이 정도 수학은 모두 중학교에서 배웠을 것이다. 요즘은 초등학교에서 배우는지도 모르겠다. 아무튼 이 정도의 산수 때문에 굳이 연필과 종이를 가져올 필요는 없다. 그래도 암산이 안 되는 분은 숫자 따위는 그냥 넘어가도 좋다. 숫자가 나온다고 지레 겁먹고 책장을 덮어 버리지만 않으면 된다. 여기서 주목해야 할 것은 '기대(expectation)'라는 용어다. 조금 과장된 표현이기는 하지만, 경제학은 한마디로 기대에 관한 학문이다. 신고전학파니 케인스학파니 적응적 기대학파니 합리적 기대학파니 하는 구분은 모두 기대에 대한 해석의 차이에서 나온 것이다. 하지만 경제학에서 말하는 기대는 하늘에서 돈벼락이라도 떨어졌으면 좋겠다는 기대나 김태희가 난데없이 결혼하자고 나를 쫓아다니면 어떨까 하는 기대가 아니라, 결코 그런 일은 일어날 리 없다는 확률적인 예상을 의미한다. 내가 주사위를 던져서 받을 수 있는 기댓값은 35,000원이다. 만약 이 도박의 비용이 35,000원 이하라면 도박을 하는 편이 더 합리적이다. 만약 그 비용이 35,000원 이상이라면 하지 않는 편이 합리적이다. 물론 이는 그 사람이 위험중립적(risk neutral)이라는 가정하에서이다. 때로 기댓값이 비용보다 훨씬 낮은데도 도박을 선택하는 위험선호적(risk loving)인 사람도 있고, 반대로 아무리 기댓값이 높아도 도박은 하지 않는 위험기피적(risk averse)인 사람도 있다. 굳이 말하자면 나는 지극히 위험기피적인 사람이다. 도박이나 복권은 물론 추석에 친척들끼리 만나도 고스톱 한 번 치지 않는 사람이다.

확률적인 세상, 다시 말해 불확실하고 위험한 조건에서 사람들이 어떻게 행동하는가에 관한 주류경제학의 한 분야가 바로 기대효용이론(Expectation Utility Theory)[1]이다. 혹시라도 오해가 있을까 봐 분명하게 이야기해 두지만, 주류경제학 전체가 그렇듯이 기대효용이론이 잘못되었다고 주장하려는 뜻은 전혀 아니다. 오히려 그 반대로 도박뿐 아니라 일상생활 속에서 우리는 스스로 의식하든 그렇지 않든 위험성과 불확실성에 대해 확률적으로 행동한다. 우리가 교통사고의 위험에도 자동차를 이용하는 이유는 그 확률이 그다지 높지 않기 때문이다. 반대로 우리가 10층 높이의 옥상에서 뛰어내리지 않는 이유는 이 세상을 뜰 확률이 매우 높기 때문이다. 다만 내가 강조하고 싶은 점은 우리는 이렇게 확률적인 세상에서 살면

---

1 주류경제학의 기대효용이론에 관해 트버스키와 카너먼이 제시한 것이 바로 프로스펙트 이론(Prospect Theory)이다. 프로스펙트 이론은 오늘날 행동경제학의 가장 중요한 부분으로 인정되고 있는데, 이에 대해서는 제5장에서 자세히 이야기하기로 하자.

서도 그 확률을 정확하게 알지는 못한다는 사실이다. 오늘 아침 출근길에 교통사고가 날 확률이나 10층 높이에서 뛰어내려도 가벼운 찰과상만 입고 살아날 확률을 정확하게 아는 사람이 누가 있겠는가? 그러니 다시 한 번 물어보자. 사람은 왜 합리적이지 못한가? 더 정확하게 표현하자면 사람은 왜 대충 합리적인가? 이런 질문에 내가 앞 장에서 한 답변은 정보가 제한적이기 때문이라는 것이었다. 사람이 대충 합리적으로 행동하는 두 번째 이유는 우리가 확률적인 세계에서 살아가면서도 정작 확률적으로 행동하는 것이 매우 어렵기 때문이다. 물론 여기에도 확률분포에 대한 정보의 부족이 한 이유가 된다. 그러나 이보다 더 중요한 다른 이유는 정보가 충분하더라도 사람들이 확률을 제대로 이해하지 못하기 때문이다.

사람들이 확률을 제대로 이해하지 못한다는 증거로 가장 자주 거론되는 것이 바로 '알레의 역설(Allais paradox)'이다. 프랑스 출신으로 노벨경제학상 수상자이기도 한 모리스 알레(Maurice Allais)가 실제로 당대의 저명한 경제학자들에게 실험해 보았더니 그들 역시 확률을 잘못 이해하고 있더라는 데서 나온 이야기다. 그 내용은 다음과 같다. 먼저 선택할 수 있는 두 개의 대안 A와 B가 있다. 대안 A는 10% 확률의 500만 달러와 89% 확률의 100만 달러를 받는 것이다. 대안 B는 100%의 확률로, 즉 확정적으로 100만 달러를 받는 것이다. 이제 질문을 바꿔보자. 역시 선택할 수 있는 두 개의 대안 C와 D가 있다. 대안 C는 10%의 확률로 500만 달러를 받는 것이며, 대안 D는 11%의 확률로 100만 달러를 받는 것이다. 질문이 너무 복잡하다고 여길 분들을 위해 간단히 정리해 보자. 당신이라면 어느 쪽을 선택할 것인가?

질문 ①　A : 500만 달러(10%의 확률) + 100만 달러(89%의 확률)

　　　　　B : 100만 달러(100%의 확률)

질문 ②　C : 500만 달러(10%의 확률)

　　　　　D : 100만 달러(11%의 확률)

알레의 역설은 트버스키와 카너먼이 발표한 프로스펙트 이론(Prospect Theory) 가운데 확실성 효과와 관련된 문제다. 알레의 역설에서 핵심적인 문제는 위의 두 질문이 실은 같은 질문이라는 것이다. 질문 ①의 두 가지 대안 A와 B에서 100만 달러의 확률 89%를 빼면 질문 ②의 대안 C와 D가 된다. 그런데 사람들은 질문 ①에서는 A보다 B를 더 선호했으나 질문 ②에서는 D보다 C를 더 선호했다. 이렇게 모순된 결과는 사람들이 확률을 제대로 이해하지 못한다는 증거다. 심지어는 경제학자들조차도 말이다. 물론 그렇다고 해서 반드시 사람이 비합리적이라는 뜻은 아니다. 확률적인 행동이 합리적이라는, 주류경제학이 가정하는 그러한 의미에서는 합리적이지 않을 수도 있다는 뜻이다.

준비하시고~ 쏘세요!

확률에 대한 주관적인 태도도 사람들이 확률적으로 행동하지 못하는 주요한 이유 가운데 하나다. 아주 단순한 예부터 이야기해 보자. 주사위를 던졌더니 6이 연속해서 다섯 번이나 나왔다. 확률적으로 계산해 보면 7,776분의 1이니 매우 드문 일이기는 하지만 결코 일어날 수 없는 일은 아니다. 조금 야한 이야기 한마디 하자면, 우리 모두 2억

분의 1이라는 확률을 뚫고 이 세상에 태어났으니 말이다. 7,776분의 1이면 겨우 만 분의 1도 안 되니, 그다지 어려운 일도 아니다. 그렇다면 이제 여섯 번째 주사위를 던져서 또 6이 나올 확률은 얼마일까? 46,656분의 1일까? 아니다. 다섯 번 연속해서 6이 나온 다음에 다시 주사위를 던져 또 6이 나올 확률은 1/6이다. 1이 나올 확률도 1/6이고 2가 나올 확률도 1/6이듯이 6이 나올 확률도 똑같이 1/6이다. 그런데도 대부분의 사람들은 이번에는 결코 6이 나오지 않으리라고 믿어 버린다. 평범한 사람들은 물론이거니와 확률에 아주 정통한 일류 도박사들도 마찬가지라고 한다. 그래서 앞에서 이야기한 것처럼 이런 착각을 '도박사의 오류'라고 부른다.

여담이지만, 영화 「타짜」를 보면 우리나라 노름꾼들의 세계는 확률이 아니라 눈보다 빠르다는 화려한 손기술의 세계다. 그런데 몇 해 전 인기를 끌었던 도박사 이야기를 다룬 드라마의 실재 인물이라는 분이 TV에 나와 이야기하는 것을 들어 보니, 포커 같은 도박에서 돈을 따는 요령은 바로 남은 카드가 무엇인가를 따져 확률적으로 계산하는 것이라고 한다. 물론 이것은 화투와 포커의 차이는 아니고, 도박에서 돈을 따는 요령은 속임수가 아닌 바로 확률에 있다는 뜻이다. 내가 아는 어느 분도 화투를 참 좋아하시는데, 그분 말씀이 이미 나온 패를 모두 외우면 다음에 어떤 패가 나올지를 계산할 수 있다고 한다. 이렇게 보면 도박사들이 경제학자나 통계학자들보다 낫다. 경제학자들은 확률을 계산하기 위해 매우 복잡한 컴퓨터 프로그램을 사용하는데 도박사들은 암산으로 그것들을 다 계산해 내니 말이다.

도박사의 오류는 확률이란 매우 객관적인 문제임에도 사람들은 흔히 그것을 주관적으로 해석하려 하는 경향이 있다는 것을 보여 준다. 비슷한 예가 '통제의 환상(illusion of control)'이다. 내가 아직 청소년일 때는 주택복권이 가장 인기 있는 복권이었다. 모든 복권에는 어느 정도의 사행성이 있기 마련이고, 국가가 나서서 국민에게 사행 심리를 조장하는 것이 과연 옳으냐 아니냐 하는 시비가 그때도 있었다. 하지만 그 당시 일요일 저녁의 주택복권 추첨 방송은 거의 국민 프로그램이라고 할 만큼 인기였다. 아마 40대 이상의 분들이라면 사회자가 "준비하시고~ 쏘세요!" 하고 외치던 것을 기억하실 것이다. 당시의 주택복권은 추첨만 한 것이 아니라 연예인들이 나와서 노래도 하고 춤도 추던 흥거운 프로그램이었다. 1등 번호의 마지막 숫자를 쏜다는 것은 대단한 명예였으며 그 연예인이 최고의 인기를 누리는 스타라는 증거이기도 하였다. 내가 주택복권을 좋아하는 이유는 그렇게 지켜보다가 500원짜리라도 당첨되면 더할 나위 없이 기쁘겠지만, 당첨되지 않더라도 겨우 100원으로 온 가족이 일주일 동안 행복할 수 있기 때문이다.

주택복권과 비교해 보면 요즘 인기 있다는 즉석 복권이나 로또는 물질문명 시대의 차가운 현실을 보여 주는 듯해서 좀 쓸쓸하다. 그러나 복권이라고 하면 요즘은 역시 로또이다. 여러 종류의 복권 가운데서도 로또가 유달리 인기 있는 이유는 무엇일까? 바로 '통제의 환상' 때문이다. 로또는 이미 번호가 주어져 있는 복권들 가운데서 선택하는 것이 아니라 내가 번호를 선택할 수 있게 되어 있다. 사람들은 자신이 번호를 결정하면 당첨 확률이 더 높아질 것으로 생각한다. 실제로 심리학자들이 두 집단으로 나눈 피실험자들에게 다음과 같은 실험을 해 보았다. 한 집단에게는 실험자들이 임의로 번호를 정한 복권을 나눠 주고 다른 집단에게는 스스로 번호를 정하도록 한 다음 복권에 가격을 매기도록 했다. 그러자 실험자들이 준 복권을 받은 피실험자들은 그 복권의 가격을 평균 1달러로 평가하였다. 그러나 자신이 번호를 선택한 복권을 받은 피실험자들은 그 가격을 평균 1달러 50센트로 평가하였다. 하지만 통제의 환상이 얼마나 터무니없는지는 다음과 같은 일화가 보여 준다. 로또에 당첨된 남자가 TV 쇼에 출연하였다. 사회자가 어떻게 당첨 번호를 맞추었느냐고 묻자 남자는 이렇게 대답했다. "나 자신의 행운을 믿었지요. 내가 가장 좋아하는 숫자가 6과 8입니다. 그래서 47을 선택했지요. 6×8 = 47이니까요."

그런데 굳이 한 마디 덧붙이자면 로또뿐 아니라 어떤 종류의 것이든 복권을 구매하는 행위는 모두 비합리적이다. 왜냐하면 모든 복권의 기댓값은 그 가격보다 낮기 때문이다. 복권을 만들어 파는 이들도 남는 것이 있어야 할 것이 아니겠는가? 그래서 나는 내 돈으로 복권을 사 본 적이 없다. 누가 선물로 주면 받기는 한다. 물론 당첨된다고 해서 그이와 상금을 나눌 마음은 조금도 없다. 고맙기는 하겠지만 말이다. 그렇다고 복권을 사는 사람들을 비합리적이라고 비난하려는 뜻은 전혀 아니다. 복권의 효용 가운데는 당첨금의 기댓값만이 아니라 추첨을 기다리는 동안의 행복이라는 '희망효용(anticipation utility)'[2]도 있기 때문이다. 단 당첨 번호를 알려 준다느니 천하의 비법을 알려 준다느니 심지어 천기를 누설한다느니 하는 이런저런 이야기들은 전혀 믿을 것이 못 된다. 과거의 당첨 번호를 분석하여 앞으로의 당첨 번호를 예측할 수 있다는 주장이야말로 바로 전형적인 도박사의 오류이기 때문이다. 이번 주의 로또 당첨 번호는 지난주의 당첨 번호와 아

---

2 행동경제학의 용어들은 아직 우리말로 정립되지 못한 것들이 적지 않다. 여기서는 '기대효용'과 구분하기 위하여 '희망효용'으로 번역하였다. '기대'는 본문에서 설명한 것처럼 확률적인 예상을 의미한다. 기대와 다른 의미로 여기서의 '희망(anticipation)'은 말 그대로 무언가를 바란다는 뜻이다. 연인과의 데이트를 기다리는 그런 마음이 희망이고, 그런 마음이 주는 행복이 희망효용이다. 더 적절한 표현이 생각나는 분은 알려 주시기 바란다.

무런 연관도 없다. 지난주에 6이 다섯 번 나왔다고 이번 주에 또 6이 나오지 말라는 법도 없고 반드시 또 6이 나오리라는 법도 없다는 말이다.

아들이냐 딸이냐

옛날에는 아들을 못 낳는다고 시집에서 쫓겨나는 며느리들이 많았다. 하기야 요즘이라고 그런 미개한 일이 없기야 하겠는가마는. 그런데 윤리적이고 도덕적인 문제를 떠나 과학적으로 아들 못 낳는 책임을 며느리에게 묻는 것은 참으로 억울하기 짝이 없는 일이다. 자녀의 성별을 결정하는 것은 여성이 아니라 남성이기 때문이다. 다 아시다시피 여성의 성염색체는 XX이고 남성은 XY이다. 여성의 X염색체와 남성의 X염색체가 만나면 XX, 즉 딸이 태어나고, 여성의 X염색체와 남성의 Y염색체가 만나면 XY, 즉 아들이 태어난다. 그러므로 아들과 딸이 태어날 확률은 각각 2/4, 즉 1/2이다. 중학교 생물 시간에 이런 문제가 나왔다. 부부의 첫 번째 아이가 남자라면 두 번째 아이가 또 남자일 확률은 얼마인가? 답을 말하기 전에 먼저 여러분도 생각해 보시라. 그때 생물 선생님께서 학생들에게 준 답은 1/3이었다. 그러나 내가 낸 답은 1/2이었다. 누가 옳을까?

이제 여러분에게 비슷해 보이는 세 가지 질문을 해 보겠다. 질문에 어떤 차이가 있어서 답이 서로 다른가를 생각해 보시라는 뜻이다.[3] 여러분의 이웃에 한 가족이 이사를 왔다. 그 가족에 아이가 2명 있다는 것은 알지만 성별은 모른다.

---

3 이어지는 세 가지 질문은 도모노 노리오의 『행동경제학』(지형, 2008, 51쪽 이하)에서 빌려 왔다.

① 이웃집 부인에게 "딸이 있습니까" 하고 물었더니 대답은 "예"였다. 다른 한 아이도 딸일 확률은 얼마인가?

② 이웃집 부인에게 "큰아이가 딸입니까?" 하고 물었더니 대답은 "예"였다. 다른 한 명도 딸일 확률은 얼마인가?

③ 이웃집 부인이 딸을 1명 데리고 걷고 있는 것을 보았다. 다른 아이도 딸일 확률은 얼마인가?

이제 다들 각자의 답을 정하셨는지? 먼저 정답을 말하면 ①은 1/3, ②는 1/2, ③은 1/2이다. 아마 "어?" 하고 놀라신 분들이 대부분일 것이다. 사람이 비합리적인 것이 아니라 그만큼 확률을 올바로 이해하는 것이 어렵다. 먼저 질문 ①에 대해 대부분의 독자는 자녀의 성별은 아들 아니면 딸이니 당연히 확률은 1/2이라고 생각하셨을 것이다. 그런데 먼저 딸이 있느냐는 질문에 그렇다는 대답을 들었다는 점에 유의하여야 한다. 자녀가 둘이라면 그 성별 구성은 남남, 남녀, 여남, 여여의 네 가지이다. 그런데 딸이 있다고 했으니 남남의 경우는 제외된다. 따라서 남녀, 여남, 여여의 세 가지 경우 가운데 다른 한 아이도 딸일 확률은 1/3인 것이다. 질문 ②의 경우는 큰아이가 딸이냐고 물었다는 점에 유의하여야 한다. 큰아이가 딸이라는 것을 알고 있으므로 가능한 경우는 여남과 여여밖에 없다. 따라서 확률은 1/2이다. 질문 ③은 좀 어렵다. 얼핏 생각하면 딸아이가 있느냐고 물은 것과 딸아이와 함께 가는 것을 본 것 사이에는 도대체 어떤 차이가 있는가 싶다. 질문 ①에서는 딸아이가 있는지 없는지 모르는 데서부터 확률의 계산이 시작된다. 그래서 남남, 남녀, 여남, 여여의 네 가지 경우 가운데 딸아이가 있다는 답을 듣고 남남을 제외한 세 가지 경우의 확률을 계산한 것이다. 그러나 질문 ③은 딸아이와 함께 걸어가는 모습을 본 데서부터 확률의 계산이 시작된다. 따라서 이 경우에는 두 자녀의 성별이 문제가 되는 것이 아니라, 이미 알고 있는 한 자녀를 제외한 나머지 한 자녀의 성별만이 문제가 된다. 가능한 성별은 아들이냐 딸이냐 하는 것밖에 없으므로 확률은 1/2인 것이다.

그렇다면 이제 내가 중학교 생물 시간에 마주쳤던 질문은 위의 ①, ②, ③ 가운데 어느 질문에 해당하는지 생각해 보자. 실은 셋 다 아니다. 위의 질문 ①, ②, ③은 모두 이미 태어난 자녀의 성별을 확률적으로 추측하는 문제이다. 그러나 내가 생물 시간에 풀었던 문제는 앞으로 태어날 아이의 성별을 확률적으로 추측하는 문제이다. 아이를 동시에 낳는다면, 가령 쌍둥이라면 한 아이가 남자이면 다른 아이도 남자일 확률은 1/3이 맞다. 그러나 이미 태어난 아이가 다음 번 아이의 성별에 영향을 미치지는 못한다. 다음에 태어날 아이가 남자일 확률은 똑같이 1/2이다. 첫째 아이가 아들이므로 다음에 아들이 태어날 확률은 딸이 태어날 확률보다 낮을 것으로 생각하는 것이 바로 도박사의 오류다. 아니 이제는 생물 선생님의 오류라고 불러야 하나? 물론 중학생 시절에 내가 이런저런 확률적 문제를 이해하고 있었던 것은 아니다. 그때는 나도 정답이 1/3이라고 생각하면서 그냥 장난삼아 엉뚱한 대답을 해 본 것뿐이다.

이쯤에서 내가 저질렀던 실수도 소개하는 것이 정당하겠다. 몇 해 전 내가 강의하는 대학의 홈페이지에 어느 학생이 올린 질문에 내가 잘못 답변한 적이 있었다. 가만히 있었으면 중간은 갈 것을 괜히 모르면서 아는 체하다가 여러 사람과 토론이 벌어졌고, 한참 토론하다가 성철 스님 돈오(頓悟)하듯이 "아!" 하고 나의 오류를 깨닫고 항복했었다. 학생의 질문은 바로 '몬티 홀 딜레마(Monty Hall Dilemma)'[4]에 관한 것이었다. 실은 확률에 관한 아주 유명한 이야기인데, 하도 오랫동안 공부를 게을리하다 보니 내용을 거꾸로 기억하고 있었던 데서 빚어진 일이었다. 마릴린 보스 사반트(Marilyn vos Savant)라는 여성은 아이큐(IQ)가 228로 기네스북에 세계에서 가장 IQ가 높은 사람으로 기록되어 있다고 한다. 그녀는 한 잡지에 「마릴린에게 물어봅시다」라는 칼럼을 연재하면서 독자들의 여러 가지 질문에 답변했는데, 몬티 홀 딜레마는 그 가운데 하나다.

문이 세 개가 있고 그 가운데 하나의 문 뒤에는 고급 자동차가 있고 다른 두 개의 뒤에는 염소가 있다. 출연자가 세 개의 문 가운데 하나를 선택하면 사회자가 염소가 있는 문 하나를 열어 보여 주고 출연자에게 기회를 주어 선택을 바꿀 것인가 묻는다. 여러분의 선택은 어떠신지? 이 이야기를 몬티 홀 딜레마라고 부르는 이유는 그런 이름의 사회자가 진행하는 쇼 프로그램의 내용과 흡사하기 때문이다. 마릴린은 이 질문에 아주 쉬운 문제라고 답했는데, 그 칼럼을 읽은 저명한 통계학자가 틀렸다고 지적하면서 난다 긴다 하는 이들이 모두 참여한 긴 토론이 벌어졌고 그래서 이 문제가 유명해지게 되었다. 구차한 변명을 한마디 덧붙이자면, 통계학자도 틀렸는데 나도 틀릴 수 있지 말입니다.

아무튼 여러분은 선택을 바꾸겠습니까, 처음 선택했던 문을 계속 지키겠습니까? 내 강의를 듣는 학생들에게 같은 질문을 해 봤더니 88%가 처음 선택한 문을 그대로 선택한다고 대답하였고 오직 12%만이 변경하겠다

---

4 이 이야기도 도모노 노리오의 『행동경제학』에서 빌려 왔지만 다른 책들, 특히 행동경제학과 무관하게 확률에 관한 책들에서도 자주 소개되는 이야기다. 다만 책에 따라 상품은 달라지는데, 어떤 책을 보면 문 뒤에 캐딜락이 아니라 안젤리나 졸리가 서 있기도 하다. 나라면 당연히 안젤리나 졸리보다 캐딜락을 선택한다.

<그림 4-1> 몬티 홀 딜레마

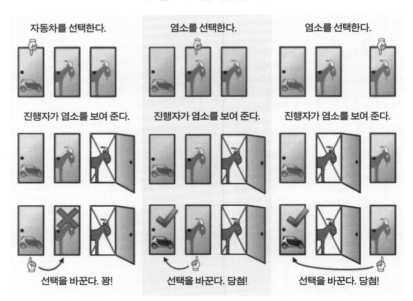

고 대답하였다. 그 이유를 물었더니 중·고등학교 다닐 때 모르는 문제를 찍었다가 바꾸면 대개 처음 찍었던 보기가 정답이더라는 것이다. 이런 학생들을 데리고 강의를 하니 내가 합리적일 수 없다. 몬티 홀 딜레마의 정답은 '바꾼다'이다. 왜냐하면 처음 내가 선택한 문 뒤에 자동차가 있을 확률은 1/3이지만 다른 문 뒤에 자동차가 있을 확률은 2/3이기 때문이다. 문 하나를 열었으므로 남은 두 개의 문 뒤에 자동차가 있을 확률은 똑같이 1/2이 아니냐고 생각하기 쉽다. 만약 사회자가 어느 문 뒤에 자동차가 있는지 모르는 상황에서 아무 문이나 열어 보았다면 남은 두 개의 문 뒤에 자동차가 있을 확률은 똑같이 1/2이 맞다. 그 통계학자도 나도 이 점을 헷갈렸던 것이다. 그러나 사회자는 어느 문 뒤에 자동차가 있는지 아는 상태에서 자

동차가 없는, 즉 염소가 있는 문을 선택하여 열었다는 점이 이 문제의 핵심이다. 사회자가 아무 문이나 벌컥 열었는데 그 뒤에 자동차가 있다면 쇼가 엉망진창이 되었을 것이다. 더 쉽게 이해하기 위해서 문 100개를 만들어 보자. 여러분이 선택한 문 뒤에 자동차가 있을 확률은 1/100밖에 되지 않는다. 이제 사회자가 98개의 문을 다 열어젖힌 다음, 과연 선택을 유지할 것인가 변경할 것인가 하고 묻는다면 여러분은 어떻게 하실 것인가? 당연히 '바꾼다'가 정답이다.

마지막 가시는 길에

다른 사람들이 과연 나와 같이 합리적인가 하는 것도 우리가 합리적으로 행동하는 데 중요한 문제다. 내가 합리적으로 행동한다고 해서 다른 사람들도 똑같이 행동한다는 보장이 없기 때문이다. 사람들은 대개 자신은 다른 이들보다 더 합리적이라고 믿는 성향이 있다. 나는 언제나 다른 사람들보다 더 현명하고 더 신중하고 더 공평하다. 나의 장점은 매우 중요한 덕성이지만 다른 이들의 장점은 사소한 것이라고 생각한다. 반대로 나의 약점은 사소한 문제지만 타인의 약점은 심각한 것이라고 생각한다. 가령 앞에서 소개했던 공공재 게임을 봐도 사람들이 기부하지 않는 이유 가운데 가장 큰 것은 바로 내가 이타적으로 행동하더라도 다른 사람들은 이기적으로 행동할지 모른다는 두려움 때문이었다. 멱살잡이하며 싸우는 두 초등학생이 서로 네가 먼저 놓으면 나도 놓겠다며 티격태격하는 꼴이다. 하지만 그렇다고 해서 너무 미안해할 일은 아니다. 다른 사람들 역시 나를 보면서 그렇게 생각하니까 말이다.

사람들이 다른 이들과 함께 어떤 선택을 해야 할 때 어떻게 행동하는가 하는 문제는 케인스의 『고용, 이자 및 화폐의 일반이론』에 나오는 유명한 '미인 투표' 이야기에서 시작된다.[5] 미인 대회에 참가한 미인들 가운데 우승자를 맞추면 상금을 주는 내기가 있다. 상금을 받기 위해서는 내가 미인이라고 생각하는 후보가 아니라 다른 사람들이 미인으로 뽑을 것 같은 후보에게 투표해야 한다. 가령 가요 순위 프로그램 같은 경우를 보면 나는 어느 가수의 노래가 더 좋지만 다른 사람들은 아마 다른 가수를 선택할 것 같은 경우가 있다. 케인스가 이야기하고자 했던 의미는 바로 주식시장을 미인 투표에 비유한 것이다. 주식시장에서 돈을 버는 요령은 내가 사고 싶은 주식이 아니라 다른 사람들이 사고자 하는 주식을 사는 데 있다. 주식투자로 부자가 된 케인스에게 어울리는 이야기다. 그런데 경우에 따라서는 많은 사람이 어느 후보가 더 미인이라고 생각하면서도 다른 후보가 더 많은 표를 얻을 것이라고 생각해 그 후보에게 투표하는 바람에 실제로 그 후보가 우승할 수도 있다.

사람들에게 1과 100 사이에서 가장 좋아하는 숫자를 말하게 하고, 그 평균의 2/3에 가장 가까운 숫자를 적어 낸 사람이 우승하는 내기가 있다. 여러분이라면 얼마를 적어 낼 것인가? 여기서도 문제의 핵심은 실제로 내가 좋아하는 숫자를 적는 것이 아니라 어떤 숫자를 적어야 상금을 받을 수 있느냐 하는 것이다. 일단 1에서 100 사이의 숫자들의 평균은 50이므로 50의 2/3인 33이 우승 숫자일 것이라고 생각해 볼 수 있다. 실제로 같은 실험을 해 보았더니 내 강의를 듣는 학생들이 적어 낸 숫자의 평균은 32였다.

---

5 존 메이너드 케인스, 『고용, 이자 및 화폐의 일반이론』, 154쪽.

물론 내 반의 학생들이 그만큼 합리적일 리는 없다. 그저 우연한 일치일 뿐이다. 그런데 만약 모든 사람이 똑같이 합리적이라면 그들 모두 33을 적어 낼 것이다. 그렇다면 다른 사람보다 조금 더 합리적인 당신은 당연히 33의 2/3인 22를 적어 내야 우승할 수 있다. 그런데 또 만약 다른 사람들이 모두 나와 똑같이 여기까지 생각한다면? 나는 22의 2/3인 15를 적어 내야 우승할 수 있다. 그런데 또 만약 다른 사람들이…… 도대체 다른 사람들이 어디까지 합리적일지 알 수 없으므로 이렇게 계속 반복한다면 결국 적어 낼 숫자는 1밖에 없게 된다.

요즘 부쩍 자주 보는 광고가 보험, 상조, 그리고 대부업체 광고들이다. 그만큼 요즘 경기가 어렵다는 증거다. 이 광고들의 공통점은 보는 사람들의 마음을 불편하게 한다는 데 있다. "마지막 가시는 길에" 이런 말을 들으면 '그래 나도 보험 하나 들어야지' 하는 마음이 아니라, 중병에 걸려 괴로워하는 내 모습이 떠올라 그만 채널을 돌려 버리게 된다. 만약 당신이 몸이 아파 병원에 갔는데 성공 가능성이 1%밖에 되지 않는 위험한 수술을 받아야 한다는 진단을 받았다고 가정해 보자. 그런데 그 이야기를 하는 의사가 매우 기뻐하면서 당신은 참으로 운이 좋다고 말하는 것이다. 그 이유를 물었더니 의사가 말하기를, 같은 병으로 자기한테 수술을 받았던 환자가 마침 99명인데 모두 죽었다는 것이다. 그러니 100번째인 당신은 수술로 살 확률이 100% 아니냐고? 웃자고 한 이야기가 너무 썰렁했나 보다. 그러니 조금 더 진지한 이야기를 해 보자. 어느 무서운 불치병에 걸릴 확률이 1만 분의 1이고, 그 병의 진단은 99% 정확하다고 한다. 그런데 직장에서 건강검진을 받았더니 당신이 바로 그 병에 걸렸다는 진단이 나왔다. 당신이 정말 그 병에 걸렸을 확률은 얼마일까? 당연히 99%일까? 아니다.

자신이 틀림없이 불치병에 걸렸을 것이라고 믿어 버린 나머지 직장도 때려치우고 며칠 동안 밤낮없이 괴로움을 술로 달랜 사람은 그 병보다 급성 간경화로 사망할 확률이 더 높다. 왜냐하면 이 경우에는 99%라는 신뢰도보다 1만 분의 1이라는 기저율이 더 중요하기 때문이다. 앞서 이야기한 '기저율의 무시'를 다들 기억할 것이라 믿는다. 그 병의 진단을 받은 사람이 모두 100만 명이라고 가정하자. 확률이 1만 분의 1이므로 그 병에 걸릴 가능성이 있는 사람은 모두 100명이다. 당연히 99만 9,900명은 그 병에 걸리지 않는다. 그런데 이 병의 진단은 신뢰도가 99%이다. 즉 100명의 환자 가운데 99명이 양성으로 진단받는다는 뜻이다. 이러니 내가 바로 그 99명 가운데 한 명일 것이라고 지레 판단해 버리는 것이다. 그러나 우리가 간과하기 쉬운 것은 신뢰도가 99%라면 건강한 99만 9,900명 가운데 1%도 양성으로 판정받는다는 점이다. 다시 말해서 실제로 병에 걸려서 양성으로 판정받는 사람이 99명이라면 병에 걸리지 않았는데도 양성으로 판정받는 사람은 99만 9,900명의 1%인 9,999명이나 된다. 그러므로 양성으로 판정받았다고 해도 실제로 그 병에 걸릴 확률은 99/(99 + 9,999), 즉 0.98%밖에 되지 않는다. 1%도 채 되지 않는 것이다. 그러니 이제 안심하셔도 좋다.[6]

그런데 여기서 갑자기 또 궁금해진다. 만약 그 병의 진단을 받은 사람이 모두 100만 명이 아니라 겨우 100명이라면 어떻게 되는가? 100명 가운데 병에 걸릴 가능성이 있는 사람은 1명이고 그가 양성으로 진단받을 확률은 0.99이다. 병에 걸리지 않은 99명 가운데 1%인 0.99명은 양성으로 잘못

---

6 이 이야기는 굳이 출처를 밝히지 않아도 좋을 만큼 행동경제학에 관한 대부분의 책들에 소개되어 있다. 그 책들에서는 이 책과 마찬가지로 질병을 예로 들지만, 어떤 책은 공장에서 불량품이 나올 확률을, 다른 책은 용의자가 진범일 확률을 예로 들기도 한다.

판정받을 수 있다. 그렇다면 양성으로 판정받은 0.99+0.99=1.98명 가운데 실제 환자가 있을 확률은 0.99/1.98, 즉 50%나 된다. 이건 좀 무섭다. 요컨대 우리가 확률적으로 행동한다고 해서 우리의 선택이 얼마나 합리적일 수 있는가 하는 문제는 한마디로 대답하기 어렵다. 확률적이라는 말부터가 확정적이지 않다는 의미이기 때문에 위험성과 불확실성을 피할 수 없다. 확률분포를 제대로 알기도 어렵지만, 안다고 해도 결과가 반드시 확률적으로 나타난다고 기대할 수도 없다. 역시 앞에서 말했던 '큰 수의 법칙'에서 나타나듯이, 표본의 크기나 기저율에 따른 확률분포 자체의 신뢰도도 우리로 하여금 합리적이지 못하게 하는 이유가 된다. 위험하고 불확실한 세상에서 살아남는다는 것이 그리 쉬운 일이 아니라는 이야기다. 애매모호한 세상에서 살아남기는 더욱 어렵다. 남성들이 연인이나 아내의 태도 중에서 가장 힘들어하는 일이 바로 사치도 질투도 나태도 아닌 애매모호함 아니던가 말이다.

이제 첫머리에서 던졌던 퀴즈의 답을 알아보자. 포악한 술탄으로부터 내 목숨을 지킬 확률이 가장 높은 선택은 무엇일까? 우선 35명까지의 여자들을 만나 본 다음 그 가운데 가장 많은 지참금의 액수를 기억해 둔다. 그런 다음 나머지 65명 가운데 그보다 많은 지참금을 가져오는 여자가 나타나면 그녀를 선택하는 것이다.[7] 물론 어떤 방법으로든 목숨을 건진다는 확실한 보장은 없지만 어차피 불확실하고 위험한 세상에서 그나마 이렇게 행동하는 것이 목숨을 건질 확률이 가장 높다는 것이 바로 통계학자들의 연구

---

7 이 이야기는 이준구의 『36.5℃ 인간의 경제학』에서 빌려 왔다. 다만 이 책에서는 왜 하필이면 35명인가에 대해서는 설명해 주지 않는다. 그런데 다른 책을 보면 정답이 36명, 정확하게는 36.7명이라고 한다. 그리고 그 이유를 수학적으로 매우 자세하게 설명해 주고 있다.(크리스토프 드뢰서, 전대호 옮김, 『수학 시트콤』, 해나무, 2012) 관심 있는 분은 직접 찾아보기 바란다.

결과다. 이제 그 이유를 따져 보자. 다만 너무 어렵게 이야기하지는 말고 간단히 설명해 보자. 먼저 가장 많은 지참금을 가져오는 여자가 65명 가운데 속할 확률은 65%로 당연히 35명 가운데 속할 확률보다 훨씬 높다. 그러나 65명 가운데 첫 번째와 두 번째 지참금이 많은 여자가 모두 속할 확률은 대략 40% 정도이다. 반대로 첫 번째 여자와 두 번째 여자가 다른 조합에 속할 가능성이 60% 가까이 되는 것이다. 그러니 대충 나는 죽을 가능성보다 목숨을 건질 가능성이 더 높다.

하지만 25명이나 45명을 만나면 살아날 확률이 더 높지 않을까? 그렇다면 숫자를 바꾸어서 다시 따져 보자. 만약 35명이 아니라 25명을 먼저 만난다면 나머지 75명 가운데 가장 많은 지참금을 가져오는 여자가 속할 가능성은 더 커지지만, 이 경우에는 첫 번째와 두 번째 여자 모두 나머지 75명 가운에 있을 확률도 높아진다. 내가 선택한 여자가 첫 번째가 아니라 두 번째 여자일 가능성이 그만큼 높다는 뜻이다. 반대로 45명을 먼저 만난다면 나머지 55명 가운데 첫 번째와 두 번째 여자가 모두 속할 가능성은 낮아지지만, 처음 만난 45명 가운데 가장 많은 지참금을 가져오는 여자가 있을 가능성이 매우 높아진다. 아하, 그렇구나! 당연히 이런 계산은 내가 아니라 모두 통계학자들이 한 것이다. 하지만 꼭 35명이어야 할 이유는 없고, 34명이거나 36명일 수도 있을 것이다. 너무 많은 것을 알려 하면 다치기 마련이니 더는 생각하지 마시라. 그리고 가능하면 포악한 술탄의 신하가 되는 그런 위험하고 불확실한 선택은 하지 않는 편이 좋다.

모리스 알레
Maurice Felix Charles Allais,
1911~2010

프랑스 출신의 경제학자인 모리스 알레는 행동경제학자로 분류하기는 좀 모호하다. 그의 주요한 업적은 대부분 미시경제학과 응용경제학 분야에서 나왔기 때문이다. 다만 인간의 심리적 상태가 어떻게 경제행위에 영향을 미치는가를 중요시했다는 점에서 이후의 행동경제학자들에 미친 영향이 크다. 시장의 균형과 효율성에 관한 연구로 1988년 노벨경제학상을 받았다.

제5장
불확실한 세상에서
살아남기

치명적인 유혹

당신은 사교계의 유명 인사들만 모이는 화려한 파티에
초청받았다. 파티가 한창 무르익었을 때, 치명적인 매력을 가진 여성(또는
남성)이 당신에게 다가와 제안한다. 제안의 내용은 동전을 던져 앞면이 나
오느냐 뒷면이 나오느냐에 따라 100만 원을 받거나 주는 내기를 하자는
것이다. 그러나 평소에 내기를 그다지 좋아하지 않는, 즉 제법 어려운 말로
위험기피적인 당신은 점잖게 그 제안을 거부한다. 그러자 이 매력적인 여성
이 다시 수정된 제안을 한다. 당신이 질 경우에 100만 원을 내야 하는 것은
똑같지만, 당신이 이길 경우에 받을 상금은 당신 스스로 결정하라는 것이
다. 다시 말해 100만 원을 걸고 내기를 해 이겼을 때 얼마를 받을 수 있다
면 내기에 응하겠느냐는 뜻이다. 물론 이 질문에 정답은 없다. 아마 사람마
다 다른 액수를 이야기할 것이다. 당신의 경우라면 얼마인가?[1]

중국의 장이머우(張藝謀) 감독을 전 세계에 알린 작품은 바로 국공 내

전부터 문화혁명까지 중국의 근대사를 그린 「인생[活着]」이다. 이 작품으로 장이머우는 칸 영화제에서 심사위원대상을 받았는데, 함께 남우주연상을 받은 배우가 바로 주인공 푸쿠이 역을 맡아 열연한 거요우(葛优)이다. 부유한 지주 집안의 외동아들로 태어난 푸쿠이는 부모가 남겨 준 재산으로 무위도식하면서 산다. 그러다 노름에 빠진 푸쿠이는 전 재산을 잃어버린다. 마누라—장이머우와 함께 너무나 유명한 궁리(鞏俐)가 이 역을 맡았다—는 아이들을 데리고 친정으로 가 버리고, 충격을 받은 아버지는 그만 쓰러지고 만다. 세월이 흘러 국공 내전에서 공산당이 승리하고 인민공화국이 수립된 어느 날, 푸쿠이는 인민재판을 구경하러 갔다가 깜짝 놀란다. 재판대에 선 사람이 바로 노름에서 자신의 전 재산을 가져간 친구였기 때문이다. 만약 그때 재산을 잃지 않았다면 푸쿠이 자신이 악덕지주로 몰려 그 자리에 섰을 것을 생각하니 모골이 송연해져 푸쿠이는 더 이상 그 자리에 있지 못하고 도망간다. 아무도 없는 뒷골목에서 푸쿠이는 참았던 오줌을 지리면서 부르르 떤다.

영화 「인생」의 주인공 푸쿠이에게 노름은 과연 불운인가, 행운인가? 모르겠다. 한낱 유한한 존재에 불과한 우리가 어떻게 인생의 그 심오한 이면을 감히 들여다볼 수 있겠는가. 아무튼 도박에 빠져 재산을 탕진하고 가족마저 잃어버린 사람들의 이야기를 접하기는 그리 어렵지 않다. 굳이 남의 나라 영화를 빌릴 것도 없이 우리나라 영화 「타짜」를 보면 왼손 하나쯤 잃고도 도박을 끊지 못하는 노름꾼들의 이야기가 나온다. 기묘한 상상력으

---

1 이 이야기의 주인공은 프랑스의 유명한 시인 장 콕토와 여가수 에디트 피아프로 하워드 댄포드의 『불합리한 지구인』(김윤경 옮김, 비즈니스북스, 2011), 93쪽에 나온다. 그러나 유명인들에 관한 대부분의 이야기가 그렇듯이 이 이야기도 실화인지 누군가의 창작인지는 모르겠다. 나도 예전에 카네기에 관한 일화를 책에 썼더니 누가 한 마디 한 적이 있다. "카네기는 그 전에 죽었는데."

로 유명한 미국 작가 로알드 달(Roald Dahl) ―『찰리와 초콜릿 공장』을 쓴 바로 그 작가이다― 의 단편소설 가운데도, 손목까지는 아니지만 자신의 재산과 남의 손가락을 걸고 내기를 즐기는 어느 노인의 이야기가 있는데, 그의 아내에게는 손가락이 두 개밖에 남지 않았다.

사람들은 왜 도박을 즐기는 것일까? 아마 지금 이 글을 읽고 있는 독자들 대부분은 도박까지는 아니더라도 내기나 노름을 즐기는 친구 한두 사람을 떠올리고 있을 것이다. 노름을 즐기는 그 친구 두어 명을 뺀 나머지 사람들을 생각해 보시라. 그 사람들은 과연 노름을 즐기는가? 당연히 아니다. 솔직히 우리 주변에 노름이나 내기를 즐기는 사람, 즐기는 정도는 아니더라도 하다못해 매주 복권을 사는 사람은 거의 한두 사람에 불과하다. 그런데도 우리는 주변 사람들 가운데 복권을 사는 사람이 사지 않는 사람보다 더 많은 것처럼 생각한다. 그 이유는 복권을 사지 않는 친구는 당연히 우리의 기억 속에 남아 있지 않은 반면에, 복권을 즐겨 사는 친구는 기억에 오래 남기 때문이다. 은행에서 내가 선 줄만 유독 늦게 줄어들고, 도로에서도 내가 운전하는 차선만 유난히 막히는 듯싶은 것과 같은 이치다.[2]

이제 반대의 이야기를 해 보자. 미국 드라마를 보면 도박장이 자주 나오는데, 가장 흔한 것이 구슬을 던져 붉은색과 검은색 칸 가운데 어디에 들어가는가를 가지고 돈을 거는 도박이다. 동전을 던져 앞인가 뒤인가로 돈을 거는 것만큼이나 간단한 도박인데, 이 도박에서 반드시 돈을 따는 방법이

---

2 독자들이 당연히 노름을 즐기는 사람이 그렇지 않은 사람보다 많다고 생각한 것은 내가 영화 「타짜」 이야기를 꺼내면서 그런 방식으로 문제를 제기했기 때문이다. 행동경제학에서는 이를 '프레임 효과'라고 부른다. 직접 당하고(?) 보니 지금까지 행동경제학의 현실성을 의심하던 독자들의 마음도 이제 좀 열리셨는지 모르겠다.

있다. 먼저 검은색에 1달러를 건다. 검은색이 나오면 1달러를 가지고 집으로 돌아간다. 그러나 붉은색이 나오면? 이제 2달러를 역시 검은색에 건다. 검은색이 나오면 아까 잃은 1달러를 제하고 딴 돈 1달러를 가지고 집으로 간다. 그러나 또 붉은색이 나온다면? 똑같은 방식으로 검은색이 나올 때까지 1달러씩 늘려서 걸면 된다. 사람들이 도박장에서 돈을 잃는 이유는 역설적이지만 그들이 위험선호적이어서다. 위험선호적인 사람들은 돈을 따는 요령과 정반대로 도박을 한다. 그들은 1달러가 아니라 자신이 가진 돈 전부를 한 번의 도박에 걸기를 즐긴다. 그래서 돈을 따면 또 자기가 가진 돈 전부를 건다. 돈을 모두 잃을 때까지 말이다. 그래서 돈을 잃는 것이다. 그렇다면 위험기피적인 사람은 돈을 딸까? 그런 사람들은 아예 도박장에 가지를 않는다.

확실하게 돈을 딸 방법이 있는데도 사람들이 도박을 하지 않는 이유는 대부분의 사람은 위험기피적이기 때문이다. 지난번에 했던 기댓값 이야기를 간추려 다시 해 보자. 주사위를 던져 나올 수 있는 눈의 기댓값은 $1/6 \times 1 + 1/6 \times 2 + 1/6 \times 3 + 1/6 \times 4 + 1/6 \times 5 + 1/6 \times 6 = 3.5$이고, 만약 숫자 1마다 상금이 만 원이라면 상금의 기댓값은 35,000원이 된다. 따라서 이 내기의 비용이 35,000원 이하라면 내기를 수락하는 것이 합리적이고 반대로 비용이 35,000원 이상이라면 거절하는 것이 합리적이다. 그런데 대부분의 사람은 비용이 35,000원이고 상금의 기댓값도 35,000원이라면 내기를 거절할 가능성이 훨씬 더 높다. 대부분의 사람은 위험기피적이기 때문이다. 물론 안 그런 사람도 많다. 위험중립적인 사람이라면 수락할 수도 있고 거절할 수도 있다. 위험선호적인 사람이라면 기댓값이 비용보다 적어도 수락한다. 위험이 주는 자극 그 자체를 즐기기 때문이다. 도박중독자들이 도박을 끊지 못하는 이유는 그들이 지나치게 위험선호적이어서 그렇다. 비유가 적절한지는 모르겠지만, 남의 아내를 탐하는 남자들도 위험선호적인 경우가 많다. 하지만 위험을 즐기는 대가로 왼손 하나쯤은 언제든지 포기할 각오가 필요하기는 도박이든 외도든 마찬가지다.

백마 탄 왕자님은 오지 않는다

　　　　　대부분의 사람들이 위험기피적이라는 사실은 분명하다. 조금 심한 경우겠지만 나는 명절날 형제나 친척들과 100원짜리 고스톱도 치지 않는다. 정작 궁금한 문제는 사람들이 위험기피적이라는 그 사실이 옳은가 아닌가가 아니라, 사람들은 왜 위험기피적이냐는 것이다. 사람들이 왜 위험기피적인가를 경제학의 개념과 이론을 이용해 설명하는 가장 단순한 방법은 '한계효용 체감의 법칙'을 이용해 설명하는 것이다. 한계효용(marginal utility)이란 어떤 재화를 여러 개 소비할 때 마지막으로 소비한 한 단위의 효용을 의미한다.[3] 한여름에 즐기는 시원한 맥주는 몇 번째 잔이 가장 맛있을까? 당연히 첫 번째 잔이다. 배고픈 이에게 가장 맛있는 빵은 몇 번째일까? 당연히 첫 번째 빵이다. 그러나 아무리 맛

---

3 '효용(utility)'이라는 말을 여러 번 되풀이해서 사용하면서도 굳이 설명할 필요를 못 느낀 것은 경제학에서는 워낙 자주 나오는 기본 개념이기 때문이다. 하지만 경제학을 배워 본 적 없는 분들에게는 이조차도 낯설지 모르겠다. 그래서 간단히 설명하자면 어떤 재화를 소비함으로써 우리가 얻는 만족 — 나는 행복이라는 표현을 더 좋아한다 — 이 바로 효용이다. 빵을 먹으면 배가 부르고 맥주를 마시면 시원하다고 느끼는 그 만족감 말이다. 물론 꼭 물질적 재화만이 우리에게 효용을 주는 것은 아니다. 연인과의 데이트도 우리에게 효용을 주고 부패한 관리나 탈세한 기업인을 처벌하는 것도 우리에게 효용을 준다. 효용에 관한 이론을 처음 제시한 것은 공리주의 철학자로 유명한 제레미 벤담(Jeremy Bentham)이다. 흔히 '공리(功利)'— 공리(公利)가 아니다 — 라고 번역되는 'utility'가 바로 효용이며, "최대 다수의 최대 행복"이라는 말에서 사용된 행복이 바로 효용이라고 생각해도 좋다. 정작 벤담 자신은 '쾌락'이라는 표현을 더 선호했다.

있는 빵이나 시원한 맥주도 두 번째, 세 번째로 갈수록 그 맛은 점점 처음보다 못하기 마련이다. 심지어 죽도록 사랑하는 연인과의 입맞춤도 두 번, 세 번을 넘어 열 번, 스무 번쯤 되면 시들한 법이다. 경제학은 이처럼 소비가 늘면 늘수록 그 재화가 주는 한계효용이 감소한다는 사실을 한계효용 체감의 법칙이라고 부른다. 가끔 경제학을 싫어하는 이들은 너무 배가 고파 첫 번째 빵은 무슨 맛인지 모르고 먹었고, 세 번째쯤 되니 이제 빵 맛을 알겠더라고 토를 달기도 한다. 그래서 경제학은 맛이라는 표현 대신 효용이라고 말한다. 이제 내가 지금 열 개의 빵을 가지고 있다고 가정하자. 내기의 확률이 반반일 때 내기에서 이겨 받게 될, 즉 하나 더 추가되는 열한 번째 빵의 한계효용과 내기에서 져 잃게 될 열 번째 빵의 한계효용은 같을까 다를까? 당연히 열한 번째 빵보다는 열 번째 빵의 한계효용이 더 크다. 그래서 사람들은 확률이 반반이고 내기의 기댓값과 비용이 같더라도 내기를 하지 않는 것이다.[4]

그러나 대부분의 경제학자들은 이런 방식의 설명을 그다지 좋아하지 않는다. 경제학에는 사람들이 위험기피적인 이유를 설명하는 더 좋은 이론이 있기 때문이다. 바로 '기대효용이론(expected utility theory)'이다. 이 이론

---

[4] 여기서 한 가지 부언하자면, 경제학에서는 일반적으로 재화의 소비에는 한계효용 체감의 법칙이 적용되지만 돈, 즉 화폐에 대해서는 같은 법칙이 적용되지 않는다고 가정한다. 돈은 그 자체를 소비하는 대상이 아니라 다른 상품을 구매하는 수단일 뿐이기 때문이다. 따라서 어떤 상품의 한계효용이 체감한다고 하더라도 한계효용이 더 높은 다른 상품을 구매하면 된다는 것이다. 이렇게 보면 본문의 설명은 잘못된 것일 수도 있다. 그러나 여기서 논의하고 있는 것은 화폐가 아니라 소득이다. 화폐로 표현된 소득이라고 말하는 편이 더 정확하겠다. 소득이나 자산의 한계효용은 당연히 체감한다. 실은 주류경제학의 기대효용이론도 소득의 한계효용이 체감한다는 사실에서부터 출발한다. 간단한 예를 보면 내가 마누라 몰래 원고를 써서 비상금으로 챙기는 돈 10만 원의 한계효용은 엄청나게 크지만, 재벌그룹 회장님에게 10만 원의 한계효용은 거의 0에 가까울 것이다. 물론 나도 내 책이 100만 권쯤 팔려서 인세가 억 단위로 들어오게 되면 그때는 더 이상 10만 원짜리 원고는 안 쓸 생각이다.

을 처음 제안한 사람들은 바로 폰 노이만(Johann Ludwig von Neumann)과 모르겐슈테른(Oskar Morgenstern)이다. 누군지 모른다고? 게임이론을 만든 바로 그 사람들이다. 유명한 사실이지만 노이만은 경제학자가 아니라 지금 우리가 사용하고 있는 컴퓨터를 설계한 수학자이다. 어떤 이들은 그를 아인슈타인 이후 최고의 천재라고 부르기도 한다. 다만 정작 본인도 아인슈타인이 자신보다 더 천재라고 생각할지 궁금하다.

일상생활 속에서 우리는 흔히 '백마 타고 오는 왕자님'이나 '나와 사랑에 빠진 김태희' 따위의 주관적인 망상을 기대라고 부르는 경우가 많다. 그러나 거듭 말하지만 경제학에서 말하는 기대는 확률적 행위이다. 물론 이때의 확률적이라는 의미는 주관적이지 않고 객관적이라는 뜻이다. 기대효용이론에 따르면 사람들은 미래에 일어날 수 있는 불확실한—앞에서 이야기한 불확실성, 위험성, 그리고 애매모호함을 이제부터는 꼭 필요한 경우가 아니면 굳이 구분하지 않고 모두 불확실성으로 부르기로 하자—대안들에 대해 선택할 때 기대소득이 아닌 기대효용에 따라 행동한다. 앞에서 여러 번 이야기한, 주사위를 던져 나올 수 있는 눈의 기댓값이 바로 기대소득이다. 당첨될 확률이 1/10이고 상금이 100만 원인 복권이 있다면 그 기댓값, 즉 기대소득은 10만 원이다. 그런데 이 복권의 가격도 10만 원이라면 비용과 기대소득이 같은데도 대부분의 사람은 복권을 구매하지 않는다. 편의상 복권의 기대소득과 비용이 같다고 가정했지만 대부분의 경우 복권의 기댓값은 복권의 가격보다 훨씬 적다. 따라서 위험기피적이 아니라 위험중립적인 사람이라도 복권을 구매하지 않는 것이 합리적이다. 물론 그렇다고 복권을 구매하는 사람이 반드시 비합리적이라는 의미는 아니다. 아무튼 기대효용이론에 따르면 그 이유는 바로 복권의 기대소득은 10만 원이지만,

그 기대효용은 복권 가격으로 지불해야 할 10만 원의 효용에 미치지 못하기 때문이다. 불확실한 미래 소득 10만 원의 기대효용은 내가 지금 가지고 있는 확실한 소득 10만 원의 효용보다 작다는 뜻이다. 왜 그런가를 설명하기 위해서는 제법 복잡한 수학적 논리가 필요하니 생략하기로 하자. 꼭 알고 싶은 분들은 서점에 가서 '미시경제학'이라는 제목이 붙어 있는 아무 책이나 뽑아서 읽어 보기 바란다. 작기는 작되 얼마나 더 작은가는 물론 사람마다 다를 수 있다. 빵의 효용이 사람마다 다른 것과 같은 이치이다.

그런데 기대효용이론은 사람들의 효용함수(utility function)가 다음과 같은 몇 가지 특성을 가진다고 가정한다.[5] 가령 완비성, 이행성, 연속성 등이 그것이다. 완비성이란 어떤 경우에도 주어진 두 가지 대안을 비교할 수 있다는 뜻이다. 우리는 내 마음을 나도 모른다는 말을 자주 하지만, 기대효용이론에서는 내 마음을 내가 확실히 안다고 여긴다. 이행성은 A보다 B가 더 좋고 B보다 C가 더 좋으면 반드시 A보다 C가 더 좋다는 뜻이다. 얼핏 당연한 말처럼 들리지만 문제는 현실에서는 그렇지 않은 경우도 많다는 데 있다. 연속성이란 말 그대로의 의미다. 물론 이런 특징들은 기대효용이 아니라 효용함수 그 자체가 가지는 특징이기도 하다. 기대효용이론은 근본적으로 효용이론에 근거하고 있으며, 그것에 기대라는 개념을 도입하였을 뿐이기 때문이다. 그러니 더 자세한 내용은 뒤에서 다시 하기로 하자.

---

5 중·고등학교 시절 수학 때문에 고통을 경험해 보지 않은 사람이 얼마나 되겠는가? 독자들이 경제학을 싫어하는 이유 가운데 하나도 바로 그 수학 때문일 것이다. 실은 경제학을 전공하는 학생들도 마찬가지다. 그래서 나는 강의 도중에 가끔 "수학이 싫어서 문과를 선택해 놓고 경제학과를 선택하다니 참으로 불행한 인생"이라고 학생들을 놀린다. 경제학이 사용하는 수학적 개념 가운데 가장 자주 나오는 것이 바로 '함수'이다. 그러나 지레 겁먹고 책장을 덮지 말자. 경제학이 사용하는 함수라는 개념은 그저 '관계'라는 의미로 이해하면 충분하다. 효용함수란 소득이나 소비와 효용 사이에 어떤 관계가 있는가 하는 의미일 뿐이다.

물론 일반적인 효용함수에는 없는 기대효용만의 특징도 있다. 가령 독립성(independence)은 대안 A와 B 사이에 차이를 느끼지 못한다면 같은 확률로 A와 B를 상으로 주는 복권 L(A)와 L(B) 사이에도 차이가 없다는 뜻이다. 이에 대해서는 선호역전의 문제에서 다시 이야기할 것이다.

아무튼 기대효용이론이 가정하는 이러한 특성들이 얼마나 타당한가에 관한 이야기는 기회가 있을 때마다 다시 하기로 하고, 여기서는 불확실성과 관련된 몇 가지만 이야기해 보자. 사람들이 과연 불확실성에 대해 얼마나 정확하게 확률적으로 행동하는가 하는 문제이다. 사람들이 확률적으로 행동하지 않는 예로 알레의 역설만큼이나 유명한 것이 바로 '엘즈버그의 역설(Elsberg paradox)'[6]이다. 속을 볼 수 없는 항아리에 구슬 90개가 들어 있다. 그 가운데 30개는 빨간 구슬이며, 나머지 60개는 노란 구슬이거나 검은 구슬이지만 각각 몇 개씩 들어 있는지는 알 수 없다. 색을 선택한 다음 항아리에서 구슬 한 개를 꺼내 맞으면 100달러의 상금을 받을 수 있다. 이제 다음 두 가지 질문에 대답해 보시라.

> 질문 ① 빨간색과 검은색 가운데 선택할 수 있다면 어느 색을 선택하겠습니까?
>
> 질문 ② 빨간색 또는 노란색, 검은색 또는 노란색 가운데 선택할 수 있다면 어느 색을 선택하겠습니까?

---

6 이 역설의 발견자인 대니엘 엘즈버그(Daniel Elsberg)는 미국의 전략연구가이자 반전 운동가이다. 그는 하버드대학에서 경제학 박사 학위를 받은 다음 국방부 직원으로 근무했는데, 국방부의 베트남 전쟁에 관한 비밀문서를 언론에 폭로하여 유명해졌다. 이후 군축에 관한 연구를 하며 평화운동에 참가했는데, 반핵 시위의 선두에 섰다가 체포되기도 하였다.

아마 적지 않은 독자들이 이미 몇 번 당해 본 터라 아마 대답하기 전에 여러 번 질문을 다시 확인해 보고 눈치챘을 듯싶다. 위의 두 질문은 똑같은 것이다. ②번 질문에는 노란색이 두 가지 대안 모두에 들어 있으므로 노란색을 제외해 버리면 ①번 질문으로 돌아간다. 그러나 사람들은 ①번 질문에는 빨간색을 더 많이 선택하고 ②번 질문에는 검은색 또는 노란색을 더 많이 선택한다. 왜 그럴까? 그것을 설명하고자 하는 것이 행동경제학, 특히 이제부터 소개할 '프로스펙트 이론'이다.

손해 보고는 못 산다

행동경제학은 주류경제학의 다른 이론에 대해서와 마찬가지로, 불확실한 상황에서 사람들이 어떻게 행동하는가에 대한 기대효용이론의 설명이 틀렸다고 주장하지는 않는다. 다만 기대효용이론은 몇 가지 가정들을 전제하는데, 현실에서는 그러한 가정들이 반드시 충족되지 않는 경우가 많다는 것이다. 경제학이 자주 사용하는 'ceteris paribus' —'다른 조건들이 모두 일정하다면'이라는 뜻이다— 라는 말이 보여 주듯이 경제학은 언제나 정황적 진리 —상황에 따라 옳을 수도 있고 아닐 수도 있는— 를 전제로 하는 학문이다. 따라서 이러이러한 조건들하에서는 기대효용이론이 적용되지만 그러한 조건들이 결여되면 당연히 적용되지 못할 수도 있다. 그래서 행동경제학은 주류경제학과 다른 방식으로 불확실성과 위험성이 존재하는 상황에서 사람들이 어떻게 행동하는가를 설명하고자 한다. 바로 트버스키와 카너먼이 1979년에 발표한 '프로스펙트 이론(prospect theory)'이 그것이다. 프로스펙트란 말 그대로 무엇을 전망

한다는 뜻이다. 그래서 '전망 이론'으로 번역하기도 한다. 자신들의 이론에 왜 그런 이름을 붙였는가 하고 묻자 정작 트버스키와 카너먼 자신들은 아무런 의미 없이 그냥 그럴 듯해 보여서라고 대답한 적이 있다. 하지만 설마 그렇기야 하겠는가? 프로스텍트, 즉 '전망'이라는 용어는 자연스럽게 주류경제학이 사용하는 '기대'라는 개념을 연상시킨다. 굳이 말하자면 사람들은 불확실한 미래에 대해 기대하는 것이 아니라 전망한다는 뜻이다.

기대효용이론은 사람들이 왜 위험기피적인가를 설명하려는 이론이지만, 그렇다고 사람들이 확률적으로 행동하지 않는다고 주장하는 것은 아니다. 이미 이야기한 것처럼 여기서 확률적으로 행동한다는 말은 사람들의 행동을 객관적으로 예측할 수 있다는 뜻이다. 이에 대해 프로스펙트 이론은 불확실성에 대응하는 사람의 행동은 객관적이지 않고 주관적이라는 전제로부터 출발한다. 프로스펙트 이론의 가장 중요한 두 가지 내용은 가치함수와 확률가중함수이다. 먼저 프로스펙트 이론은 기대효용이론이 가정하는 효용함수 대신 사람들은 가치함수(value function)에 따라 행동한다고 가정한다. 가치함수의 가장 중요한 특성은 '준거점 의존성', '민감도 체감성', 그리고 '손실 회피성', 세 가지다. 준거점 의존성과 민감도 체감성에 대해서는 다음 장에서 이야기하기로 하자. 사람들이 위험기피적인 가장 큰 이유는 바로 손실 회피성 때문이다.

손실 회피성(loss aversion)이란 말 그대로 사람들은 같은 규모의 이익과 손실을 비교할 때 손실 쪽을 더 크게 평가한다는 뜻이다. 따라서 사람들은 가급적 손실을 최소화하는 쪽으로 행동한다. 〈그림 5-1〉을 보자. 사람들이 이익과 손실을 똑같이 평가한다면 100만 원의 손실과 100만 원의

〈그림 5-1〉 프로스펙트 이론 — 가치함수

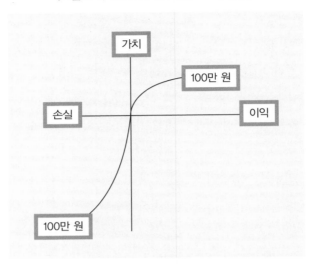

이익은 부호만 다를 뿐 절댓값은 똑같을 것이다. 그러나 사람들이 가지는 가치함수는 준거점, 즉 원점에서 (+)의 방향으로 움직일 때와 (−)의 방향으로 움직일 때 기울기가 다르다. 트버스키와 카너먼에 의하면 (+)의 가치함수는 기울기가 0.88인데 반해 (−)의 가치함수는 기울기가 2.25이다. 그 의미는 간단하다. 내가 지면 100만 원을 잃는 내기를 수락하는 대가로 사람들이 받고자 하는 상금의 평균치는 225만 원이라는 것이다. 내 강의를 듣는 학생들이 대답한 평균 금액은 214만 원이었다. 이만큼의 차이라면 내 강의를 듣는 학생들치고는 꽤 합리적으로 선택한 편이다. 그런데 학생들 가운데 한 명은 "아무리 상금이 많아도 내기는 절대 하지 않습니다" 하고 대답하였다. 나도 그렇다.

손실 회피성은 '현상유지 바이어스'로 설명하기도 한다. 현상유지 바이어스란 물리학에서 말하는 관성의 법칙처럼 사람들의 심리도 될 수 있으면 지금 있는 상태를 유지하고자 한다는 뜻이다. 경제학의 가장 중요한 개념 가운데 하나인 균형도 마찬가지다. 사람들이 더 좋은 조건을 제안 받아도 쉽게 직장을 옮기려 하지 않는 것이나, 늘 가는 음식점을 더 좋아하고 늘 가는 가게에서 물건을 사는 것도 현상유지 바이어스다. 특히 현상유지 바이어스는 대안의 수가 많을수록 오히려 더 강해진다. 대안이 많을수록 충분히 비교하여 최선의 대안을 찾기가 더 어렵기 때문이다. 가령 휴대전화의 요금제도는 다양하다 못해 너무 복잡해서 이해하기 어려울 때가 많다. 그래서 나는 언제나 기본요금제만 사용한다.

사람들이 현상유지 바이어스를 가지는 이유는 바로 손실에 대한 두려움 때문이다. 여기서 이익이나 손실이 반드시 금전적인 것만을 의미하는 것은 아니다. 가령 교육학 이론 가운데는 상과 벌에 대해 우수한 학생에게는 벌이, 그렇지 못한 학생에게는 상이 더 효과적이지만, 전체적으로는 벌이 더 효과적이라는 이야기가 있다. 우수한 학생에게는 벌이 더 효과가 있고, 그렇지 못한 학생에게는 상이 더 효과가 있다는 이야기는 비교적 쉽게 이해할 수 있다. 굳이 경제학의 용어를 빌리면 바로 한계효용 체감의 법칙 때문이다. 우수한 학생은 자주 상을 받다 보니 상에는 그다지 효용을 느끼지 못한다. 반면에 평소에 거의 벌을 받아 본 적이 없으므로 벌에는 아주 민감하게 반응한다. 성적이 나쁜 학생은 당연히 반대로 생각해 보면 된다. 그런데 전체적으로 보면 상보다 벌이 더 효과적인 이유는 무엇일까? 상과 벌의 가치를 똑같이 100만 원이라고 가정하더라도 상의 효용과 벌의 비효용(고통)은 같지 않기 때문이다. 그래서 "상도 한 번 받고 벌도 한 번 받을래?" 하고 물으면 대부분의 학생들은 싫다고 대답한다. 이것 역시 손실회피성의 한 예다.

　이야기가 좀 거창해지지만, 현상유지 바이어스는 사회의 변화에 대한 사람들의 태도에서도 나타난다. 변화는 이익 또는 향상에 대한 기대와 손실에 대한 두려움을 동시에 준다. 그런데 설령 그 확률이 반반을 넘어 이익의 가능성이 더 크다 하더라도 사람들이 느끼는 가치는 손실 쪽이 훨씬 더 크다. 가령 가난한 사람들의 여당 후보 지지에 분개하는 사람들도 있다. 그 사람들이 여당 후보를 지지하는 이유는 역설적이지만 가난하기 때문이다. 더 정확하게 말하면, 가난한 사람들일수록 더 가난해질지도 모른다는 불안감이 더 많기 때문이다. 영화 「레미제라블」에서 보듯이, 역사에는 변화와 변혁에 대한 열망이 강물처럼 넘쳐 흐르는 때도 있다. 하지만 그러한 격정의 시대는 긴 역사에서 보면 아주 짧으며, 대부분의 시대와 사회에서 주류를 형성하는 것은 대체로 보수다. 사상적으로나 정치적으로나 그렇다. 변화를 추구하던 이들조차도 그 사회의 주류가 되는 순간부터는 지금 있는 그대로의 상태를 유지하고자 하는 기대를 한다. 변화는 손실에 대한 두려움을 주기 때문이다. 하지만 그러한 두려움을 극복할 수 있는 것이 인간이며, 그러한 극복을 통해 우리는 진보해 왔다.

확실한 것이 더 아름답다

　　　　　　　이제 다른 예를 하나 더 들어 보자. 당신은 다음 두 가지 대안 가운데 하나를 선택할 수 있다. 첫 번째 대안은 10% 확률로 100만 원을 주는 복권과 역시 10% 확률로 200만 원을 주는 복권을 받는 것이고, 두 번째 대안은 10% 확률로 300만 원을 주는 복권을 받는 것이다. 당신은 과연 어느 것을 선택할 것인가? 기대효용이론에 따르면 이 두 가지 대안은 똑같은 것이다. 100×0.1+200×0.1이나 300×0.1이나 기댓값은 똑같이 30만 원이기 때문이다. 그러나 실제로 사람들이 더 선호하는 것은 바로 첫 번째 대안이다. 아마 지금 이 글을 읽고 있는 독자들 가운데도 "어, 나도 그걸 선택했는데?"라고 생각한 분이 많을 것이다. 왜 사람들이 기댓값이 똑같은데도 두 번째보다 첫 번째 대안을 더 선호하는지를 설명하는 것이 바로 '확률가중함수(probability weighting function)'다. 확률가중함수는 가치함수와 함께 프로스펙트 이론의 가장 중요한 내용이다. 간단히 정의하면 확률가중함수란 사람들이 확률분포에 대하여 동일하게 인식하지 않고 가중적으로 인식한다는 것을 말한다. 가령 30%의 확률과 40%의 차이는 40%의 확률과 50%의 차이와 다르다. 기대효용이론에서는 동일한 효용이라면 30% 확률의 기대효용이 10% 확률의 기대효용보다 세 배지만, 프로스펙트 이론에서는 30%가 반드시 10%의 세 배를 의미하지는 않는다. 확률에 대해서 사람들은 가중적으로, 즉 주관적으로 평가하기 때문이다.

트버스키와 카너먼에 따르면 사람들은 0과 0.35 사이에서는 확률을 과대평가하고 0.35와 1 사이에서는 확률을 과소평가한다. 과대 또는 과소평가하는 정도는 0과 1에 가까울수록 점점 커진다. 왜 하필 0.35인가에 대한 설명은 생략하자. 다만 포악한 술탄에게서 살아남는 요령이 바로 35명이었던 점을 상기하시면 좋겠다. 심리학자 조너선 배런(Jonathan Baron)에 따르면 사람들이 0에 가까울수록 확률(p)을 과대평가하고 1에 가까울수록 과소평가하는 이유는, 사람들이 확률을 수치로 받아들이지 않고 '확실하다(p=1)', '불가능하다(p=0)', '가능성이 있다(0<p<1)'로 판단하기 때문이

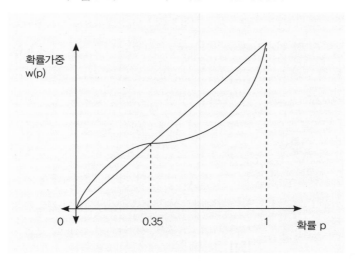

〈그림 5-2〉 프로스펙트 이론 — 확률가중함수

확률가중
w(p)

0   0.35   1   확률 p

다.[7] 따라서 0과 0.1 사이에서는 확률에 대한 평가가 매우 큰 폭으로 상승한다. 물론 친구들과 재미삼아 치는 고스톱이라면 그다지 큰 차이가 아닐 수도 있다. 그러나 돈이 아니라 목숨을 건 내기라고 가정해 보자. 전혀 살아날 가능성이 없다가 10%나마 가능성이 주어진다면 얼마나 기쁜 일인가? 사형을 선고받고 집행 날짜만 기다리던 사형수에게 10%의 소식은 태양이 새로 떠오르는 것과 같은 심정일 것이다. 그러나 0.1과 0.2의 차이는 그만큼 크게 느껴지는 않을 것이 당연하다. 0.2와 0.3의 차이는 더더욱 그럴 것이다. 마찬가지로 1과 0.9를 비교해 보자. 1은 확실성을 의미한다. 그러나 0.9는 비록 10%일지라도 불확실성이 있다. 대학에 합격이 결정된 것과 합격 가능성이 90%인 것 사이에는 어마어마한 차이가 있다. 그러나 0.9와 0.8

---

7 도모노 노리오의 『행동경제학』(121쪽)에서 다시 인용했다.

의 차이는 그만큼 크지 않은 것이 또 당연하다.

굳이 기대효용이론이 아니더라도 우리가 지금까지 배워 온 확률이론에 따르면 어떤 일이 일어날 확률(p)과 일어나지 않을 확률(1-p)을 더하면 반드시 1이 된다. 그러나 확률가중함수에서는 어떤 일이 일어날 확률에 대한 가중적 평가와 일어나지 않을 확률에 대한 가중적 평가의 합은 1보다 작다. 수식으로 표현하면 $p+(1-p)=1$이지만, $w(p)+w(1-p) < 1$이다. 그래서 사람들은 가능하면 불확실한 선택은 회피하고자 하는 것이다. 동전을 던져 앞면이 나와도 100만 원을 받고 뒷면이 나와도 100만 원을 받는 내기가 있다 하더라도 사람들은 내기에 응하지 않는다는 뜻이다. 만약 목숨을 건다면 당연히 그 확률이 1%가 아니라 1만 분의 1, 1억 분의 1일지라도 내기에 응하지 않는 것이 사람들의 마음이다. 몇 년 전 우리 사회에서 광우병 쇠고기 문제가 큰 논란이 되었을 때, 광우병 쇠고기를 먹을 확률이 매우 낮음에도 평범한 어머니들이 '좌빨(!)'이라는 누명을 감수해 가면서까지 촛불을 들고 나선 것도 바로 그런 마음 때문이다. 그날 청와대 뒷산에 올라 긴 밤을 지새우신 분의 마음은 내가 모른다.

이처럼 사람들이 불확실성을 회피하고 확실성을 선호하는 현상을 행동 경제학에서는 '확실성 효과'라고 부른다. 이제 다시 앞에 나온 '알레의 역설'로 돌아가 보자.

질문 ① A : 500만 달러(10%의 확률) + 100만 달러(89%의 확률)

　　　　B : 100만 달러(100%의 확률)

질문 ② C : 500만 달러(10%의 확률)

　　　　D : 100만 달러(11%의 확률)

위의 두 가지 질문에서 A, C와 B, D의 기댓값 차이는 똑같다. 그런데도 사람들은 왜 ①번에서는 B를 더 선호하고 ②번에서는 C를 더 선호하는가? ②번에서 10%와 11%의 차이는 크지 않았지만 100만 달러와 500만 달러의 차이는 엄청나게 크다. 그래서 사람들은 당연히 C를 더 선호한다. 그러나 ①번에서 B는 100%, 즉 확실한 미래를 제시하지만 A에는 불과 1%일지언정 불확실성이 존재한다. 그래서 사람들은 B를 더 선호하는 것이다. 내 귀에 지금 독자 여러분들이 "아하!" 하고 감탄하는 소리가 들려온다. 조금 더 복잡하기는 하지만 엘즈버그의 역설도 마찬가지다.

질문 ① 빨간색과 검은색 가운데 선택할 수 있다면 어느 색을 선택하겠습니까?

질문 ② 빨간색 또는 노란색, 검은색 또는 노란색 가운데 선택할 수 있다면 어느 색을 선택하겠습니까?

①번에서 우리는 빨간색 구슬이 30개라는 사실을 알고 있다. 그러나 검은색과 노란색은 각각 몇 개가 들어 있는지 모른다. 물론 60개 가운데 검은색과 노란색 구슬이 들어 있으니 확률이 반반이라고 가정하면 기댓값은 똑같이 30개이다. 하지만 우리는 검은색과 노란색 구슬이 과연 반반씩 들어 있을지 알 수 없다. 이것이 바로 반은 불확실하고 반은 위험한 애매모호한 상황이다. 사람들은 애매모호함보다는 위험성을 더 선호한다. 다른 말로 표현하면 알고 있는 정보를 알지 못하는 정보보다 높게 평가한다는 뜻이다. 그래서 빨간색을 선택하는 것이다. 그런데 ②번에서는 노란색이 포함됨에 따라 문제의 구도가 전혀 달라진다. 우리는 항아리 속에 빨간색 또는

노란색 구슬이 몇 개가 들어 있는지 알 수 없다. 반면 검은색 또는 노란색 구슬은 60개가 들어 있다는 사실을 알고 있다. 애매모호함과 위험성이 바뀐 것이다. 따라서 사람들은 검은색 또는 노란색을 더 많이 선택하게 된다.

최대를 극소화할 것인가, 최소를 극대화할 것인가?

마침 이야기가 나온 김에 게임이론 이야기를 조금 더 해 보자. 게임이론에도 손실 회피성과 유사한 내용이 있다. 다만 프로스펙트 이론이 일반적인 가정이라면, 게임이론 쪽은 좀 더 특수한 경우를 가정한다. 요즘 삼성과 애플은 서로 특허를 침해했다며 전 세계를 돌아다니면서 소송전을 벌이고 있다. 승자도 패자도 없이 소송비용만 무한정 낭비하는 저런 이전투구를 왜 계속하는지 궁금한데, 어쩌면 바로 그것이 두 회사가 노리는 바가 아닌지 모르겠다. 스마트폰의 특허는 우리 둘이 다 가지고 있으니 함부로 넘보지 말라는 경고 말이다.

〈표 5-1〉을 보면 어디서 많이 보았던 것 같은 느낌이 들 것이다. 용의자의 딜레마를 거꾸로 응용한 예이다. 게임이론에서는 세 가지의 기본 요소가 필요하다. 경기자(player), 전략(strategy), 그리고 보수(payoff)이다. 〈표 5-1〉에서는 애플과 삼성이 경기자고, 합의와 소송이 전략이다. 게임의 결과로 경기자들에게 주어지는 대가를 보수라 부르고, 보수를 가로와 세로의 표에 넣은 것을 보수행렬이라고 한다. 애플은 삼성이 합의를 선택하든 소송을 선택하든 간에 합의하는 편이 더 이익이다. 앞에서도 잠시 나온 게임이론의 용어를 빌리면 합의하는 것이 우월전략이다. 반면에 삼성에게는 우

〈표 5-1〉 최소극대화 전략

		애플	
		합의	소송
삼성	합의	(5, 5)	(−10, 3)
	소송	(3, 2)	(−1, −1)

월전략이 없다. 애플이 합의하면 삼성도 합의하는 것이 이익이지만, 애플이 소송하면 같이 소송하는 것이 이익이기 때문이다. 다만 이것은 하나의 가정일 뿐 우월전략이 있느냐 없느냐는 여기서 핵심적인 조건이 아니다. 게임 이론에서 보수행렬은 여러 가지 형태로 주어질 수 있다. 보수행렬이 어떻든 균형은 존재한다는 것이 내시 균형의 의미다. 앞에서 이야기한 것처럼 모든 내시균형이 우월전략균형은 아닐 뿐이다. 그러므로 〈표 5-1〉에도 균형이 존재한다. 애플에게 합의가 우월전략이라면 삼성도 애플이 합의할 것으로 예측하고 합의를 선택할 것이므로, 이 게임의 균형은 둘 다 합의한다는 것이 된다.

　문제는 삼성의 처지에서는 애플이 반드시 합리적으로 행동하리라고 확신하지 못할 수 있다는 것이다. 만약 비합리적인데도 불구하고 애플이 소송을 선택할 경우 삼성은 −10이라는 큰 손실을 보게 된다. 물론 바로 그러한 점을 의도하고 애플이 소송을 선택한다면 그것은 비합리적인 것이 아니라 오히려 더 합리적인 전략일 수도 있다. 보수행렬로만 보면 애플도 이익이 줄어들므로 비합리적이지만, 단기적인 불이익을 참더라도 경쟁자에게 더 큰 손실을 입힐 수 있다면 충분히 선택 가능한 대안이다. 따라서 이러한 위험에 대비하여 삼성은 이익을 극대화하기보다 위험을 극소화하는 전략, 즉 소송을 선택할 수도 있다. 게임이론에서는 이러한 전략을 '최소극대화 전략(maximin strategy)'이라고 부른다.

그런데 위험을 극소화한다는 표현이 경제학을 전공하지 않는 독자들에게는 혼란을 주지나 않는지 모르겠다. 위험, 즉 손실을 극소화하는 전략은 최대극소화 전략이라고 표현해야 옳은 것 아닌가 하고 말이다. 혼란은 손실과 보수의 개념 때문인데, 손실을 부(-)의 보수라고 생각하면 손실을 극소화한다는 것은 곧 보수를 극대화한다는 뜻이기도 하다. 그래서 보수를 조금 바꾸어서 다시 이야기해 보자.

〈표 5-2〉 최소극대화 전략의 응용

		애플	
		합의	소송
삼성	합의	(5, 4)	(1, 3)
	소송	(3, 2)	(2, 1)

〈표 5-2〉는 〈표 5-1〉에서 보수행렬만 약간 바꾼 것이다. 보수는 다르지만 애플은 삼성이 합의하든 소송하든 상관없이 합의하는 편이 우월전략이다. 반면 삼성에게는 우월전략이 없다. 다만 애플이 우월전략인 합의를 선택할 것으로 예상하면 삼성은 당연히 자신의 이익을 극대화할 수 있는 합의를 선택할 것이다. 따라서 이 게임의 균형은 '합의-합의'가 된다. 그러나 삼성의 입장에서 애플이 반드시 합리적인 선택을 하리라고 신뢰하기 어렵다. 애플이 거꾸로 소송을 선택한다면 삼성의 이익은 최소화된다. 따라서 삼성은 가능한 최소의 보수들, 즉 1과 2 가운데 더 큰 2를 선택하기 위하

여 소송을 선택한다는 것이 바로 최소극대화 전략이다. 이 두 가지 경우는 똑같은 최소극대화 전략이다. 말한 것처럼 최소극대화 전략이란 여러 대안 가운데 받을 수 있는 최소의 보수를 극대화하는 전략이다. 다만 이야기한 것처럼 앞의 〈표 5-1〉에는 보수행렬에 손실, 즉 마이너스(-)가 들어 있기 때문에 혼란의 여지가 생겼다. 손실이라는 표현을 이익이 작다는 의미로 이해하면 같은 내용이 된다. 대부분의 경제학 교과서들이 〈표 5-1〉보다 〈표 5-2〉와 같은 예를 더 자주 사용하는 이유는, 이익이 줄어드는 경우보다 손실이 일어나는 경우가 더 쉽게 이해되기 때문이다.

최소극대화 전략이 있다면 당연히 '최대극소화 전략(minimax strategy)'이 없을 리 없다. 두 가지 전략을 비교해 설명해 보자. 누구나 게임에서 이기고 싶어 하지만, 정작 내가 얼마의 보수를 얻을지는 미리 알 수 없다. 모든 게임에서 보수는 클 수도 있고 작을 수도 있다. 최소극대화 전략이란 말 그대로 최소를 극대화하는, 즉 나쁜 경우에 그나마 가장 최선인 대안을 선택하자는 것이다. 사전적으로 풀면 "일련의 최솟값들 중에서 가장 큰 값(the maximum among a set of row minima)"을 선택하는 전략이다. 반면 최대극소화 전략은 당연히 "일련의 최댓값들 중에서 가장 작은 값(the minimum among a set of column maxima)"을 선택하는 전략이 되겠다. 말 그대로의 의미로 해석하면 좋을 때 적당히 만족하는 전략, 허버트 사이먼의 고전적 개념을 빌리면 실현하기 어려운 '극대화 원리' 대신 '만족화 원리'를 추구하는 전략인 셈이다. 그러나 게임이론에서 최대극소화 전략이라고 말할 때는 일반적으로 제로섬 게임(zero-sum game)에서 손실을 극소화하는 전략을 의미한다. 좀 어렵게 들리지만 간단히 이야기하면, 나의 목적이 이익을 극대화하느냐 손실을 극소화하느냐, 이도 저도 아니고 적당히 이익을 얻고 마느냐에 따라 그에 맞는 전략을 선택하면 된다는 뜻이다.

이제 조금 더 나가 보자. 최소극대화 전략이나 최대극소화 전략의 주요한 특징은 최종적인 균형이 존재하지 않는다는 것이다. 말 그대로 화투판에서 어떤 패를 낼 것인가 하는 전략과 마찬가지이기 때문이다. 가령 〈표 5-2〉에서 삼성이 최소극대화 전략에 따라 소송을 선택할 것이라고 확신한다면 애플은 다시 전략을 바꾸어 자신의 이익을 극대화할 수 있는 합의를 선택할 수도 있다. 그런데 삼성이 또 애플이 전략을 바꾸어 합의를 선택할 것이라고 확신한다면 마찬가지로 자신의 이익을 극대화하기 위해 합의를 선택할 수도 있다. 이럴 경우 균형은 합의-합의로 되돌아간다. 그러나 또다시 애플이 삼성이 합의를 선택할 것이라고 확신하면 애플은 삼성에게 큰 손실을 입히기 위해 소송을 선택할 수도 있다. 삼성 역시 애플이 전략을 수정할 것이라고 확신한다면 최소의 이익 가운데 가장 큰 소송을 선택할 수 있다. 다시 최소극대화 전략을 사용하는 것이다. 그리고 또다시 애플이 만약…… '내가 바위를 낼 것으로 예상하면 상대방은 보를 낼 것이므로 나는 가위를 내야 하지만 또 상대방이 그것을 예상하고 바위를 내면 나는 보를 내고 그것을 또 상대방이 예상하고 가위를 내면 나는 바위를 내고 다시……' 하는 가위바위보 게임과 마찬가지이기 때문이다.

마지막으로 최대극소화 전략의 예를 하나 보자. 이야기한 것처럼 최대극소화 전략은 제로섬 게임에서 손실을 극소화하는 전략이다. 〈표 5-3〉의 보수행렬은 각각의 경우에 삼성이 애플로부터 받거나 지불해야 할 배상금을 의미한다. 먼저 삼성의 최대극소화 전략은 중재이다. 삼성이 입게 될지도 모를 세 가지 손실의 경우 가운데 -1이 가장 작기 때문이다. 이 경우 삼성은

		애플		
		합의	중재	소송
삼성	합의	+1	-2	0
	중재	-1	+2	+1
	소송	+2	0	-3

애플에 1을 배상하게 된다. 이것이 최대극소화 전략이다. 그러나 당연히 여기서 끝날 문제가 아니다. 삼성이 중재를 선택할 것이라고 확신한다면, 애플은 자신의 이익이 극대화되는 합의를 선택할 것이다. 그러나 만약 애플이 합의를 선택할 것이라고 확신한다면 삼성은 소송을 선택함으로써 자신의 이익을 극대화할 수도 있다. 하지만 만약 애플이 그러한 삼성의 전략을 예상하고 소송을 걸어올 경우 삼성은 -3의 가장 큰 손실을 볼 수도 있다. 따라서 삼성은 가능한 최대의 손실을 극소화하기 위해서 중재를 선택하는 것이 합리적이다. 무슨 놈의 전략이 이렇게 복잡하냐고? 쌍피를 먹고 일단 피박을 면하느냐, 아니면 치고받고 고도리를 노려보느냐 하는 선택은 언제나 여러분 자신의 것이라는 뜻이다. 노름판마다 겨우 피박을 면하는 데에만 급급해서는 돈을 딸 수 없다. 하지만 치고받으면서 한 방에 대박을 기대한다면 피박의 위험을 감수해야만 한다.

폰 노이만
(우) John Ludwig von Neumann,
1903~1957

모르겐슈테른
(좌) Oskar Morgenstern,
1902~1977

폰 노이만은 양자역학의 수학적 기초를 확립하는 등 현대 수학과 물리학의 여러 분야에 이바지하였다. 그가 고안한 컴퓨터 프로그램 내장 방식은 오늘날에도 거의 모든 컴퓨터 설계의 기본이 되고 있다. 체계적으로 경제학을 연구한 경제학자는 아니지만 수리경제학의 발전에도 중요한 영향을 미쳤으며, 특히 1944년에 모르겐슈테른과 함께 발표한 『게임이론과 경제행동』은 오늘날 미시경제학의 가장 중요한 분야 가운데 하나인 게임이론의 출발점이 되었다. 노이만은 주로 수학적 측면을, 모르겐슈테른은 경제학적 측면을 분석한 것으로 알려져 있다. 오스트리아 출신인 모르겐슈테른은 빈대학에서 학위를 받고 모교의 교수가 되었으나 나치의 박해를 피해 미국으로 이주하여 프린스턴대학의 교수로 재직하였다.

제6장
세월이 가면
사랑도 시들해진다

무릎과 무릎 사이

제목이 좀 야하다. 30여 년 전에 나왔던 영화 제목인데, 어떤 영화인지는 직접 보시라. 그렇다고 너무 지나친 기대는 하지 말자. 요즘 영화와 비교하면 별로 야하지 않다. 물론 30년 전에는 노출이라고 해봐야 비키니 수영복 정도인 이 영화도 엄청 야하게 보였다. 그런데 요즘 영화는 보여 줄 것(?), 못 보여 줄 것(!), 다 보여 주는데도 별로 야하지 않다. 왜 그럴까? 지금 고개를 끄덕이면서 "나도 그래" 하는 독자에게 그 이유를 말씀드리면, 당신이 '야동'을 너무 많이 보았기 때문이다. 난데없이 무슨 말이냐고? 선수들끼리 또 왜 이러시는가? 김 본좌의 제자들에게 비키니 수영복 정도가 무슨 자극이 되겠는가 말이다.

당신에게 100만 달러가 있다. 그런데 누군가가 당신에게 제안을 한다. 50%, 즉 반반의 확률로 100만 달러를 얻든가 잃는 내기를 하자고 한다. 그렇다면 당신은 이 제안을 수락할 것인가? 이렇게 질문을 드리면 독자들 대부분이 "에이~" 하고 비웃을 것이다. 이미 우리가 이야기한 내용이기 때문이다. 사람들은 위험기피적이어서, 혹은 달리 표현하면 손실회피적이어서 확률이 반반이라면 수락하지 않는다는 것을 우리는 이미 알고 있다. 조금 더 기억력이 좋은 분들은 이렇게 말할 것이다. 225만 달러쯤 준다면 그 제안을 수락하겠다고. 그런데 우리 주변에는 50%도 아니고 겨우 25~33%의 확률로 이런 제안을 수락하는 사람들이 있다. 우리는 거의 매주 이런 사람들을 만난다. 어디서? 바로 TV의 퀴즈 프로그램에서다. 많은 퀴즈 프로그램의 상금은 적립식이다. 100만 달러는 너무 많으니 지금 나의 적립금을 100만 원이라고 가정하자. 사회자가 묻는다. "다음 단계에 도전하시겠습니까?" 다음 단계는 셋 또는 네 개의 보기 가운데 정답을 고르는 문제다. 확률적으로 생각해 보면 내가 100만 원을 더 얻을 확률은 겨우 25~33%에 불과하다. 반대로 내가 지금 가진 100만 원조차 잃을 확률은 그보다 훨씬 높다. 그런데도 대부분의 사람은 다음 단계에 도전한다. 나라면 그냥 100만 원으로 만족한다.

퀴즈 프로그램의 예는 사람들이 손실회피적이라는 프로스펙트 이론의 가정과 배치되는 듯이 보인다. 손실회피적인 사람들이 확률이 50%도 안 되는 다음 단계의 퀴즈에 도전하는 이유는 퀴즈를 푸는 일과 주사위를 던지는 일은 다르다고 생각하기 때문이다. 사람들은 다음 단계에 도전할 것인가 말 것인가를 확률적으로 결정하지 않는다는 뜻이다. 내가 확실하게 알고 있는 문제가 나온다면 보기가 셋, 넷이 아니라 천, 만이더라도 맞출 수 있다. 하지만 내가 모르는 문제가 나온다면? 역시 확률적으로 선택할 수밖에 없다. 그리고 낮은 단계에서는 내가 아는 문제가 나올 가능성이 매우 높지만, 높은 단계로 올라갈수록 내가 모르는 문제가 나올 가능성이 점점 높아진다. 사실은 매우 높은 불확실성과 위험성을 안고 선택하면서도, 그것이 확률적 선택의 문제임을 인식하지 못하고 있는 것이다. 하지만 이러한 예는 프로스펙트 이론과 더 나아가 행동경제학의 전제들이 잘못되었다는 것을 보여 주는 증거가 아니라 그 반대이다. 왜냐하면 이는 사람들이 반드시 일관되게 합리적으로 행동하는 것이 아니라, 상황에 따라 서로 모순된 선택을 하기도 한다는 사실을 보여 주기 때문이다.

이미 이야기한 것처럼 주류경제학의 기대효용이론은 사람들이 기대소득이 아니라 기대효용에 따라 행동한다고 가정한다. 기대소득과 기대효용이 비례하지는 않는다. 프로스펙트 이론의 주요 내용인 가치함수는 기대효용이론이 잘못되었다고 주장하려는 것이 아니라 기대 그 자체가 언제나 비례적 — 일관된 또는 객관적이라는 의미로 읽어 주시면 되겠다 — 이지는 않다는 것을 설명하려는 것이다. 마찬가지로 확률가중함수는 기대의 근거가 되는 확률에 대한 우리의 평가가 반드시 비례적이지는 않으며 오히려 주관적일 때가 더 많다는 것을 설명하고자 한다. 다시 말해서 주류경제학이 사람들의 선택은 이러이러하게 일관된다고 주장하는 데 대해 프로스펙트 이론은 사람들의 행동이 일관되지 않는 경우가 더 많으며 더 나아가 그렇다고 해서 사람들이 반드시 비합리적이라고 말할 수는 없다고 이야기한다. 가령 확률가중함수를 이용하면 왜 고스톱을 좋아하지 않는 사람이 로또를 사는지 이해할 수 있다. 확률이 낮을수록 사람들은 확률을 과대평가하기 때문이다. 낮은 확률일수록 사람들은 위험성을 선호한다. 비교 대상이 '불가능'(p=0)이기 때문이다. 반대로 높은 확률에서는 오히려 위험성을 회피한다. 비교 대상이 '확실성'(p=1)이기 때문이다. 이런 행동은 분명히 모순된다. 하지만 그렇다고 반드시 비합리적이라고 말할 수는 없다. 주류경제학이 가정하는 것과는 다르게 합리적일 뿐이다.

확률가중함수를 통해 우리는 사람들이 20%의 확률로 100만 원을 받을 수 있는 복권 한 장을 선택하기보다는 10%의 확률로 100만 원을 받을 수 있는 복권 두 장을 더 선호하는 이유를 이해할 수 있다. 확률이 높아질수록 평가는 가중적으로 낮아지기 때문이다. 그러나 사람들이 10% 확률로 200만 원을 받을 수 있는 복권 한 장보다 같은 10%의 확률로 100만 원을 받을 수 있는 복권 두 장을 더 선호하는 이유는 무엇일까? 세상을 지나치게 단순하게 보는 편인 나는 그 이유를 사람들이 상금, 즉 기댓값보다는 기회를 더 중요시하기 때문이라고 생각한다. 상금이 작더라도 기회가 더 많은 대안을 선택한다는 뜻이다. 그래서 길거리에서 설탕 과자를 뽑을 때도 이왕이면 꽝이 없는 뽑기를 더 선호하고, 패자부활전이 있는 대안을 더 선호하는 것이다. 그러나 프로스펙트 이론은 조금 더 심오하게 그 이유를 설명한다. 가치함수의 두 번째 중요한 특성인 '민감도 체감성(diminishing sensitivity)'이다.

만약 여러분이 지금 1억 원을 가지고 있다면 당연히 1,000원의 변화에 그다지 민감하게 반응하지 않을 것이다. 그러나 만약 여러분이 지금 1만 원을 가지고 있다면 당연히 1,000원의 변화에 매우 민감하게 반응할 것이다. 이처럼 기대소득의 크기가 커질수록 민감도가 체감하는 현상이 민감도 체감성이다. 앞에서 하던 이야기로 되돌아가 보자. 10%의 확률로 200만 원을 받을 수 있는 복권 한 장과 같은 10%의 확률로 100만 원을 받을 수 있는 복권 두 장 가운데 선택할 수 있다면 당신은 어느 쪽을 선택할 것인가? 대부분의 사람은 200만 원짜리 복권 한 장보다 100원짜리 복권 두 장을 선택한다. 기댓값으로 계산하면 당연히 200만 원×0.1 = 20만 원과 100만 원×0.1×2=20만 원은 같다. 그러나 기댓값이 커질수록 민감도는 체감하므로 200만 원×0.1이 나에게 주는 가치는 100만 원×0.1의 두 배가 아니라 그보다 작아진다. 따라서 200만 원×0.1 〈 100만 원×0.1×2가 된다. 가치함수의 기울기가 소득이 커질수록 완만해지는 이유는 바로 이 때문이다. 그런데 아마 민감도 체감성이라는 말을 들으면서 지난번에 이야기한 한계효용 체감의 법칙을 떠올린 분들이 적지 않을 것이다. 똑같지는 않지만 두 가지는 아주 비슷한 이야기다. 다만 군이 비교하여 설명하자면 똑같이 '체감한다(diminish)'는 표현을 쓰기는 하지만 한계효용 체감의 법칙이 1,000원의 변화가 거듭될수록 한계효용은 체감한다, 즉 연속적인 의미가 강한 반면에 민감도 체감성은 서로 다른 소득 수준에서 1,000원의 변화에 대한 민감도를 비교하는 데 조금 더 강조점을 둔다. 물론 이런 비교는 다분히 자의적이어서 반드시 그렇다고 말하기는 어렵다.

아무튼 동일한 규모의 변화에 대한 반응이 다르다는 점에서 보면 민감도 체감성은 경제학의 기초 개념 가운데 하나인 탄력성(elasticity)과도 상당히 밀접한 개념이 된다. 탄력성이란 어느 상품에 대한 수요가 가격의 변화에 반응할 때 그 규모가 아니라 비율에 대해 반응한다는 뜻이다.[1] 가령 가격이 똑같이 1,000원 올랐다고 하더라도 1억 원짜리 주택의 가격이 1,000원 오른 것과 5,000원짜리 국밥의 가격이 1,000원 오른 것은 엄청난 차이가 있다. 주택 가격이 1,000원 올랐다고 해서 주택의 수요가 큰 폭으로 하락할 것으로 예상하기는 어렵다. 그러나 국밥의 가격이 1,000원 오른다면 그 수요는 크게 변할 것이다. 따라서 가격의 변화에 따른 수요의 변화

---

1 정확하게 말하면 여기서 설명하고 있는 것은 수요의 가격탄력성이다. 이밖에도 탄력성에는 수요의 소득탄력성, 수요의 대체탄력성, 공급의 가격탄력성 등이 있다.

를 비교할 때는 규모가 아니라 비율로 비교하는 것이 옳다. 즉 주택 가격이 100만 원(1%) 올랐을 때와 국밥의 가격이 50원(1%) 올랐을 때 각각의 수요가 얼마나 어떻게 변화하는가를 비교해야 옳다는 뜻이다. 가치함수이론은 소득이 1억 원일 때와 1000만 원일 때 똑같은 100만 원의 변화에 대해 사람들이 다르게 반응한다는 점에서 탄력성과 유사하다. 그러나 가치함수의 민감도는 탄력성과 달리 반드시 비율적으로만 반응하는 것은 아니며 규모에 대해서도 반응한다는 점에서는 또 탄력성과 다르다. 가령 리처드 세일러가 지적하듯이 사람들은 오늘의 100달러와 1년 후의 150달러 사이의 차이를 오늘의 10달러와 1년 후의 15달러의 차이와 똑같이 인식하지는 않는다. 대부분의 사람은 50달러를 받기 위해서라면 1년을 참을 수 있지만 5달러를 위해서 1년을 기다리는 경우는 거의 없기 때문이다.[2]

거울 속에는 내가 있다

민감도 체감성은 이해하기에 그다지 어렵지 않다. 단순하다고 할 수 있는 이야기이기도 하다. 그런데 민감도 체감성을 손실에 대해 적용해 보면 제법 의미 있는 이야기가 나온다. 먼저 초등학교에서 배우는 간단한 산수 문제 하나를 풀어 보자. 2는 1보다 크다. 즉 2 > 1이다. 그렇다면 -1과 -2는 어느 것이 더 큰가? 웃을 일이 아니다. 지금에야 오랜 반복을 통해서 당연히 받아들이지만 솔직히 초등학교에서 처음 음(-)의 개념을 배울 때는 많은 어린이들이 쉽게 이해하지 못한다. 서양에 처음

---

2 리처드 H. 세일러, 『승자의 저주』, 195쪽.

0의 개념이 전해졌을 때 교회는 그것을 악마의 숫자로 간주하고 사용하지 못하게 했다고 한다. '아무것도 없다'는 말 그대로 없어야 하는데, 어떻게 '아무것도 없다'가 있을 수 있느냐는 이유에서다. 좀 더 교회식으로 표현하자면 1부터 9까지의 모든 숫자들은 삼위일체와 관련된 상징들인데 감히 '아무것도 없다'가 주님 곁에 번듯이 앉으려 하다니 이런 신성모독이 어디에 있느냐는 말이다. 그러고 보니 0이라는 개념은 바로 불교의 공(空)에서 온 것이니 이단의 것이 맞기는 하다. 이처럼 0조차도 악마의 숫자라고 취급받았는데 하물며 음수를 어떻게 이해할 수 있을까? 이해하지 못해도 그만이지만, 현실에서 -2개의 빵이나 -10권의 책을 본 사람이 있으면 나와 보시라. 이래서 수학이 아름답다.

그러니 이제 웃지 말고 진지하게 대답해 보자. -1과 -2는 어느 것이 더 큰가? 둘 다 현실에는 존재하지 않는 것인데 더 크고 작고가 어디 있겠냐마는 수학 시간에 배운 대로라면 -1 > -2이다. 즉 1 > 2가 음수가 되면 부등호가 반대로 되어 -1 < -2가 되는 것이다. 이제 앞에서 예로 든 복권의 경우를 보자. 물론 반드시 똑같은 100만 원이어야 할 이유는 없다. 10%의 확률로 300만 원을 주는 복권 한 장과, 역시 10%의 확률로 100만 원을 주는 복권과 200만 원을 주는 복권 두 장 가운데 당신은 어느 것을 선택할 것인가? 당연히 후자이다. 즉 기댓값으로 계산하면 $300 \times 0.1 = 200 \times 0.1 + 100 \times 0.1$이지만 가치함수로 계산하면 $v(300 \times 0.1) < v(200 \times 0.1) + v(100 \times 0.1)$이 된다. 그렇다면 이제 양변에 마이너스를 곱해 보자. 당연히 부등호의 방향이 바뀌어 $v(-300 \times 0.1) > v(-200 \times 0.1) + v(-100 \times 0.1)$가 된다. 상금을 주는 복권이 아니라 교통 위반처럼 벌금을 내야 하는 경우라면 사람들은 100만 원짜리 딱지와 200만 원짜리 딱지 두 장보다 차라리 300만 원짜리 딱지 한 장을 더 선호한다는 뜻이다. 이러한 현상을 마치 거울에 사물의 모습이 반사되는 것과 똑같다고 해서 '반사효과(reflection effect)'라고 부른다. 「오감도」의 시인 이상이 그랬지 않은가? 거울 속에는 또 다른 내가 있는데, 거울 속의 나는 왼손잡이라고.

이익과 손실에 반대로 반응하는 현상은 '확실성 효과'에서도 나타난다. 100%의 확률로 100만 원을 받을 수 있는 복권과 50%의 확률로 200만 원을 받을 수 있는 복권 가운데 당신은 어느 것을 선택하겠는가? 당연히 100% 확률의 복권이다. 아마 80%의 확률로 200만 원을 준다 해도 대부분의 사람은 전자를 선택할 가능성이 크다. 기댓값으로 표현하면 100만 원×0.1 =10만 원 〈 200만 원×0.8 =16만 원이지만, 가치함수로 보면 v(100만 원×0.1) 〉 v(200만 원×0.8)일 수 있다는 것이다. 그런데 만약 당신이 중대한 범죄를 저질러 벌금을 내야 한다면, 100%의 확률로 100만 원의 벌금을 낼 것인가, 50%의 확률로 200만 원을 내겠는가? 당연히 50% 확률의 200만 원을 선택할 것이다. 그렇다면 100%의 확률로 100만 원의 벌금을 내는 것과 80%의 확률로 200만 원을 내는 것 가운데 선택하라면 과연 무엇을 선택할까? 조금 망설여질 것이다. 그러나 망설여지기는 벌금이든 복권이든 마찬가지다. 결국 사람들은 100% 확률의 벌금 100만 원보다 80% 확률의 벌금 200만 원을 더 많이 선택한다.

위에서 쓴 것처럼 사람들이 100% 확률의 100만 원짜리 복권을 80% 확률의 200만 원짜리 복권보다 더 선호하는 것은 v(100만 원×0.1) 〉 v(200만 원×0.8)로 표현된다. 그러나 이 식의 양쪽에 마이너스(-)를 붙여 부호를 반대로 만들면 부등호의 방향도 반대가 된다. 즉 v(-100만 원×0.1) 〈 v(-200만 원×0.8)이 된다. 이 식의 의미는 사람들이 확실하게 벌금을 내야 하는 경우보다는, 설령 액수가 더 크다 하더라도 낼 수도 있고 내지 않을 수도 있는 편이 더 낫다고 생각한다는 것이다. 이처럼 사람들은 이익에 대해서는 위험기피적이지만 손실에 대해서는 위험선호적으로 행동한다. 위험이라는 표현 때문에 직관적으로 이해하기 어려울 수도 있지만, 위험이라는 말을 가능성이라는 말로 바꾸어 보면 좀 더 쉽게 이해될 것이다. 이익에 대해서는 확률적인 대안들이 위험을 의미하지만, 위험에 대해서는 반대로 확률적인 대안들이 손실을 피할 가능성을 의미하기 때문이다. 따라서 얼핏 모순된 듯이 보이지만 보기에 따라서는 이러한 행동이야말로 더 일관되고 합리적일 수도 있는 것이다.

그런데 사람들이 이익에 대해서는 확실성을 선호하고, 즉 위험기피적인 반면에 손실에 대해서는 위험선호적이라는 말은 어느 정도 이상의 확률에만 적용된다. 앞에서 이야기한 확률가중함수를 다시 보자. 사람들은 낮은 확률에서는 확률을 과대평가하고 높은 확률에서는 확률을 과소평가한다는 것이 확률가중함수의 주요한 내용이다. 그래서 10%의 확률로 100만 원받을 수 있는 내기에는 응하지 않는 사람도 100만분의 1의 확률밖에 되지 않는 로또를 사는 것이다. 물론 모든 사람이 로또를 사지는 않는다. 그저 로또를 사는 사람도 있다는 말이다. 다시 말해 확률을 과대평가한다는 것이 꼭 위험선호적이라는 뜻은 아니며 선호적일 수 있다는 의미다. 그렇지 않다면 35% 이하의 확률에서는 모든 사람이 위험선호적이어야 하겠지만, 실제로 사람들이 로또를 사는 것처럼 위험선호적으로 행동하는 것은 그보다 훨씬 더 낮은 확률에서이다. 아무튼 이제 반대로 잃는 경우를 생각해 보자. 10%의 확률로 100만 원의 벌금을 낼 것인가, 100만분의 1의 확률로 1억 원의 벌금을 낼 것인가? 조금 망설여지지만 수학적으로 v(100만 원×

0.1) 〈 v(1억 원×0.000001)라면 당연히 v(-100만 원×0.1) 〉 v(-1억 원×0.000001)가 된다. 비록 확률이 낮기는 하지만 집을 팔아 벌금을 내고 온 가족이 길거리로 나앉을 위험을 감수하느니 차라리 100만 원만 내고 만다는 뜻이다. 이제 간단히 정리해 보면 서로 다른 확률적 상황에서 위험에 대한 사람들의 태도는 다음과 같이 네 가지로 나타난다.

〈표 6-1〉 위험에 대한 태도

	높은 확률	낮은 확률
이익	위험 기피	위험 선호
손실	위험 선호	위험 기피

부자가 더 행복하지 않은 이유

프로 야구에서 좋은 타자의 가장 기본적인 조건은 타율이 3할을 넘느냐는 것이다. 그런데 두산 베어스의 김현수 선수의 별명은 '4할도 못 치는 바보'다. 언제나 3할이 넘는 선수인데 4할을 못 친다고 바보라니? 한 해 홈런을 10개 이상 치면 강타자로 불린다. 하지만 이대호는 20개를 쳐도 요즘 타격이 부진하다는 이야기를 듣는다. 늘 100점을 맞던 학생이 90점을 맞으면 멘붕(멘탈 붕괴)이 오겠지만 늘 50점을 받던 학생은 80점만 받아도 우쭐거린다. 이 모든 앞뒤 안 맞는 일들이 일어나는 이유는 무엇일까? 위험성과 수익성이 서로 다른 금융자산들 사이에서 선택하는 문제를 포트폴리오라고 한다. 포트폴리오 이론의 아버지로 불리는 해리 마코위츠(Harry M. Markowitz)는 금융투자에서 수익성과 위험성의 상관관계를 통계적으로 분석한 공로로 1990년 노벨경제학상을 받았다. 행동경제학과는 무관한 이의 이야기를 꺼내는 것은, 그가 트버스키나 카너먼보다 먼저 가치함수의 주요한 특성에 대해 언급했기 때문이다.

기대효용이론에 따르면 10억 원의 자산을 가진 사람은 1억 원의 자산을 가진 사람보다 행복하다. 물론 한계효용은 체감하므로 반드시 10배만큼 더 행복하지는 않을지라도 말이다. 그런데 만약 10억 원을 가진 사람이 작년에는 20억 원을 가지고 있었으며, 반면에 1억 원을 가진 사람은 작년에 한 푼도 가지지 못했었다면 과연 누가 더 행복할까? 당연히 후자일 것이다. 이러한 현상에 대해 마코위츠는 "효용 또는 비효용(고통)을 주는 것은 부의 절대량이 아니라 변화"라는 말로 통찰하였다.[3] 아직 행동경제학이라는 말조차 없던 1952년의 일이다. 당연히 그때는 마코위츠의 이러한 언급에 관심을 두는 이도 거의 없었다. 어디선가 케인스도 비슷한 이야기를 하기는 했었다. 아무튼 한참 후에 카너먼과 트버스키는 프로스펙트 이론을 전개하면서 이러한 현상을 '준거점 의존성(reference dependency)'이라는 개념으로 정립하였다. 사람들이 손실과 이익을 평가할 때 그 기준은 반드시 원점, 즉 영(0)은 아니며, 준거점이 달라짐에 따라 사람들의 평가도 달라진다는 뜻이다.

어째서 1억 원을 가진 사람은 스스로 행복하다고 생각하는데 10억 원을 가진 사람은 스스로 불행하다고 생각할까? 1억 원을 가진 사람은 0원이 준거점(reference point)인 반면 10억 원을 가진 사람은 20억 원이 준거점이기 때문이다. 하우스 푸어라는 말이 나올 때마다 거론되는 서울의 은

---

3 도모노 노리오, 『행동경제학』, 108쪽.

마아파트 주민들이 스스로를 불행하다고 생각하는 것도 같은 이유이다. 그러나 준거점이 반드시 고정되어 있는 것은 아니다. 20억 원을 벌기 전에는 그 사람도 무일푼에서 출발하였다고 가정해 보자. 생각하기에 따라서는 20억 원이 아니라 0원이 준거점이 될 수도 있다. 은마아파트 주민들은 불과 2~3년 사이에 10억 원짜리 아파트 값이 7억 원으로 떨어졌다고 분개하지만, 10여 년 전에 그 아파트의 값은 3억 원이었다. 그렇다면 과연 10억 원이 준거점인가 3억 원이 준거점인가? 정답은 여러분의 마음속에 있다. 나는 1억 원짜리 전세 아파트에 살지만 행복하다. 우리 부부는 10만 원짜리 월세방에서 결혼 생활을 시작했기 때문이다. 물론 마누라도 나와 똑같이 행복하다고 생각하는지는 모르겠다.

준거점 의존성은 앞에서 이야기한 '닻 내림 효과', 즉 '기준점 휴리스틱'을 생각나게 한다. 이처럼 행동경제학의 여러 개념들은 서로 밀접하게 연결되는 경우가 많다. 그러나 비슷한 내용을 가지고 있기는 하지만 준거점 의존성과 기준점 휴리스틱 사이에는 중요한 차이가 있다. 준거점 의존성은 가치함수와 관련된 개념이지만 기준점 휴리스틱은 가치함수와 무관하다는 점이다. 가령 앞에서 이야기했던 기준점 휴리스틱의 예를 다시 생각해 보자. 낮은 숫자의 주민등록번호를 가진 사람들은 UN에서 아프리카 국가들의 비율이 낮을 것으로 짐작하는 경우가 많고, 반대로 높은 숫자의 주민등록번호를 가진 사람들은 높을 것으로 짐작하는 경우가 많다. 두 가지는 전혀 무관함에도 불구하고 무의식적으로 자신이 말한 주민등록번호 숫자를 중심으로 생각하는 것이다. 그러나 아프리카 국가들의 비율은 가치에 대한 평가와는 무관하다. 그러니 바꿔 말하면 아프리카 국가들의 비율이 높다고 나의 효용이 올라가거나, 반대로 낮다고 나의 효용이 내려가지는 않는다는 뜻이다. 프로스펙트 이론에서의 가치는 주류경제학의 효용에 대응하는 개념이다. 따라서 준거점 의존성은 준거점을 어디에 두느냐에 따라 내가 행복해지기도 하고 불행해지기도 한다.

준거점이라는 개념은 사회적 공정성(social fairness)이나 사회적 선호(social preference)와 관련해서도 매우 중요하게 사용된다. 가령 은행이나 마트에서 사람이 많아 오래 기다려야 하는 경우가 있어도 대부분의 사람들은 그 자체로는 그다지 불만을 가지지 않는다. 그러나 나보다 늦게 온 사람이 나보다 먼저 일을 볼 경우에는 대부분 불공정하다고 생각한다. 모든 차선이 똑같이 밀릴 때보다 내가 운전하는 차선이 옆 차선보다 더 많이 밀릴 때 더 많이 짜증스러운 이유도 마찬가지다. 그런데 어떤 경우에는 문제를 제기하는 방식에 따라서 준거점이 달라지기도 한다. 이것이 '프레임 효과(framing effect)'이다. 프레임이란 말 그대로 틀을 의미한다. 어떤 모양의 잔에 음료를 담느냐에 따라 음료의 모양이 결정되듯이 어떤 형태의 틀에 문제를 담느냐에 따라 선택도 달라진다는 뜻이다. 잔에 술이 반 정도 담겨 있을 때 어떤 사람은 "술이 반이나 남았네"라고 말하지만 또 어떤 사람은 "술이 반밖에 안 남았네"라고 말하는 것도 동일한 사건을 바라보는 프레임이 다르기 때문이다. 이제 여러분이 다음과 같은 상황에 부닥쳤다고 가정하고 두 가지 대안 가운데 하나를 선택해 보자.

당신은 정부의 질병 대책 담당자입니다. 지금 매우 위험한 전염병이 돌고 있어서 600명의 시민이 죽음의 위험에 빠져 있습니다. 당신은 한시라도 빨리 어떤 치료법을 선택할 것인지를 결정해야 합니다. 그러나 가능한 치료법들은 어느 것도 완전하지 않아서 위험성이 있습니다. 다음 두 가지 치료법 가운데 당신은 어느 것을 선택하겠습니까?

① 200명의 환자를 확실히 살릴 수 있는 치료법
② 600명이 모두 살 수 있는 확률이 1/3이고, 아무도 못 살릴 확률이 2/3인 치료법

위의 질문에서 대안 ②의 기댓값은 200명으로 대안 ①과 같다. 그러나 두 가지 대안 가운데 대부분의 사람은 ①을 선택한다. 200명을 확실히 살릴 수 있기 때문이다. 즉 확실성 효과이다. 아마 "이런 것쯤이야 이미 공부했지" 하면서 자신만만해할 독자들도 많을 것이다. 그렇다면 다음 질문에는 어떻게 대답할 것인가?

당신은 정부의 질병 대책 담당자입니다. 지금 매우 위험한 전염병이 돌고 있어서 600명의 시민이 죽음의 위험에 빠져 있습니다. 당신은 한시라도 빨리 어떤 치료법을 선택할 것인지를 결정해야 합니다. 그러나 가능한 치료법들은 어느 것도 완전하지 않아서 위험성이 있습니다. 다음 두 가지 치료법 가운데 당신은 어느 것을 선택하겠습니까?

① 400명의 환자가 확실히 죽게 되는 치료법
② 아무도 죽지 않을 확률이 1/3이고, 600명이 죽을 확률이 2/3인 치료법

조금만 생각해 보면 이 질문은 앞의 질문과 똑같다는 것을 알 수 있다. 그러나 대부분의 사람은 두 번째 질문에 대해서는 대안 ②를 선택한다. 내

강의를 듣는 학생들의 경우 첫 번째 질문에는 대안 ①을 선택한 학생이 72%였으며, 두 번째 질문에는 대안 ②를 선택한 학생이 73%였다. 너무 넘치지도 모자라지도 않은 적당한 비율이어서 내 마음이 뿌듯하다. 그래서 이놈들 모두에게 A학점을 주었다. 아무튼 똑같은 질문인데도 왜 다른 선택이 나타나는 것일까? 질문을 제기하는 방식이 다르기 때문이다. 첫 번째 질문은 200명을 확실히 살리는 치료법이라고 제시한 반면에 두 번째 질문에서는 400명을 확실히 죽이는 치료법이라고 제시하였기 때문에 사람들은 사실상 동일한 내용임에도 '살린다'는 긍정적인 대안을 선택한 것이다.

이처럼 어떤 방식으로 문제를 제기하느냐에 따라서 사람들의 선택은 달라진다. 잘 알려진 일이지만 네덜란드의 장기기증률은 세계에서 가장 높다. 그 이유는 우리나라 같은 경우에는 사고로 사망할 경우 장기를 기증할 것인가 말 것인가에 대해 본인이 기증하겠다는 의사를 미리 밝히지 않으면 기증할 의사가 없는 것으로 간주하지만, 네덜란드는 본인이 기증하지 않겠다는 의사를 밝히지 않은 경우에는 모두 기증할 의사가 있는 것으로 간주하기 때문이다. 매우 좋은 프레임이다. 그러나 인터넷에서 유료로 어떤 서비스를 제공하는 회사들을 보면, 한 번 가입한 이후에는 이용자가 스스로 서비스 중단을 요청하지 않는 경우 무조건 그다음 달에도 서비스 계속에 동의한 것으로 간주하고 결제해 버린다. 프레임을 악용하는 경우다.

이제 다른 예를 한 가지 더 들어 보자. 최근에 번역된 카너먼의 저작에도 재미있는 이야기가 여럿 있다. 그 가운데 하나를 소개해 본다.

이웃들은 스티브를 이렇게 말한다. "매우 수줍어하고 소심한 성격이에요. 착하고 성실하지만 주변이나 다른 일에 특별한 관심을 가지지는 않아요. 온순하고 착하며 예의 바르고 정리정돈을 잘하며 깔끔하지요. 세밀한 부분까지 열정적으로 점검하고 꼼꼼하답니다." 스티브는 도서관 사서나 농부 둘 중 어떤 사람이 될 가능성이 높을까? **4**

여러분의 생각은 어떤가? 많은 사람이 위의 질문에 도서관 사서라고 대답한다. 정리정돈을 잘하고 세밀한 부분까지 점검한다는 등의 특징은 아무래도 농부보다는 도서관 사서에 더 어울릴 것 같다. 그러나 미국의 농부 수는 도서관 사서보다 20배나 많다. 그러니 스티브가 농부가 될 가능성은 도서관 사서가 될 가능성보다 20배까지는 아닐지 모르지만 매우 높다고 판단하는 것이 합리적이다. 여기서 '기저율의 무시'라는 문제를 생각해 낸 독자가 있다면 나에게 연락 주시기 바란다. 다음에 새 책이 나오면 꼭 한 권 보내 드리겠다. 내가 묻고자 하는 것은 위의 질문에서 왜 많은 사람이 기저율을 무시하는 오류를 저질렀을까 하는 것이다. 문제를 제기하는 방식, 즉 프레임이 스티브를 도서관 사서에 어울리는 사람으로 판단하도록 유도했기 때문이다. 아래 이야기는 내가 강의 시간에 학생들에게 물었던 것이다.

OO대학교 경제학과에 다니는 성춘향은 성적이 우수할 뿐 아니라 성격도 쾌활하고 적극적이어서 주변 사람들에게 인기가 높습니다. 또 그녀는 평소에

---

4 대니얼 카너먼, 『생각에 관한 생각』, 12~13쪽.

여러 사회문제, 특히 환경문제에 관심이 많습니다. 학교를 졸업하면서 그녀는 다음 세 가지 가운데 한 가지를 진로로 결정하였습니다. 그녀가 선택한 진로는 무엇일까요?

① 편의점에서 아르바이트를 하면서 외국 유학을 준비한다.
② 경영 컨설팅 회사에서 일한다.
③ 환경단체에서 자원봉사자로 일하면서 경영 컨설팅 회사에서 일한다.5

내 강의를 듣는 학생들 가운데 81%가 선택한 대안은 ③이다. 그런데 '환경단체에서 자원봉사자로 일하면서 경영 컨설팅 회사에서 일한다'는 '경영 컨설팅 회사에서 일한다'의 부분집합이다. 확률적으로 말하면 ②의 확률은 반드시 ③의 확률보다 크다. ③을 선택한 사람들은 반드시 ②를 선택해야 합리적이라는 뜻이다. 그런데도 ②가 아닌 ③을 선택한 학생들은 비유하자면, 사람을 선택하지 않고 여자를 선택한 것과 같은 선택을 한 셈이다. 간단히 성춘향은 누구이냐는 질문에 보기가 ① 화성인, ② 사람, ③ 여자, 세 가지가 있다고 가정하자. 여자는 모두 사람이지만 사람이 모두 여자인 것은 아니다. 따라서 성춘향은 여자일 확률보다 사람일 확률이 더 높다. 그런데도 ② 사람이 아니라 ③ 여자를 선택한 것은 비합리적이라는 것이다. 그렇다면 왜 이런 실수를 무려 81%의 학생들이 저질렀을까? 질문에서 적극적인 성격, 환경문제에 관심 등의 표현을 사용함으로써 그러한 답변을 유도했기 때문이다. 달리 말하면 질문의 프레임을 미리 그렇게 줬기

---

5 물론 이 이야기도 여러 책에 나오는 것이다. 대개는 '린다 이야기'라는 제목으로 알려져 있다.

때문이다. 바로 이것이 프레임 효과이다. 프레임 효과는 다음에 이야기할 심적 회계나 부존효과 등과도 관련된 개념이니 그때 다시 이야기하기로 하자. 어쨌거나 이놈들에게 A학점을 준 것은 아무래도 잘못된 선택이었던 것 같다.

행동경제학을 만든 사람들

아모스 트버스키
Amos Nathan Tversky,
1937~1996

아모스 트버스키는 이스라엘에서 태어나 히브리대학에서 수학하였으며 미시간대학에서 학위를 받았다. 인지과학의 가장 중요한 선구자 가운데 한 사람이며, 다니엘 카너먼과 함께 오늘날 행동경제학이라고 불리는 분야를 개척한 사람이기도 하다. 2002년 노벨상 수상 연설에서 카너먼은 너무 일찍 세상을 떠나 그 자리에 서지 못한 트버스키에게 그 영예를 바쳤다.

제7장

내 마음
나도 모른다

이 주머니가 아니무니다

　중국인민대학에 와 있는 조 아무개 교수는 북경식물원을 구경하러 갔다. 북경식물원은 온실이 특히 유명하다. 그래서 조 아무개 교수는 무려 50원—우리나라 돈으로 만 원이 조금 못 된다—을 주고 온실 입장권을 샀다. 식물원 입장권은 불과 5원이다. 그런데 온실 입구에서 조 아무개 교수는 입장권을 잃어버렸다는 사실을 알게 된다. 다시 표를 끊어 100원이나 주고 식물원을 구경하기에는 아깝다고 생각한 조 아무개 교수는 그 주변을 어슬렁거리다가 그냥 돌아가 버렸다. 조 아무개 교수의 행동은 과연 합리적인가 아닌가? 경제학적으로 설명하시오.

　이 이야기는 당연히 실화다. 내가 언제 실화 아닌 이야기를 하던가? 단지 독자들이 그렇게 믿지 않을 뿐이지. 2007년 봄에 중국어 공부 좀 해 볼

까 하고 중국인민대학에 한 학기 있었는데, 솔직히 술만 늘었고 중국어는 전혀 늘지 않았다. 아무튼 위의 문제는 실제로 내가 학생들에게 냈던 시험문제 가운데 하나다. 내가 답을 이야기하기 전에 먼저 답이 무엇일지 생각들 해 보시길. 정답은…… 미안하지만 경제학에는 정답이 없다. 왜냐하면 모든 경제 이론은 '정황적 진리(contextual truth)'이기 때문이다. 다만 나의 출제 의도를 정답이라고 부른다면, 이 문제의 정답은 '매몰비용'이다.

경제학 교과서들을 보면 매몰비용은 잊어버리라는 말이 나온다. 1장에서 이야기했듯이 매몰비용이란 "이미 지불된 비용 가운데 회수할 수 없는 비용"을 의미한다. 식당에서 음식을 먹는데 배도 너무 부르고 맛도 없다면 어떻게 해야 할까? 당연히 그만 수저를 놓고 나가는 것이 현명하다. 그런데도 이미 지불한 비용이 아까워 꾸역꾸역 먹다가는 배탈만 날 뿐이다. 노름꾼들이 쉬 털고 일어서지 못하는 이유도 이미 잃은 돈이 아까워서이다. 하지만 밤새도록 노름판을 지켜봐야 더 많은 돈을 잃을 뿐이다. 이미 돈을 잃었다고 해서 앞으로는 돈을 딴다는 법은 없기 때문이다. 쉬운 예를 들어 보자. 지금까지 열 번 동전을 던져 모두 앞면이 나왔으니 이제는 뒷면이 나오리라고 믿는 것이 사람의 마음이지만, 지금까지 무엇이 나왔든 동전을 던져 앞면이 나올 확률과 뒷면이 나올 확률은 똑같이 반반이다. 더 쉬운 예를 들어 설명하면, 4대강 삽질에 이미 쏟아 부은 헛돈이 수십조 원에 달한다고 삽질을 계속해 봐야 헛돈만 더 들어갈 뿐이라는 이야기다. 문제는 "매몰비용에 대해 설명하시오"라는 시험문제를 내면 대부분의 학생들이 거의 완벽한 답안지를 낸다는 것이다. 개념 정의에서부터 실례까지 말이다. 그런데 조 아무개 교수 이야기를 하면 그 의도를 제대로 파악하는 학생이 거의 없다. 학생들이 경제 이론을 알기는 아는데 이해하지는 못하기 때문이다. 물론 정답에 가까운 대답을 한 학생들도 많다. 그러나 개중에는 비행기 값이 얼마인데 그냥 오느냐는 답부터 자기는 식물원을 좋아하지 않는다는 답까지 별의별 희한한 답이 다 있다. 모두 내가 잘못 가르친 탓이니 나를 돌로 쳐라. 그런데 내 강의를 듣는 학생들 가운데는 돌로 치라면 정말 칠 놈들이 많다.

그렇다면 조 아무개 교수의 행동은 합리적인가? 당연히 아니다. 이미 잃어버린 입장권은 매몰비용이기 때문이다. 50원을 내고 온실을 구경할 것인가 말 것인가? 이미 매몰된 50원은 잊어버리고, 과연 온실이 50원을 내고 구경할 만한 가치가 있느냐 없느냐만 따지는 것이 합리적인 판단이다. 그런데 조 아무개 교수가 앞서 50원을 주고 입장권을 샀다는 사실은 온실에 그만큼의 가치가 있다는 것을 의미한다. 따라서 조 아무개 교수는 잃어버린 입장권은 잊어버리고 다시 50원을 지급하고 온실을 구경했어야 옳다. 그런데 왜 그냥 돌아갔느냐고? 이 사람아, 법학자라고 늘 법을 지키면서 사는가? 경제학자라고 늘 경제학적으로 행동하지만은 않는다.

그런데 여기서도 사람들의 행동은 상황에 따라 달라진다. 잃어버린 것이 입장권인가 현금인가에 따라 행동이 달라진다. 입장권을 잃어버린 사람들은 대다수가 입장권을 다시 사지는 않는다. 잃어버린 입장권 가격 50원을 매몰비용으로 생각하는 것이 아니라, 입장권에 50원$\times 2 = 100$원의 비용을 지불하는 것으로 생각하기 때문이다. 50원을 주고는 볼 만하지만 100원은 너무 비싸지 않은가? 그런데 식물원 앞에서 주머니 속에 들어 있던 50원을 잃어버렸다는 사실을 발견한다면? 물론 다른 주머니에 또 50원이 있다고 가정한다. 대다수의 사람들은 그것을 입장권과는 별개의 문제로 생각하고 다른 주머니에서 50원을 꺼내 입장권을 산다. 얼핏 당연한 선택인 것

같지만, 두 경우 모두 식물원에 들어가기 위해 100원을 지불하기는 마찬가지다. 그런데도 왜 사람들은 다른 선택을 할까? 리처드 세일러는 사람들의 이러한 모순된 행동을 '심적 회계(mental account)'라는 말로 설명한다. 멘탈, 즉 사람들의 마음속에는 주머니가 두 개 있어서 상황에 따라 달리 계산한다는 뜻이다. 마누라 몰래 딴 주머니 차 본 적 있는 분들은 모두 금방 이해했을 것이다. 앞에서 내가 「개그콘서트」 가운데 〈네 가지〉를 가장 좋아한다고 이야기했었는데, 요즘은 바뀌었다. 요즘 내가 가장 좋아하는 것은 〈멘붕 스쿨〉, 그 가운데서도 '갸루상'이다. 설마 멘붕이 '멘탈 붕괴'를 줄인 말인 줄은 다 아실 테지? 요컨대 심적 회계란 즉 멘탈 붕괴, 아니 멘탈 어카운트란 말씀이다.

　군이 타짜까지는 아니더라도 가까운 이들과 가끔 고도리를 즐기는 친구들이 많다. 그런데 이런 친구들 가운데 절대로 돈을 잃지 않는 이들이 있다. 알고 보니 이들의 공통된 특징은 주머니가 두 개라는 것이다. 이런 친구들은 처음에 아주 적은 돈을 따더라도 그것을 원래의 밑천 주머니와는 다른 주머니에 넣는다. 그다음에 또 돈을 따면 역시 그 주머니에 넣는다. 잃은 돈의 계산은 다른 주머니에서 한다. 그렇게 밤새도록 놀다가 새벽이 되면 이 친구들 하는 말이 "아, 오늘 얼마 잃었네"라는 게 아닌가. 그런데 정작 그 친구들이 잃은 돈은 새 주머니의 것이다. 원래 밑천은 항상 다른 쪽 주머니에 있다. 노름만이 아니라 가령 친구들과 소주 한 잔 마실 경우, 술값 계산할 때 꺼내는 주머니와 택시비를 지불할 때 꺼내는 주머니가 다른 친구들이 많다. 바로 그것이 멘탈 어카운트, 즉 심적 회계이다.

What I do defines me!

배트맨 시리즈의 신작인 「다크 나이트 라이즈(The Dark Knight Rises)」가 개봉되었다. 누적 관객 수가 수백만 명이라는데 나도 그 가운데 한 사람이다. 그런데 이번 영화는 앞서 나왔던 배트맨 시리즈와는 뭔가 다르다. 배트맨 시리즈라면 작고한 명배우 히스 레저가 연기한 조커처럼 인간의 실존에 대해 고민하는 악당이 나와야 하지 않는가? 그런데 실존적 고뇌는 없고 근육만 있는 악당은 좀 어울리지 않는다. 이런 악당이라면 차라리 브루스 윌리스나 아널드 슈워제네거의 영화에나 어울릴 법하지 않은가 말이다. 그러고 보니 슈워제네거 주연의 「토털 리콜(Total Recall)」도 리메이크되었다고 한다. 지금 다시 보면 어쩔는지 모르겠지만 전작 「토털 리콜」이 나왔을 때 그 컴퓨터 그래픽은 정말 충격적이었다. 믿거나 말거나, 그 근육에 어울리거나 말거나, 한때 보디빌딩 세계 챔피언이었고 캘리포니아 주지사를 지낸 슈워제네거는 케네디 가문의 사위이며, 명문대학의 경영학과 출신이다.

이야기가 조금 옆길로 흘렀다만, 이번 영화를 보면 좀 이해가 안 되는 것은 악당만이 아니라 주인공인 배트맨도 마찬가지다. 배트맨이 슈퍼맨과 다른 점은 무엇일까? 백만장자라는 것? 지구인이라는 것? 아니다. 슈퍼맨은 무조건 정의의 사도지만 배트맨은 그렇지 않다는 점이 둘 사이의 가장 중요한 차이점이다. 특히 팀 버튼 감독이 연출한 이전 시리즈를 보다 보면 배트맨이 악당들보다 더 나쁜 놈이 아닐까 싶을 때가 많다. 배트맨 또한 자신의 실존 때문에 고뇌하는 인간이기 때문이다. 당연히 슈퍼맨에게는 그런 고뇌가 없다. 그저 짝사랑하는 여자가 자기를 몰라 주는 안타까움만 있을 뿐이다. 그렇게 안타까우면 팬티 바람으로 한번 나타나 주면 될 텐데 말이다. 그런데 이번 영화에서는 배트맨이 어딘지 슈퍼맨을 닮아가는 것처럼 보인다. 그래서 문득 크리스토퍼 놀란 감독이 연출한 시리즈의 첫 번째 작품인 「배트맨 비긴즈(Batman Begins)」의 한 대사가 생각난다. "내가 나를 뭐라고 말하느냐가 아니라, 내가 행동하는 그것이 바로 나다(It's not who I am underneath, but what I do, that defines me)." 주인공이 자기가 사랑하는 첫사랑 연인에게 자기를 변명하는 말이다. 그런데 뜻밖에도 이 한 구절은 경제학자들의 마음에 쏙 들어온다. 경제학자들이 생각하는 인간이 바로 그러하다. 내가 뭐라고 말하든 간에 내가 실제로 어떻게 행동하는가가 바로 나 자신이다. 호모 에코노미쿠스가 바로 그렇다는 이야기다.

그렇다. 내가 무엇이라고 말하느냐가 아니라 내가 어떤 행동을 하느냐가 바로 나 자신이다. 우리 아들은 착한데 친구를 잘못 만나서 나쁜 짓을 하고 돌아다닌다고? 미안하다, 당신 아들이 바로 그 나쁜 친구다. 우리 아들은 머리는 좋은데 공부를 안 한다고? 더 미안하다, 당신 아들은 머리가 나쁘다. 우리 남편은 나를 너무 사랑하는데 술만 먹으면 때린다고? 정말 미안하다, 당신 남편은 알코올중독자다. 영화 이야기가 나온 김에 청춘의 사랑을 다룬 영화 가운데 영원한 고전인 「러브 스토리」의 한 장면을 보자. 이 영화를 모르는 분들도 남녀 주인공이 눈밭에서 뒹구는 장면은 기억나실 듯하다. 겨울만 되면 오만 TV 프로그램에서 우려먹으니 말이다. 아무튼 이 영화에서 가장 유명한 대사는 바로 이렇다. "사랑은 미안하다고 말하는 것이 아니다(Love means never having to say you're sorry)." 부부싸움 끝에 집을 나갔다가 늦게 돌아온 남자 주인공이 미안하다고 말하자 여자 주인공이 하는 대사다. 그런데 더러는 영화 전문가라거나 영어 교재 전문가라는 이들까지 포함해서 많은 사람이 이 대사의 의미를 거꾸로 이해한다. 이 말은 사랑하기 때문에 미안하다고 말하지 않아도 된다거나 나는 너를 다 이해하고 용서한다는 그런 의미가 아니라, 사랑한다면 미안하다고 말할 행동은 하면 안 된다는 뜻이다. 진정으로 나를 사랑한다면 내가 원하는 대로 행동해야지, 화낼 만큼 화내고 소리 지르며 나갔다가는 슬그머니 들어와서 미안하다고 말하는, 무슨 그런 놈의 싸가지가 있느냐는 말이다. 자기가 무슨 소지섭인 줄 알고 "미안하다, 사랑한다"는 말을 입에 달고 다니는 님들, 흠칫하신가?

심적 회계는 사람들의 선호가 그다지 일관되지도 않고, 그러한 사실을 우리 자신이 제대로 이해하고 있지도 못하다는 한 예다. 처음에는 이른바 '호모 에코노미쿠스'로부터 시작했는데, 복권이니 노름이니 하는 이야기가 지나치게 길어졌다. 굳이 변명하자면 그런 이야기를 독자들이 좀 좋아하시기 때문이다. 물론 그렇다고 독자들이 이번 주 로또에 1등은커녕 3등이라도 당첨될 가능성은 전혀 없다. 아무튼 오랜만에 처음 했던 이야기로 돌아가 보자. 호모 에코노미쿠스를 규정하는 세 가지 가장 주요한 특징이 바로 이기심—애덤 스미스식으로 표현하자면 자애심—합리성, 그리고 자기이해이다. 여기서 자기이해(self-understanding)란 말 그대로 자기를 안다는 뜻이다. 내가 무엇을 원하는지, 나의 어떤 선택과 행동이 나를 얼마만큼 행복하게 하는지를 안다는 것이다. 그런데 스미스를 비롯한 경제학의 아버지들은 이 자기이해에 대해 그다지 많은 이야기를 하지는 않는다. 어쩌면 그들에게는 그것이 너무 자명한 일이어서 굳이 이야기할 필요가 없다고 생각했을지도 모르겠다.

자기이해가 경제학의 주요한 내용으로 등장하는 것은 스미스로부터 100년쯤 지나서이다. 경제학은 크게 미시경제학과 거시경제학으로 구분한다. 미시경제학은 개별 경제주체들, 즉 소비자나 기업의 행동을 분석하는 것이고 거시경제학은 국민소득이나 물가 같은 국민경제의 흐름을 분석하는 것이다. 그런데 애덤 스미스의 시대에는 경제학에 아직 그런 구분이 없었다. 그래서 『국부론』을 읽어 보면 여러 민족과 문명들의 수천 년에 걸친 역사를 이야기하다가 갑자기 시장에서 개인들의 순간적인 선택의 문제를 이야기하기도 한다. 스미스에게는 그 두 가지가 모두 동일한 하나의 원리로 설명되었던 것이다. 미시경제학의 발전은 19세기 후반에 이른바 한계효용학파라는 일군의 경제학자들이 등장하면서부터이다. 이른바 '한계혁명'이라고 불리는 사건이다. 여기에는 멩거(Carl Menger)니 제번스(William stanley Jevons)니 발라(Léon Walras)니 하는 이름들이 나오는데, 경제학을 전공하지 않는 분들은 굳이 애를 쓰고 기억하려 하지 않아도 좋은 이름들이다. 다만 한마디 덧붙이자면 요즘 우리가 경제학이라고 부르는 학문은 실은 바로 이 사람들이 만들었다. 굉장히 중요한 인물이 한 사람 더 있다. 앨프레드 마셜(Alfred Marshall)이다. 이런 식의 도식화가 별로 좋은 방법은 아니지만 역시 비전공자들을 위하여 조금 쉽게 설명하자면, 경제학의 한 분야인 거시경제학의 발전에 가장 결정적인 공헌을 한 사람은 바로 마셜의 제자인 케인스이다. 드디어 알 만한 이름 하나 나왔구나 하고 기뻐하실 독자들의 모습이 눈에 훤하다. 혹시 케인스가 누군지도 기억이 안 나서 더 큰 좌절감을 느끼는 독자도 있으려나? 한계혁명에 빗대어 케인스주의 경제학의 출현을 경제학자들은 '케인스 혁명'이라고 부른다.

미시경제학과 거시경제학의 구분은 없었지만 『국부론』이라는 책 이름에서 짐작되듯이 스미스 시대 경제학자들의 관심은 아무래도 국민경제의 발전이라는 주제에 조금 더 가까이 있었다. 이에 반해 한계효용학파는 그 이름처럼 개별 소비자들의 효용을 극대화하는 문제에 거의 모든 관심을 두었다. 앞에서 기대효용이론을 잠시 소개했지만, 바로 그 효용의 문제가 비로소 경제학의 가장 중요한 주제로 등장하게 된 것이다. 당연히 효용이론은 소비자들이 자신의 효용함수에 대해 완전히 또는 충분히 이해한다는 전제 위에서 전개된다. 효용함수라는 수학적 용어가 부담스럽다면 그저 무엇이 나에게 얼마나 만족과 행복을 주는지 나 자신이 잘 알고 있다는 의미로 이해하면 된다. 바로 이것이 자기이해이다. 문제는 정말 우리는 나 자신에 대해 그만큼 잘 알고 있는가? 과연 우리는 나 자신을 얼마나 이해하고 있는가 하는 것이다. "네가 나를 모르는데 난들 너를 알겠느냐" 하는 유행가 가사도 있지만, 실은 남을 알기보다 나를 알기가 더 어려운 법이다. 젊은 이들은 모른다. 젊을 때는 세상이 너무나 단순하게 보이기 마련이다. 그 가운데서도 가장 단순한 것이 바로 나다. 그래서 젊은이들은 누구나 자기를 잘 안다고 생각한다. 다만 부모가, 주변 사람들이, 세상이 나를 몰라줄 뿐이다. 그러나 한 50년 인생을 살아 보면 알게 된다. 바로 내가 나를 모른다는 사실을 말이다.

내 마음은 하나요

그런데 내가 나를 모른다는 말은 도대체 내가 무엇을 모른다는 말인가? 근본적인 이야기를 해 보자. 바로 내가 무엇을 원하는지 나 자신도 모른다는 이야기다. 모든 직장인의 공통된 고민은 무엇일까? 연봉? 승진? 어떻게 아무도 모르게 상사를 살해하느냐? 아니다. 모든 직장인의 공통된 고민은 오늘 점심으로 무엇을 먹을까 하는 것이다. 김치찌개를 먹을까 순두부찌개를 먹을까 하는 고민을 경제학은 '소비자선호이론'이라고 부른다. 편의상 가격은 모두 같다고 가정하자. 김치찌개가 나에게 주는 효용이 30이고 순두부찌개가 주는 효용이 25라면 김치찌개를 선택하면 된다. 이제 조금 더 심각한 고민을 생각해 보자. 1000만 원짜리 적금을 탔다. 이 돈으로 자동차를 바꿀 것인가 전셋집 평수를 늘릴 것인가? 새 자동차가 주는 효용이 1000인데 새 전셋집이 주는 효용은 500이라면 자동차를 바꾸면 된다. 이것을 기수적 효용이론이라고 부른다. 1, 2, 3 하듯이 효용을 기수적으로 측정할 수 있다고 가정한 것이다. 물론 우리의 선택이 그렇게 단순하지만은 않다. 조금 더 나가 보기로 하자. '한계효용 체감의 법칙'에 대해서는 이미 간단히 설명한 바 있다. 물론 기억은 잘 안 나실 거다.

한계효용이란 마지막 한 단위를 소비할 때의 효용이라는 뜻이다. 왜 한계효용이 중요한가? 우리가 상품을 구매하면서 지급하고자 하는 금액은 총효용이 아니라 한계효용에 따라 결정되기 때문이다. 사흘쯤 굶은 사람에게 빵 한 개의 효용은 얼마나 될까? 아마 10만 원도 훨씬 넘을 테지만 그냥 10만 원어치라고 하자. 경제학적으로 표현하면 이 사람에게 빵의 한계효용은 10만 원이다. 그렇다면 이 사람은 빵 한 개에 얼마까지 지불할까? 당연히 10만 원까지이다. 그렇다면 이 사람에게 두 번째 빵의 한계효용은 얼마일까? 여전히 배가 고프니 5만 원쯤으로 하자. 다시 말해 이 사람에게 두 번째 빵의 한계효용은 이제 10만 원이 아니라 5만 원이라는 뜻이다. 바로 한계효용 체감의 법칙이 적용된다. 그렇다면 과연 이 사람은 두 번째 빵에도 10만 원을 지불할까? 당연히 그럴 리 없다. 아까 먹은 빵의 한계효용은 10만 원이니 10만 원이라도 지불할 마음이 있었지만, 두 번째 빵이 내게 주는 한계효용은 5만 원밖에 안 되니 그 이상 지불할 마음은 없다. 이처럼 총효용이 아니라 한계효용이 나의 소비를 결정한다. 소비뿐만 아니라 대부분의 중요한 경제적 의사결정은 한계적으로 이루어진다. 그래서 한계혁명이라고 부른다.

〈표 7-1〉 한계효용 균등의 법칙

상품의 개수	구두의 한계효용	빵의 한계효용
1	15	10
2	13	9
3	11	8
4	9	7
5	7	6
6	5	5
7	3	4
8	1	3

이제 빵과 구두, 두 개의 상품이 있다고 가정하자. 두 상품의 한계효용은 〈표 7-1〉과 같다. 편의상 빵과 구두의 가격은 같다고 가정한다. 물론 가격이 달라도 별문제는 되지 않는다. 가격이 동일하면 단순히 구두의 한계효용과 빵의 한계효용을 비교하면 되고, 가격이 다르면 두 상품의 한계효용을 가격으로 나누어서, 즉 '구두의 한계효용/구두의 가격'과 '빵의 한계효용/빵의 가격'을 비교하면 되기 때문이다. 〈표 7-1〉을 보면서 이야기하자. 당신이 빵 몇 개와 구두 몇 개를 소비하는 것이 가장 합리적인가? 물론 답은 당신이 얼마의 예산을 가지고 있느냐에 따라 달라진다. 예산이 간당

간당한 사람이라면 구두 4개 — 구두를 세는 단위는 '켤레'지만 복잡하니 '개'로 통일하자 — 와 빵 2개가 합리적 선택이다. 그보다는 조금 여유가 있다면 구두 5개와 빵 4개가 합리적 선택이다. 예산이 아주 많이 풍부하다면 구두 7개와 빵 8개가 합리적 선택이다. 이제 다들 정답을 짐작하셨을 터이다. 정답은 두 상품의 한계효용이 균등해지도록 선택하는 것이다. 이를 '한계효용 균등의 법칙'이라고 부른다. 만약 당신이 구두 4개와 빵 5개를 선택했다고 하자. 이때 구두의 한계효용은 9이고 빵의 한계효용은 6이다. 그렇다면 당연히 한계효용이 더 큰 구두의 소비는 늘리고 한계효용이 작은 빵의 소비는 줄이는 것이 현명하다. 그래서 구두는 5개를, 빵은 4개를 소비하면 두 상품의 한계효용은 7로 균등해진다. 왜 이 선택이 더 합리적인가? 구두 4개와 빵 5개를 선택했을 때의 총효용은 48 + 40 = 88이지만 구두 5개와 빵 4개를 선택했을 때의 총효용은 55 + 34 = 89로 더 커지기 때문이다.

모든 소비자선호이론의 출발점은 바로 이 한계효용이론이다. 그런데 이러한 기수적 효용이론의 한계는 과연 어느 누가 자기 효용을 그렇게 30이니 500이니 하고 측정할 수 있는가 하는 것이다. "이 빵이 당신에게 주는 한계효용은 얼마입니까" 하고 묻는다면 과연 얼마라고 대답할 수 있는 사람이 있는가 말이다. 그렇다면 한계효용이론은 가정에서부터 비현실적인 이야기가 되고 만다. 그래서 나온 이론이 서수적 효용이론이다. 효용을 1, 2, 3으로 측정할 수는 없지만 첫째, 둘째, 셋째 하고 순서를 매길 수는 있다는 것이다. 그러나 서수적 효용이론 역시 기수적 효용이론의 문제점을 근본적으로 해결했다고 말하기는 어렵다. 그래서 더 새롭게 나온 이론이 현시선호이론이다. 현시(reveal)란 드러낸다는 뜻이다. 기수적으로든 서수적으로든 소비자들이 자신의 효용을 일일이 측정하거나 비교할 수는 없지만, 적어도 두 상품 또는 두 상품 묶음 A와 B 가운데 무엇을 더 선호하는지는 드러난다는 이론이다. 내가 한 행동이 나를 정의하듯이 내가 현시한 선호가 곧 나의 선호인 것이다.

기수적이든 서수적이든 주류경제학의 소비자선호이론들은 공통으로 소비자들의 선호에 몇 가지 특징들이 있다고 가정한다. 기대효용이론을 소개하면서 간단히 언급했던 내용이지만 다시 한 번 정리해 보자. 첫째는 완비성(completeness)이다. 어떤 경우에도 A와 B 가운데 어느 것을 더 선호한다거나 또는 둘을 똑같이 선호한다고 판단할 수 있다. 당연한 이야기지만 둘을 똑같이 선호한다는 것과 선호한다고 판단하지 못한다는 것은 전혀 다르다. 둘째는 이행성(transitivity)이다. A보다 B를 더 선호하고 B보다 C를 더 선호한다면 반드시 A보다 C를 더 선호한다는 뜻이다. 셋째는 연속성(continuity)이다. 소비자의 선호는 연속적으로 변화할 뿐 갑자기 변화하지는 않는다는 뜻이다. 두 상품 묶음의 양에 아주 작은 차이밖에 없다면 소비자의 선호에도 아주 작은 차이만 나타난다. 기대효용이론은 여기에 확률적인 몇 가지 가정들, 가령 독립성(independence) 같은 가정들을 더한 것이다. 현시선호이론은 기존 선호이론들의 가정이 지나치게 엄격하여 현실적이지 못하다고 비판하면서 더욱 완화된 가정을 채택한다. 즉 A가 B보다 더 선호된다면 B가 A보다 더 선호될 수는 없다. 이처럼 그 가정이 조금 더 엄격한가, 조금 덜 엄격한가의 차이는 있지만, 소비자들의 선호에 일관성이 있다고 가정한다는 점에서 보면 모든 선호이론은 동일한 기초에서 출발한다고 말할 수 있다. 경제학자들은 당연히 소비자들의 선호와 행동에 일관성이 없다면 어떻게 과학적 분석의 대상이 될 수 있는가라고 반문한다. 그래서 행동경제학을 처음 창안한 이들은 경제학자가 아니라 심리학자들이었다. 심리학은 사람의 행동이 결코 일관되지 않다는 것을 진작부터 알고 있었기 때문이다.

차이가 있다? 없다?

경제학의 설명 방식이 익숙하지 않은 분들을 위하여 로빈슨 크루소 이야기를 잠시 하자. 로빈슨 크루소의 모험 이야기가 아니라 '로빈슨 크루소의 학문' 이야기다. 흔히 경제학이라는 학문의 유용성을 비판적으로 생각하는 이들이 경제학을 풍자하는 말이 바로 '로빈슨 크루소의 학문'이다. 무인도에서 혼자 생활한 로빈슨 크루소처럼 경제학이 말하는 호모 에코노미쿠스도 다른 사람들 속에서 살아가는 것이 아니라 혼자 산다는 뜻이다. 실제로 경제학은 모든 사람이 똑같이 합리적이라면 당연히 모든 사람의 의사결정은 똑같이 이루어질 것이라고 가정한다. 여기서 의사결정이 똑같다는 말은 모든 사람이 똑같이 김치찌개보다 순두부찌개를 더 선호한다는 뜻이 아니라, 무엇을 더 좋아하느냐는 기호는 서로 다를지라도 어떻게 선택하느냐는 그 의사결정의 과정은 똑같다는 뜻이다. 두 가지 상품 가운데 어떻게 선택하는가? 한계효용이 더 큰 쪽을 선택한다. 어떻게 두 상품의 묶음을 선택하는가? 한계효용이 균등해지도록 선택한다. 그래서 경제학은 오직 한 사람, 즉 로빈슨 크루소의 의사결정 과정만 설명하면 모든 사람의 행동을 똑같이 설명할 수 있다는 것이다.

그런데 한 사람만으로는 설명할 수 없는 일이 있다. 바로 교환이다. 그래서 경제학은 "여기 한 사람이 있다"에서 시작해 "여기 한 사람이 더 있다"로 나아간다. 그다음에는? "모든 사람이 있다"로 끝난다. 모든 사람의 의사결정 과정은 같기 때문에 두 사람이 있으나 60억 명이 있으나 똑같다는 뜻이다. 상품에 대해서도 마찬가지다. 여기 한 상품이 있다. 그다음에는 여기 또 하나의 상품이 있다. 그다음에는 모든 상품이 있다. 자본이나 노동과 같은 생산요소를 설명할 때도 마찬가지다. 여기 하나의 자원이 있다. 여기 또 하나의 자원이 있다. 모든 자원이 있다. 이건 로빈슨 크루소라기보다 영화 「매트릭스(Matrix)」에 나오는 스미스 요원에 더 가까운 것 같기도 하다. 아무튼 경제학의 이러한 설명 방식이 그다지 마음에 안 들 수도 있지만, 아무튼 그것이 매우 효율적인 설명 방식임은 틀림없다. 현실에는 무수히 많은 상품이 있는데 왜 경제학은 주야장천 빵과 구두 이야기만 하는지 궁금한 분들을 위해 드리는 말씀이다.

앞의 〈표 7-1〉에서 구두 4개와 빵 4개의 효용을 구두 5개와 빵 3개의 효용과 비교했더니 두 상품 묶음의 효용은 각각 48+34=82와 55+27=82로 같다. 물론 같은 크기의 효용을 주는 상품 묶음은 얼마든지 더 많을 수 있다. 이런 식으로 동일한 효용을 주는 상품 묶음들을 연결하여 그래프 위에 그린 것이 바로 무차별곡선(indifference curve)이다. 현실에서는 그렇지 않겠지만 앞에서 본 연속성의 정의에 따라 상품들을 0.1개, 0.01개 등으로 필요한 만큼 미세하게 분할할 수 있다고 가정하면 무차별곡선은 매우 매끄러운 곡선으로 나타난다. 그럼 〈그림 7-1〉을 살펴보자.

무차별곡선에는 다음과 같은 주요한 특징이 있다. ① 무차별곡선은 원점에서 멀수록 효용이 크다. ② 무차별곡선은 우하향한다. ③ 무차별곡선은 원점을 향해 볼록하다. ④ 무차별곡선은 서로 교차하지 않는다. 갑자기 독자들이 책장 덮는 소리가 들린다. 하지만 지레 짐작하지는 마시라. 그렇게 복잡한 이야기가 아니니 말이다. ①은 매우 당연한 이야기다. 원점에서 멀

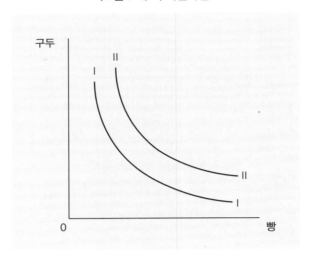

다는 것은 더 많은 재화를 소비한다는 뜻이다. 구두 1개와 빵 1개를 소비하는 것보다 구두 2개와 빵 2개를 소비하면 당연히 효용이 더 커지지 않느냐는 이야기다. ②는 동일한 효용을 유지하기 위해 빵의 소비를 줄인다면 구두의 소비를 늘려야 한다는 이야기다. 이것도 참 당연한 이야기다. ③을 설명하기 위해서는 '한계대체율 체감의 법칙'이라는 좀 어려운 이야기를 해야 한다. 그러니 그냥 넘어가기로 하자. 그 대신 ④는 다시 한 번 읽어 주시기 바란다.

무차별곡선이 서로 교차하지 않는다는 것은 무슨 뜻일까? 〈그림 7-2〉에서 A와 D는 같은 무차별곡선 위에 있다. 즉 두 상품 묶음의 효용은 같다는 뜻이다. B와 C도 마찬가지다. 그런데 A는 C보다 효용이 더 작고, 반대로 D는 B보다 효용이 더 크다. 'A의 한계효용=D의 한계효용' 〈 'B의 한계효용=C의 한계효용'이면 당연히 'A의 한계효용 〉 C의 한계효용'이어야 하는데,

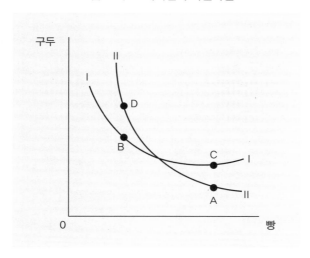

〈그림 7-2〉 교차하는 무차별곡선

'A의 한계효용 〈 C의 한계효용'이라는 모순된 현상이 나타나는 것이다. 과연 이런 현상이 실제로 있을 수 있을까? 물론 우리는 모두 자기 자신이 그다지 일관된 사람이 못 된다는 사실을 잘 알고 있으며, 실제로 일상생활 속에서 저런 모순된 선택을 수도 없이 저지르고 있다는 것 또한 너무나 잘 안다. 그러나 안다는 것과 왜 사람들이 그런 모순된 행동을 하는지 설명하는 것은 다른 문제다. 이런 모순된 선호는 앞에서 이야기했던 프로스펙트 이론의 손실 회피성과 준거점 의존성으로 설명할 수 있다. 이제 〈그림 7-3〉을 보자.[1] 이번 장은 그림이 좀 많다. 그래도 수식이 많은 것보다야 훨씬 낫지 않은가?

〈그림 7-3〉에서 A와 B는 동일한 효용을 주는 상품 묶음들이다. 따라서

---

1 〈그림 7-3〉과 이어지는 설명은 도모노 노리오의 『행동경제학』(134쪽)에 있는 내용을 독자들이 좀 더 이해하기 쉽도록 고친 것이다.

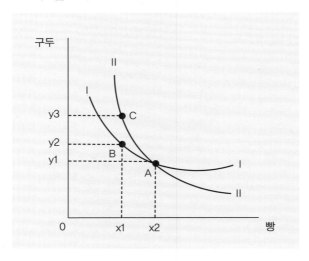

〈그림 7-3〉 프로스펙트 이론으로 본 무차별곡선

주류경제학의 소비자선호이론에 따르면 B에서 A로 이동하건 반대로 A에서 B로 이동하건 효용은 동일하다. 그러나 준거점 의존성이라는 관점에서 보면 두 가지는 서로 다르다. 가령 내가 지금 B의 상품 묶음을 가지고 있다면 나의 준거점은 $(x1, y2)$가 된다. 여기서 A로의 이동은 $y2 \to y1$로의 감소와 $x1 \to x2$로의 증가라는 두 가지 변화를 동시에 가져온다. 이 두 가지 증가와 손실의 크기는 동일하다고 가정하자. 즉 B에서 A로의 이동은 효용의 크기를 변화시키지 않는다는 뜻이다. 그러나 반대로 A에서 B로 이동하게 되면 준거점이 달라진다. 이제는 $(x2, y1)$이 준거점이 된다. A에서 B로의 이동은 $x2 \to x1$으로의 감소와 $y1 \to y2$로의 증가라는 변화를 가져온다. 그런데 준거점이 B일 때와 비교해서 준거점이 A일 때는 x2의 가치가 달라진다. 다시 말해서 $x1 \to x2$로 증가할 때의 증가분의 크기와 x2에서 x1로 감소할 때 감소분의 크기는 주류경제학에서는 언제나 동일하다고 가정하지만, 프로스펙트 이론에서는 당연히 증가(이익)에 대한 평가보다 감소(손실)에 대한 평가가 훨씬 크다. 따라서 B에서 A로 이동할 때 y2에서 y1으로의 감소분에 대한 보상이 x1에서 x2로의 증가분이었다면, 반대로 A에서 B로 이동할 때 x2에서 x1으로의 감소분에 대한 보상은 y1에서 y2로의 증가분보다 더 많아야 한다. y1에서 y2로가 아니라 y3로의 증가분이 필요하다는 뜻이다. 따라서 A와 B가 아니라 A와 C가 동일한 무차별곡선 위에 놓이게 된다. 두 개의 무차별곡선이 서로 교차하게 된 것이다. 주류경제학에서 보면 있을 수 없는 모순이지만 행동경제학으로 보면 지극히 당연한 인간적인 선택이다.

이번 장에서 할 이야기는 이것으로 끝이다. 그런데 이건 우리끼리 하는 이야기지만 도대체 경제학의 매력은 무엇일까? 대단히 폼(!) 난다는 것이다. 솔직히 무차별곡선을 그리면서 왜 사람들의 선호가 비일관적인가를 설명하노라면, 내가 경제학 박사 학위를 딴 것이 대단히 잘한 일이라는 자부심이 불끈 솟는다. 경제학 박사가 아니면 누가 이런 설명을 할 수 있단 말인가? 조금 더 심하게 표현하면 경제학 박사라고 아무나 이런 설명을 할 수 있는 것이 아니다. 그런데 문득 이런 의문도 든다. 경제학 박사들 — 물론 나 말고 — 이 아니면 왜 내가 굳이 이런 설명을 이렇게 어렵게 늘어놓아야 할까? 마치 치명적인 컴퓨터 바이러스를 확산시켜 놓고 그 백신을 팔아먹고 사는 나쁜 놈처럼, 나도 내가 만들어 놓은 문제를 내가 해결했다고 뻔뻔스럽게 나대는 것은 아닌가? 아~ 모르겠다.

행동경제학을 만든 사람들

리처드 H. 세일러
Richard H. Thaler, 1945 ~

심적 회계나 부존효과 등의 이론을 처음 정리한 사람은 시카고대학의 행동과학 및 경제학 석좌교수인 리처드 세일러이다. 세일러는 대니얼 카너먼과도 여러 번 공동 작업을 한 행동경제학의 선구자 가운데 한 사람이다. 재미있는 일은 그의 이름 'Thaler'가 바로 고대 주화의 명칭이라는 것이다. 우리가 아는 '달러(dollar)'도 여기서 유래했다.

제8장

내 마음의
보석 상자

불편한 진실

　　　　부존효과는 주어진 조건, 즉 내가 머그잔을 가지고 있느냐 2달러를 가지고 있느냐에 따라서 선호가 달라질 수 있다는 것을 보여 준다. 이와 유사한 실험으로는 유명한 팝 스타의 콘서트 티켓을 얼마에 팔 것인가 하는 실험이 있다. 10만 원을 주고 티켓을 샀는데 사정이 생겨 갈 수 없게 되었다면 그 티켓을 얼마에 팔 것인가? 또 반대로 얼마면 그 티켓을 사겠는가 하는 실험이다. 팔고자 하는 사람은 당연히 티켓의 가치를 높게 평가하고, 사고자 하는 사람들은 같은 티켓의 가치를 낮게 평가할 것이다. 바로 부존효과 때문이다. 물론 세상에 예외 없는 법칙이 어디 있는가? 가끔 남들과 거꾸로 행동하는 사람들도 반드시 있기 마련이다. 바로 내 강의를 듣는 학생들이 그런데, 사겠다는 친구들은 꼭 가고 싶은 콘서트라면 20만 원도 좋다고 대답하였고, 반대로 팔겠다는 학생들은 친구끼리 무슨 돈을 받느냐며 그냥 주겠다고 대답하였다. 친구끼리 그렇게 의리가 깊은 놈들이 왜 평소에는 자판기 커피 한 잔에도 그렇게 인색한지 모르겠다.

아무튼 며느리보다 아들이 아까워 보이고 사위보다 딸이 더 아까워 보이는 것도 부존효과 때문이다. 내 아들은 착한데 나쁜 친구를 만나 그렇게 되었다는 부모의 생각도 남의 아들보다 내 아들의 장점이 더 크게 보이는 부존효과 때문이다. 야구 시합에서 심판이 꼭 내가 응원하는 팀에만 자주 오심을 하는 것처럼 느껴지는 것도 역시 부존효과 때문이다. 물론 며느리와 딸을 차별하는 태도는 부존효과이기도 하지만 심적 회계 때문이기도 하다. 내 마음속에서 딸과 며느리는 서로 다른 자리에 있는 것이다. 딸은 좌심방에, 며느리는 우심실에. 부존효과는 프로스펙트 이론에서 이야기한 손실 회피성이나 현상유지 바이어스와 관련된다. 사람들은 왜 가급적이면 현상을 유지하려고 하는가? 변화로 인한 이익보다 변화로 인한 손실을 더 크게 평가하기 때문이다. 우리 속담에 남의 떡이 더 커 보인다는 말이 있지만, 실은 내 떡이 더 커 보인다는 이야기다. 그래서 컵과 2달러를 교환할 때 컵을 가진 사람들은 2달러의 이익보다 컵의 손실을 더 크게 평가하는 반면, 2달러를 가진 사람은 컵의 이익보다 2달러의 손실을 더 크게 평가한다는 뜻이다.

부존효과에 관해 조금 더 어려운 이야기를 해 보자. 부존효과는 기대효용함수에서도 나타난다. 여기에 빨간 사과와 파란 사과가 있다. 당신은 빨간 사과를 엄청 좋아한다. 어느 쪽을 선택하겠는가? 당연히 빨간 사과일 것이다. 그렇다면 만약 당신이 두 개의 사과에 가격을 매긴다면 어느 쪽에 더 높은 가격을 매기겠는가? 역시 당연히 빨간 사과일 것이다. 이제 질문을 조금 바꾸어 보자. 여기에 100만 분의 1의 확률로 10억 원을 주는 로또와 1/2의 확률로 만 원을 주는 즉석복권이 있다. 당신은 어느 쪽을 선택할 것인가? 단순히 기댓값으로 비교해 보면 전자는 1,000원이고 후자는 5,000원이다. 확실성 효과로 보더라도 전자보다 후자가 낫다. 그래서 모든 사람은 아닐지라도 대부분의 사람은 100만 분의 1의 확률을 가진 로또보다는 1/2의 확률을 가진 즉석복권을 더 선호한다. 그런데 똑같은 피실험자들에게 두 종류의 복권을 다른 사람에게 판다면 얼마의 가격을 받고자 하느냐고 물었더니 엉뚱한 결과가 나타났다. 다수의 사람들이 1/2 확률의 즉석복권보다 100만 분의 1 확률의 로또에 더 높은 가격을 매긴 것이다. 자신이 선택할 때의 선호와 다른 사람에게 팔 때의 가치 평가가 반대로 나타났다는 이야기다. 이런 현상을 행동경제학에서는 '선호역전(preference reversal)'이라고 부른다.[1] 왜 이렇게 모순된 현상이 일어날까? 사람들은 자신이 가질 때는 100만분의 1이라는 확률을 매우 낮게 평가하지만, 반대로 자신이 가진 것을 다른 사람과 교환할 때는 적당히 높게 평가하기 때문이다. 즉 돈을 주고 복권을 사라고 하면 100만분의 1밖에 안 되는 복권을 왜 사느냐고 생각하지만, 반대로 팔 때는 100만분의 1이라는 확률보다 10억 원의 당첨금의 가치를 더 높게 평가하는 것이다. 바로 부존효과 때문이다.

억울한 중학생의 추억

내가 중학교에 다니던 시절에는 우표 수집이 어린이는 물론 어른들에게도 가장 인기 있는 취미였다. 나도 중학생치고는 꽤

---

[1] 이 글에서 소개하는 다른 실험들과 마찬가지로 선호역전에 관한 원래의 실험도 조금 더 복잡하다. 독자들의 이해를 돕기 위해 내가 로또와 즉석복권으로 바꿔서 이야기하였다. 트버스키와 세일러는 이 문제를 매우 상세하게 설명하고 있으니, 관심이 있는 독자는 찾아보기 바란다.(리처드 H. 세일러, 『승자의 저주』, 162쪽 이하.)

적지 않은 우표를 모았는데, 그 가운데는 피지인지 통가인지 하여간 남태평양의 어느 섬나라에서 발행한 바나나 모양의 우표도 있었고, 유명한 여배우 그레이스 켈리와 모나코 대공의 결혼식 기념우표도 있었다. 그만하면 중학생으로서는 대단한 수준이었다고 할 만하다. 그런데 하루는 이웃 동네의 고등학생 형이 우표를 많이 가지고 있으니 교환해 보라는 친구 말에 그 형을 찾아갔다. 그런데 이 형, 내 수집품 가운데 좋은 것만 골라 가더니 자기는 똑같은 것이 여러 장 있는 우표만 골라 주는 것이 아닌가? 그것도 내 우표는 10장을 가져가고 나에게는 9장만 주면서 다음에 또 오라는 것이다. 억울함이 쓰나미처럼 몰려왔지만 나는 중학생이고 그쪽은 고등학생이라 따져봐야 얻어맞기만 할 것 같아서 억울한 마음을 부여안고 그냥 집으로 왔다. 지금도 그때 일을 생각하면 왜 이런 부당한 교환은 할 수 없다고 당당히 선언하지 못했는지 아쉽고 또 아쉽기만 하다.

난데없이 웬 우표 수집 이야기? 부존효과는 우리에게 매우 심각한 고민거리 하나를 던진다. 우리가 살고 있는 시장경제는 교환에 기초한 사회이다. 교환이 없다면 우리는 최소한의 의식주조차도 해결하기 어렵다. 그런데 사람들이 모두 부존효과에 따라 행동한다면 교환은 어떻게 이루어지는가? 1991년 노벨 경제학상을 받은 인물은 바로 로널드 코스(Ronald Harry Coase)이다. 코스는 신제도경제학파(New Institutional economics)의 대표적인 학자이며, 특히 거래비용에 관한 연구에서 독보적인 업적을 이룬 학자다. 조금 엉뚱하게 들릴지 모르겠지만 나는 애덤 스미스 이후 가장 중요한 경제학자들 가운데 한 사람으로 코스를 꼽는 데 주저하지 않는다. 그런데 정작 내 강의를 듣는 학생들에게 코스가 누구냐고 물으면 거의 대답하는 학생이 없다. 가끔, 아주 가끔 '코스의 정리(Coase theorem)'를 전개한 사람이라고 대답하는 똑똑한 학생들이 있다. 그래서 이번에는 코스의 정리가 뭐냐고 물어보면 역시 학생들은 거의 대답하지 못한다. 사전적으로 정의하면 코스 정리는 "재산권이 확립되어 있고, 거래비용이 영(0)이라면, 어떤 식으로 해당 자원에 대한 재산권이 배분되더라도 경제효율성은 극대화된다"는 것이다. 말이 조금 어렵다. 그래서 간단히 설명하면…… 아, 설명이 안 된다.[2]

주류경제학은 시장이 자원을 배분하는 데 가장 효율적인 메커니즘이라고 생각한다. 그러나 시장이 언제나 완벽하게 작동하는 것은 아니다. 시장이 자원의 효율적 배분에 실패하는 것을 시장 실패(market failure)라고 부른다. 시장 실패는 시장에 대한 정부 개입의 가장 유력한 명분이 된다. 시장 실패에는 여러 가지 원인이 있지만 그 가운데 가장 대표적인 것이 외부성(externality) 또는 외부효과라고 부르는 것이다. 어떤 경제활동과 관련해 당사자가 아닌 다른 사람에게 의도하지 않은 편익이나 비용을 발생시키는 것을 말한다. 외부효과는 긍정적인 외부효과(외부경제)와 부정적인 외부효과(외부불경제)로 구분한다. 쉬운 예를 하나 들자면 내가 과수원을 경영하는데 이웃에서 벌을 키우면 내 과수원에 열매가 더 많이 열릴 것이다. 긍정적인 외부효과이다. 반대로 내가 과수원을 경영하는데 이웃에서 살충제 공장을 운영하면 내 과수원에는 과일이 적게 열릴 것이다. 한마디로 외부효

---

2 경제학에 관한 책이나 글에서 자주 나오는데도 독자들이 그 의미를 잘 이해하지 못하는 용어 가운데 하나가 거래비용이다. 거래비용은 거래를 위하여 상품을 운송한다거나 창고에 보관하는 비용을 의미하는 것이 아니다. 그런 비용들은 말 그대로 아무런 수식어 없이 그냥 비용이라고 부른다. 일상적인 거래에서 우리는 거래 상대에 대해 완벽한 정보를 가지고 있지 못한 것이 보통이다. 즉 불확실성과 위험성이 언제나 거래에 동반되는 것이다. 거래비용이란 이런 불확실성과 위험성을 제거하기 위한 비용을 의미한다. 거래 상대에 대한 정보탐색비용이 그 대표적인 예이다. 코스는 거래비용의 제도적 요인과 조건들을 중요시한다.

과란 나는 아무 짓도 안 했는데 나한테 편익이나 비용이 생기는 현상을 말한다. 29만 원만 가졌다는 분의 집권 시절 읽었던 어느 책에는 이런 감동적인 구절이 있었다. 스페인인지 이탈리아인지는 모르겠지만 하여간 아주 먼어느 나라에서 민주화 운동을 하던 젊은이들이 처형장으로 끌려가는데, 그 가운데 한 사람이 계속 자기는 아무 짓도 하지 않았다고 하소연한다. 그러자 앞에 있던 사람이 돌아보면서 한마디 한다. "당신이 아무 짓도 하지 않았기 때문에 지금 우리가 처형장으로 끌려가고 있는 것이오." 나는 아무일도 하지 않았는데 처형장으로 끌려가야 하는 운명, 바로 외부효과 가운데서도 외부불경제다. 난데없이 무슨 의도로 이런 이야기를 하느냐고? 아무런 의도도 없다. 솔직히 내가 무슨 의미나 의도를 가지고 이야기하는 사람은 아니잖은가?

외부효과나 기타 등등 다른 이유로 시장 실패가 일어났을 때 이 문제를 해결하는 방법은 무엇일까? 시장을 불신하는 사람들은 정부 개입이야말로 시장 실패를 극복하는 가장 좋은 방법이라고 주장한다. 그런데 정부 개입에는 정부 실패가 따르지 않을까? 아니, 정부 실패까지는 아니더라도 정부의 개입은 그 자체만으로 비용을 초래한다. 하다못해 공무원들 월급은 줘야 하지 않느냐 말이다. 시장이냐 정부냐 하는 오랜 논쟁은 결국 시장 실패의 비용이 더 크냐 정부 개입의 비용이 더 크냐는 문제다. 여기에 대해 코스는 아주 간단명료하게 말한다. 아무리 시장 실패가 있더라도 정부 개입보다는 싸다고. 이처럼 시장에 대한 믿음을 단순하면서도 확고하게 정리해준 경제학자는 없다. 시장이 교과서에 나오듯이 완벽하지는 않지만, 그래도 시장보다 더 효율적으로 자원을 배분하는 기구는 없다는 것이다. 이는 감히 마르크스와 엥겔스의 『공산당선언』에 비견할 만한 '경제학선언'이다. 그래서 나는 코스가 애덤 스미스 이후 가장 중요한 경제학자들 가운데 한 사람이라고 말하는 것이다.

그런데 도대체 코스 정리와 부존효과가 무슨 상관있느냐고? 코스 정리에는 몇 가지 복잡한 조건들이 따른다. 그 가운데 하나가 바로 재산권의 문제다. 여기서 재산권이란 법적으로 재산권을 얼마나 보장하느냐는 등의 여러 가지 문제가 포함되겠지만, 그 가운데 가장 핵심적인 것은 바로 재산권의 가치를 어떻게 평가할 것인가의 문제이다. 간단한 예를 들어 보자. 옆에서 친구 놈이 물을 마시는데 내가 어, 어 하다가 그놈의 머그잔을 깨고 말았다. 기껏 해 봐야 코넬대학의 로고가 인쇄되어 있을 뿐 그다지 대단한 컵이 아니다. 그래서 한 1달러 주려고 했더니 이놈이 대뜸 3달러를 달라는 게 아닌가? 하버드라면 몰라도 겨우 코넬인데? 그러나 둘이서 아무리 티격 태격해 봐도 해결책이 없다. 이처럼 부존효과는 코스 정리의 가장 기본적인 전제조건인 재산권의 객관적인 평가가 현실에서는 거의 성립하기 어렵다는 함의를 내포한다. 그렇다면 과연 시장은 자원을 배분하는 가장 효율적인 방식인가? 반대로 정부 개입이나 다른 어떤 수단들이 오히려 더 효율적일 수 있는가? 참으로 어려운 질문이다.

빨간 종이 줄까, 파란 종이 줄까?

다음 이야기로 넘어가기 전에 또 썰렁한 유머 하나 소개한다. 철수는 여름방학이라 시골 할머니 댁에 갔다. 할머니 댁에는 집안에 화장실이 없고 마당 건너 멀리 뒷간이 있다. 어느 날 밤 12시에 철수는 갑자기 화장실에 가고 싶어졌다. 그래서 달도 없고 별도 없는 캄캄한 마당을 가로질러 뒷간에 갔다. 그러자 어둠 속에서 갑자기 처녀 귀신이 나타나더니 이렇게 묻는 것이다. "빨간 종이 줄까, 파란 종이 줄까?" 철수는 뭐라고 대답했을까? 요즘 5·16이 구국의 혁명이냐, 군사 쿠데타냐 하는 문제로 말들이 많은데, 그 시절에는 "신문지 주세요"가 정답이다. 그러나 지금은 이미 20세기도 한참 지난 시절이 아닌가? 철수는 이렇게 대답했다. "흰 종이 가져왔어요."

　그래, 썰렁하다. 나도 내 유머가 썰렁하고 재미없는 줄 안다. 가끔 썰렁한 줄 알면서 왜 자꾸 재미없는 유머를 남발하느냐고 항의하는 독자들도 계신다. 하지만 반대로 그 재미없는 유머를 기다리는 독자들도 많이 계신다. 자꾸 반복해서 듣다 보면 은근히 중독성도 있다. 우리 학생들도 다 그렇게 말한다. 원래 A급 문화보다 B급 문화가 더 중독성이 큰 법 아닌가 말이다. 솔직히 바흐의 「브란덴부르크 협주곡」이나 「무반주 첼로 조곡」에 중독된 사람 봤는가? 하지만 싸이의 '강남 스타일' 뮤직비디오는 벌써 1억 명이 봤단다. 그런데 강의 시간에 싸이를 '사이'라고 말했다가 비웃음을 산 적이 있다. 휴~ 아무튼 "빨간 종이 줄까, 파란 종이 줄까?"를 행동경제학에서는 '프레임 효과'라고 부른다. 앞에서 이야기했듯이 프레임이란 문제를 제기하는 틀을 의미한다. 즉 어떤 형태로 문제를 제기하느냐에 따라서 대답이, 즉 선호나 선택이 달라진다는 뜻이다. 어느 책을 보니 프레임을 "우리가 세상을 바라보는 방식을 형성하는 정신적 구조물"이라고 정의해 놓았다[3] 좀 더 쉽게 설명해 보자. "빨간 종이 줄까, 파란 종이 줄까?" 하는 질문은 문제를 종이의 색으로 설정하고 있다. 그래서 "흰 종이 가져 왔어요"가 정답인 것

---

3 조지 레이코프, 유나영 옮김, 『코끼리는 생각하지 마』, 삼인, 2006, 7쪽.

이다. 그러나 만약 처녀 귀신이 "어떤 종류의 종이를 줄까" 하고 문제를 설정했다면 "신문지 주세요"도 정답이 될 수 있다. 새마을운동이 벌어지던 그 시대에는 신문지면 양호한 화장지였다. 내가 어렸을 적 시골에서는 시멘트 포장지부터 호박잎에 새끼줄까지 다양한 화장지의 대체재(?)들을 사용했었다. 그렇다면 화장지의 보완재(!)는 무엇일까? 손가락이다. 물론 때로는 손가락이 화장지의 대체재로 매우 긴요하게 사용되기도 한다.

2월 14일은 발렌타인 데이, 3월 14일은 화이트 데이, 4월 14일은 솔로들끼리 짜장면 먹는 블랙 데이, 11월 11일은 빼빼로 데이다. 그렇다면 매월 31일은? 아이스크림 먹는 날이란다. 그렇다면 아이스크림의 단위는? 파인트다. 1파인트는 1/8갤런이자 0.57리터란다. 나도 처음 알았다. 이제 1파인트짜리 컵에 가득 담은 아이스크림과 2파인트짜리 컵에 2/3 가깝게 담은 아이스크림이 있다고 하자. 여러분은 어느 쪽을 선택할 것인가? 당연히 2파인트 컵에 2/3가 담긴 아이스크림을 선택할 것이다. 그렇다고 너무 좋아하지는 마시라. 이 문제를 맞혔다고 해서 여러분이 특별히 똑똑한 것은 아니다. 대부분의 사람은 모두 그렇게 선택한다. 그런데 두 종류의 아이스크림을 비교하게 하지 않고 한 가지의 아이스크림만을 보여 준 뒤 동일한 가격에 이 아이스크림을 구매하겠느냐고 묻는다면 어떻게 될까? 2파인트 컵에 2/3가 담긴 아이스크림을 선택한 사람들의 비율보다 1파인트 컵에 가득 담긴 아이스크림을 선택한 사람들의 비율이 훨씬 더 높았다. 컵의 크기를 비교할 수 없기 때문에 사람들은 앞의 경우는 겨우 2/3밖에 들지 않았다고 판단한 반면 뒤의 경우는 가득 담겼다고 판단했기 때문이다. 결국 어떤 프레임으로 질문을 던지느냐에 따라 사람들의 선호는 달라진다는 이야기다. 한 마디만 덧붙이면 11월 11일은 농업인의 날이다.

프레임에 따라 선호가 달라지는 다른 예를 이야기해 보자. 당신은 이혼 법정에서 아이의 양육권을 누구에게 주어야 할지를 결정하는 배심원으로 참가한다. 두 부모에 대해서는 다음과 같은 몇 가지 정보만을 알고 있을 뿐이다.

A 부모) 평균 정도의 수입	B 부모) 평균 이상의 수입
평균 정도의 건강	약간의 건강 문제
평균적인 업무시간	잦은 출장
아이와 그런대로 좋은 관계	아이와 매우 좋은 유대 관계
비교적 안정적인 사회 활동	매우 활동적인 사회 활동

질문 ① 당신은 어느 부모에게 아이의 양육권을 주겠습니까?
질문 ② 당신은 어느 부모에게 아이의 양육권을 주지 않겠습니까?

늘 이야기하지만 다른 사람들의 답을 확인하기 전에 먼저 여러분 스스로 답해 보기 바란다. 위의 두 질문은 똑같은 질문을 뒤집어 놓은 데 불과하다. 따라서 질문 ①에 A 부모라고 응답한 비율이 높다면 질문 ②에는 당연히 B 부모라고 응답한 비율이 높아야 한다. 그런데 실제로 나온 응답률은 ①과 ② 모두 B 부모의 비율이 높았다. 아이의 양육권을 갖기에 더 적당한 부모도 B이고 아이의 양육권을 주기에 적당하지 않은 부모도 B라는 것이다. 어째서 이런 모순된 결과가 나타났을까? '양육권을 준다'와 '주지 않는다'는 잔에 음료가 '반이나 남았구나'와 '반밖에 남지 않았구나'와 마찬가지로 다른 프레임의 문제이기 때문이다. 즉 위의 질문은 형식적으로는 똑같은 질문을 뒤집은 데 불과한 것처럼 보이지만 프레임 효과라는 관점에서 보면 실은 전혀 다른 질문이다. 첫 번째 질문, 즉 누구에게 양육권을 주겠느냐는 질문에 대해 응답자들은 A 부모의 평균 정도의 수입이나 아이와 그런대로 좋은 관계보다는 B 부모의 높은 수입과 아이와의 매우 좋은 관계에 더 호감을 느낀다. 그래서 B 부모에게 양육권을 주겠다는 응답의 비율이 높은 것이다. 그러나 누구에게 양육권을 주지 않겠느냐는 질문에 대해서는 응답자들의 주의가 달라진다. 응답자들은 B 부모의 잦은 출장이나 약간의 건강 문제가 아이를 양육하기에 부적절하다고 생각한다. 그래서 B 부모에게 양육권을 주어서는 안 된다고 판단한 것이다. 모순되는 것 같지만 실은 전혀 모순되지 않는, 대부분의 사람이 가지고 있는 합리적인 비일관성이다.

형용적으로는 모순이지만 그래서 오히려 모순이 아닌 현실의 이러한 심오함을 나는 노벨문학상을 받은 프랑스의 실존주의 작가 알베르 카뮈(Albert Camus)의 작품에서 발견할 수 있었다. 그의 대표작 가운데 하나인 『이방인』을 보면 살인죄로 재판을 받는 주인공에 대해 검사가 증인에게 어머니가 돌아가셨을 때 피고가 슬퍼하는 모습을 보았느냐고 묻는다. 그러자 증인은 보지 못했다고 대답한다. 그러자 이번에는 변호인이 증인은 어머니가 돌아가셨을 때 피고가 슬퍼하지 않는 것을 보았느냐고 묻는다. 증인은 역시 보지 못했다고 대답한다. 증인은 아무것도 보지 못했기 때문이다. 질문을 어떻게 던지느냐에 따라서 주인공이 매우 부도덕한 사람이 되기도 하고 보통 사람이 되기도 한다. 바로 프레임 효과 때문이다.

앎은 함만 못하다

　　　　"당신이 그토록 경제를 잘 안다면 왜 우리 집 경제는

이 모양인가요?" 경제학이라는 학문이 탄생한 이후로 모든 경제학자가 부인들한테 듣는 이야기다. 경제학의 아버지인 애덤 스미스가 평생을 독신으로 산 이유도 어쩌면 이러한 경제학자들의 숙명을 미리 예견했기 때문은 아닐까 싶다. 그렇다면 우리 마누라는 어떨까? 포기하고 산 지 이미 오래다. 아무튼 공자님 말씀에도 앎은 실행함만 못하다고 하셨으니, 아는 사람과 실천하는 사람은 다른 법이다. 프레임에 따라 사람들의 선호가 달라진다는 사실을 행동경제학자들보다 더 잘 아는 사람들이 있다는 이야기다. 바로 실제로 소비자들을 대상으로 판매 활동을 하는 마케터들이다. 공자님이 정말 저런 말씀을 하셨는지는 묻지 마라. 언젠가 명절을 쇤다고 마누라가 시장에 갔더니 조기 한 마리에 만 원씩 하더란다. 너무 비싸 살까 말까 망설이는 마누라에게 생선 가게 아주머니가 다른 생선을 내보이면서 이러신다. "이건 2만 원짜리고, 이건 3만 원짜리고……" 당연히 2만 원짜리라고 두 배나 크고 3만 원짜리라고 세 배나 클 리는 없다. 그래서 우리 마누라는 아무런 군말 없이 만 원짜리 조기 세 마리를 사 왔단다. 행동경제학에서는 이런 현상을 '대비효과(contrast effect)'라고 부른다. 상대방에게 어떤 대안을 제안할 때 그것과 대비되는 다른 대안을 함께 제시하면 그만큼 내가 원하는 대안을 선택할 가능성이 높아진다는 뜻이다.

그런데 두 가지 대안을 제안했더니 상대방이 오히려 반대쪽 대안을 선택하면 어떻게 하는가? 예를 들어 가격은 좀 더 비싸지만 품질이 더 좋은 상품과 가격은 좀 더 싸지만 그만큼 품질이 떨어지는 상품 두 가지를 제시했을 때 소비자들이 무엇을 선택할 것인가는 예상하기 어렵다. 이제 여기에 가격은 100만 원이고 성능은 90%인 컴퓨터와, 가격은 50만 원이고 성능은 60%인 컴퓨터가 있다고 가정해 보자. 당신은 어느 쪽을 구매하겠는가? 당연히 이 질문에는 정답이 없다. 어떤 사람은 비싸더라도 성능이 더 좋은 컴퓨터를 선택할 것이고 또 어떤 사람은 반대로 성능은 좀 떨어지더라도 가격이 싼 컴퓨터를 선택할 것이다. 실험 대상이 어떤 집단인가에 따라 선택의 비율도 다양할 것이다. 그런데 선택 가능한 대안을 하나 더 주면 어떻게 될까? 가령 보기 가운데 가격은 200만 원이고 성능은 95%인 컴퓨터를 추가한다면 말이다. 새로운 대안이 추가되었다고 해서 애초에 주어졌던 두 가지 대안 사이의 선호가 달라질 합리적이고 논리적인 이유는 없다. 그러나 실제로 보기가 추가되면 100만 원이면서 90%인 컴퓨터에 대한 선호가 크게 높아진다. 가격은 두 배나 되면서 성능은 아주 조금만 개선되었을 뿐인 세 번째 대안이 추가됨에 따라 100만 원이면서 90%인 컴퓨터가 더 매력적으로 평가되는 것이다.

반대로 이번에는 가격은 40만 원이면서 성능은 30%밖에 되지 않는 컴퓨터를 보기에 추가해 보자. 이 경우에는 50만 원이면서 60%인 컴퓨터에 대한 선호가 크게 높아진다. 마찬가지 이유로 가격은 조금만 싸면서 성능은 많이 떨어지는 컴퓨터와 비교되면서 50만 원이면서 60%인 컴퓨터가 더 매력적으로 평가된 것이다. 이런 현상을 '유인효과(attraction effect)'라고 부른다. 마케터들이 이른바 미끼 상품을 이용하여 손님들을 매장으로 유인한 다음 정작 팔고자 하는 상품을 내놓는 것도 바로 유인효과를 이용한 마케팅이다. 어떤 책에서는 '동화효과(assimilation effect)'라고 부르기도 한다. 물론 의미가 완벽히 똑같은 것은 아니지만 크게 다르지 않다.[4]

---

4 곽준식, 『브랜드, 행동경제학을 만나다』, 갈매나무, 2012, 173쪽.

유인효과와 유사한 현상으로는 '타협효과(compromise effect)'가 있다. 먼저 예를 들어 이야기해 보자. 여기에 가격은 50만 원이고 성능은 60%인 컴퓨터와, 가격은 100만 원이고 성능은 90%인 컴퓨터가 있다. 당신은 어느 컴퓨터를 구매하겠는가? 앞에서 했던 질문과 똑같은 것 아니냐고? 이제 두 번째 질문을 해 보자. 여기에 가격은 50만 원이고 성능은 60%인 컴퓨터, 가격은 80만 원이고 성능은 80%인 컴퓨터, 가격은 100만 원이고 성능은 90%인 컴퓨터가 있다. 당신은 어느 컴퓨터를 구매하겠는가? 첫 번째 질문에 대해서는 사람들의 선호가 어떻게 나타날지 모르겠다. 그러나 두 번째 질문에 대해서는 80만 원의 가격에 80% 성능의 컴퓨터를 선택한 사람들의 비율이 가장 높았을 것이라고 쉽게 짐작해 볼 수 있다. 물론 객관적으로 비교해 볼 만한 기준은 없다. 그러나 두 번째 질문을 다시 두 개로 나누어 보자. 즉 50만 원에 60%인 컴퓨터와 80만 원에 80%인 컴퓨터를 비교한 질문과 100만 원에 90%와 80만 원에 80%인 컴퓨터를 비교한 질문을 각각 던져 보면, 어느 경우에도 두 개의 컴퓨터를 비교한 질문보다 세 개의 컴퓨터를 비교했을 때 중간에 있는 80만 원에 80%인 컴퓨터의 선호가 더 높게 나타난다. 이른바 '중간 대안(comprising alternative)'이 더 선호된다는 원리다. 우리 속담으로 비유하자면 모를 때는 가만히 있으면 중간은 간다는 원리라고나 할까? 아니면 모난 돌이 정 맞는다는 속담이 더 어울릴까?[5]

---

5 유인효과와 타협효과는 모두 허버트 사이먼이 이야기한 '만족화 원리'로 설명할 수 있다. 대안 A와 대안 B 가운데 어느 것이 나의 효용을 극대화하는지 판단하기는 매우 어려운 일이다. 그러나 미끼 상품과 비교하거나 중간 대안이 주어지면 적당히 만족스러운 선택이 가능하기 때문이다. 유인효과와 타협효과를 묶어 '맥락효과'라고 부르기도 한다. 내가 늘 경제학은 '맥락적 진리'라고 말하는 바로 그 맥락이다. 더 자세한 내용이 궁금한 독자는 안광호·곽준식, 『행동경제학 관점에서 본 소비자 의사결정』, 학현사, 2011, 34쪽 이하를 보기 바란다. 〈그림 8-1〉도 이 책에 나와 있는 그림을 조금 바꿔 다시 그린 것이다.

〈그림 8-1〉 유인효과와 타협효과

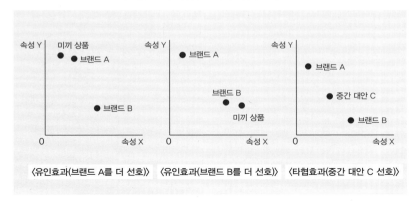

〈유인효과(브랜드 A를 더 선호)〉　〈유인효과(브랜드 B를 더 선호)〉　〈타협효과(중간 대안 C 선호)〉

　　다양한 프레임 효과를 교묘하게 잘 사용하는 것은 사업가들만이 아니다. 정치가들도 그 못지않게, 의식적으로든 아니든 이런 효과들을 즐겨 사용한다. 가령 정치가들은 유권자들이 그다지 좋아하지 않을 법한 정책들 추진해야 할 때가 있다. 방사능 폐기물 처리 시설을 유치하느냐 마느냐 하는 경우가 그런 예인데, 이런 예는 자칫 정치적 견해 차이에 대한 미묘한 오해와 논쟁을 부르기 쉬우니 조금 더 쉬운 예를 들기로 하자. 경제학에서는 두 마리 토끼를 동시에 잡기는 어렵다는 이야기를 자주 한다. 여기서 두 마리 토끼란 물가와 고용 또는 성장을 의미한다. 경기가 호황이고 국민소득이 성장하면 고용은 늘어나지만 물가가 오르기 마련이고, 반대로 물가를 안정시키려면 긴축정책으로 고용이 줄어들기 때문이다. 정책 담당자가 4%의 인플레이션율과 4%의 실업률을 정책 목표로 추진한다고 가정하자. 그런데 4%의 실업률에 대해 청년 백수들의 저항이 만만찮다. 이럴 때 정치가들은 4% 실업률-4% 인플레이션율과 3% 실업률-7% 인플레이션율 가운데 선택하라고 제안한다. 대비효과이다. 물론 정치가들이 물가상승률을 국민투표에 부치지는 않는다. 쉬운 예를 들려다 보니 하는 이야기다. 국민투표 대신에 여론조사라고 생각하면 좀 더 이해하기 쉽겠다.

때로는 두 가지 대안 가운데 정치가들이 더 선호하는 대안이 선택되도록 전혀 선택될 것 같지 않은 제3의 대안을 함께 제안하는 경우도 있다. 유인효과이다. 다른 친구들은 모두 소주 마시러 가자는데 혼자 영화 보러 가자고 고집 피우던 한 친구가 난데없이 이도 저도 말고 한밤중에 등산 가자고 제안하는 것도 유인효과라고 하겠다. 4%-4% 대안이 선택되도록 3%-5% 대안과 5%-3% 대안을 함께 제안하는 것은 타협효과이다. 예전에 어느 문학평론가가 신문사 기자 시절에 있었던 일화를 읽은 적이 있다. 신춘문예 최종심에 오른 세 작품 가운데 두 심사위원의 의견이 너무 팽팽하게 맞서 마감 시간이 지났는데도 밤새도록 결론이 나지 않더란다. 그러다 문득 제3의 작품을 두고 그 기자가 "이 작품도 괜찮던데……" 하고 혼잣말을 했더니 그토록 고집을 부리던 두 양반이 "그래 그 작품도 좋더구먼!" 하고 금방 합의를 보더라는 것이다. 이것이 바로 타협효과다. 나도 전지현과 김태희 사이에서 고민하다가 우리 마누라와 결혼했다. 물론 농담이다. 농담치고는 너무 심한가? 하지만 거짓말이라도 누구나 거짓말인 줄 알 만한 거짓말은 범죄가 아니라는 대법원 판례도 있다. 설마 정말로 대법원 판례를 찾아본 독자는 안 계실 테지? 미국 대법원 판례이다. 하여간 결혼은 아니지만 나도 소싯적에 신춘문예에 응모했다가 떨어져 본 적이 몇 번 있다. 솔직히 그때 떨어지기를 백번 잘했다. 그때 문학을 때려치우지 않았더라면 그 대신 경제학을 때려치웠을 터이니 말이다. 그래도 아쉬움은 남는다.

그런데 지난 명절은 다들 즐겁게 보내셨는지 모르겠다. 명절이 괴로운 이유는 명절이랍시고 오랜만에 만난 친척끼리 얼굴을 마주해 봐야 성적이 몇 등이냐에서부터 왜 결혼 안 하느냐, 왜 취업 안 하느냐―입은 비뚤어져도 말은 바로 하자. 안 하는 게 아니라 못 하는 것이다―까지 서로가 괴로운 이야기 말고는 할 이야기가 없기 때문이다. 그래도 여기까지는 참을 만하다. 명절에 오랜만에 만난 친척끼리 절대 해서 안 되는 이야기가 두 가지 있다. 하나는 그 동네를 연고지로 하는 프로 야구팀의 성적이고 또 하나는 대통령 선거 이야기다. 그래서 나도 대선 이야기는 가급적 안 하고 싶으니, 그냥 옛날이야기 한 자락 하자. 민주노동당 때 권영길 후보가 대통령에 출마한 적이 있다. 그때 어느 선배 교수님 말씀이, "권영길을 찍었다가 이회창이 대통령에 당선되면 역사의 죄인이 되는 것"이라고 일갈하셨다. 그때 내 대답이 아마 "지 마음에 드는 후보 한 번 찍었다고 무슨 역사의 죄인씩이나 됩니까?"였던 것 같다. 솔직히 유신 시절부터 29만 원 그분의 시절까지 우리가 민주화 투쟁이랍시고 싸웠던 이유가 결국은 내 마음에 드는 후보를 내 손으로 찍고 싶다는 것 때문이 아니었던가 말이다. 그랬는데 역사의 죄인이라니? 아무튼 그때 나는 권영길 후보를 찍었고 다행히 역사의 죄인은 되지 않았다.

그러면 어디 한 번 찬찬히 생각해 보자. 흔히 권영길 후보의 출마는 김대중 후보나 노무현 후보에게 불리하다고 생각한다. 물론 그런 측면도 있을 것이다. 그러나 유인효과로 보면 권영길 후보의 출마는 오히려 김대중이나 노무현 후보의 온건성(?)을 부각시키는 효과가 있다. 말이 나온 김에 이번 대선으로 이야기를 옮겨 보자. 가령 이름만 대면 누구라고 알 수 있는, 그래서 자칫 이름을 댔다가는 내가 명예훼손으로 고발당할 수도 있는 이런저런 사람들이 이번 대선에 출마했다면 과연 보수 표를 잠식해서 박근혜 후보에게 더 불리했을까? 오히려 박 후보의 개혁성을 더 돋보이게 했을 것이다.

박근혜가 보수이기는 하지만 꼴통과는 다른 개혁 보수라는 이미지가 만들어지기 때문이다. 유인효과이다. 물론 반드시 그렇다는 것은 아니고 그럴 수도 있다고 읽어 주시면 고맙겠다. 마찬가지로 이 아무개 통합거시기당 전 대표의 출마는 문재인 후보의 온건하고 합리적인 진보 이미지를 더 강화했어야 하는데 전혀 그렇지 못했으니 말이다. 아무튼 일반적으로 진보 성향의 후보들은 좀 더 온건한 공약을 내걸고 보수 성향의 후보들은 좀 더 개혁적인 공약을 내는 경향이 있다. 타협효과이다. 그렇다면 좀 심각한 질문 하나 던져 보자. 안철수 후보의 출마는 유인효과인가 타협효과인가? 정답은~ 궁금해요? 궁금하면 5백 원.

물론 유인효과나 타협효과는 프레임 효과를 설명하기 위한 예이지, 그런 것들이 프레임 효과의 전부는 아니다. 이미 이야기한 것처럼 프레임이란 문제를 생각하는 틀이다. 따라서 프레임을 어떻게 설정하느냐에 따라 문제가 어떻게 전개되어 어떤 결론으로 귀착되느냐도 전혀 달라진다. 마케팅이든 정책 토론이든 자신에게 유리한 프레임을 만들어 내는 사람이 유리하다는 뜻이다. 가령 "우리 제품은 식물성 기름만 사용합니다"라는 광고를 생각해 보자. 이 광고를 본 사람들은 대부분 식물성 기름이 동물성 기름보다 건강에 좋을 것으로 생각한다. 하지만 실제로는 동물성 기름이 더 건강에 유익할 수도 있고, 이 회사는 단지 비용을 아끼기 위해서 더 싼 식물성 기름을 사용했을 수도 있다. 아무튼 이 광고에는 동물성 기름이 건강에 해롭다는 말은 한마디도 없다. 식물성 기름이 더 비싸고 좋다는 말도 없다. 다만 이 광고는 자신에게 유리한 프레임을 설정하는 데 성공했을 뿐이다.

정치도 마찬가지다. 앞에서 잠시 인용한 『코끼리는 생각하지 마』라는 책에는 '미국 진보 세력은 왜 선거에서 패배하는가'라는 부제가 붙어 있다. 코끼리와 진보 세력이 무슨 상관이어서? 코끼리를 생각하지 않기 위해서는 먼저 코끼리를 생각해야 한다. 코끼리라는 프레임이 설정되어 있기 때문이다. 보수 세력이 설정한 프레임으로 선거를 치러서는 결코 보수 세력을 이길 수 없다는 뜻이다. 결국 이번 대통령 선거에서의 승패는 누가 설정한 프레임이 유권자들에게 더 설득력을 발휘했느냐에 따라 결정되었던 것이다. 이제 앞에서 했던 질문의 정답을 알아보자. 안철수 후보의 출마는 유인효과인가 타협효과인가? 정답은~ 그걸 안철수에게 물어야지 왜 나에게 묻는가?

행동경제학을 만든 사람들

로널드 코스
Ronald Harry Coase,
1910 ~

로널드 코스는 영국 출신으로 시카고대학의 경제학과 교수를 지냈다. 신제도 경제학의 가장 중요한 공헌자다. 거래비용에 관한 연구로 1991년 노벨경제학상을 받았다. 그런데 인터넷을 보면 코스가 어쩌다 우연히 쓴 논문 한 편으로 노벨상을 받았다고 이야기하는 사람들이 있다. 과연 뉴턴이 정말 사과나무 밑에서 낮잠을 즐기다가 만유인력의 법칙을 발견했을까? 그렇게 해서 노벨상을 받을 수 있다면 나는 지금까지 열댓 번은 더 받았겠다. 코스를 비롯한 경제학자들이 노벨상을 받은 것은 남다른 재능과 평생에 걸친 노력이 만난 결과다. 허버트 사이먼이나 대니얼 카너먼도 물론 마찬가지다.

제9장

시간은 돈이다

암표 있습니다

"1년 가운데 가장 슬픈 날은 야구 시즌이 끝나는 날이다."
박찬호 선수가 뛰었던 LA 다저스팀의 감독이었던 토미 라소다(Thomas
Charles Lasorda)가 한 말이다. 그렇다면 1년 가운데 가장 기쁜 날은 야구
시즌이 시작하는 날인가? 그건 잘 모르겠다. 아무튼 나도 야구 경기가 없
는 월요일에는 무슨 재미로 사는가 하는 생각을 해 볼 때가 많다. 그런데
정작 TV로 야구 중계를 보다가 나도 모르게 꾸벅꾸벅 졸음에 빠지기가 일
쑤다. 그다지 성실한 야구 팬은 못 된다는 이야기다. 어디 야구만 그런가?
솔직히 마누라에게도 그다지 성실한 남편이 못 되고, 학생들에게도 그다지
훌륭한 선생이 못 되고, 독자들에게도 그다지 재미있는 필자가 못 되니 아
무래도 나는 인생을 그럭저럭 대충 사는 사람인가 싶다. 아무튼 지금도 흰
머리를 날리며 그라운드에서 노익장을 과시하던 라소다 감독을 기억하는
팬들이 많을 것이다. 박찬호를 메이저리거로 키운 사람이며, 늘 자기를 박

찬호의 아버지라고 말했던 사람이다. 국민 어쩌고 하는 스타가 많은 세상이지만, 다저스 시절의 박찬호만큼 국민적 영웅이었던 스타는 다시 만나기 어려울 것이다. 외환 위기로 온 국민이 좌절감에 빠져 있던 시절이 아닌가? 그래서 그 시절의 박찬호가 그립기도 하지만, 나는 지금의 박찬호도 여전히 좋아한다.

코리안 시리즈가 끝나면서 대한민국의 야구 시즌도 끝났다. 삼성이 우승한 데 대해서는 기쁨도 슬픔도 없다. 그러나 이놈들이 나는 마셔 보지도 못한 샴페인을 수십 병이나 서로 퍼붓는 만행을 저지른 데 대해서는 분노를 삭일 수 없다. 아무튼 O데 꼬마들은 올해도 코리안 시리즈에 오르지 못했다. O에 들어갈 말이 무엇인지 맞추는 독자께는 다음에 나올 내 새 책을 한 권 보내 드리겠다. 물론 그 책이 언제 나올지는 나도 모른다. 힌트를 드리자면 꼴데는 아니다. 그런데 아직 플레이오프가 한창 진행 중일 때, 내가 강의하는 대학의 자유게시판에 야구 표를 판다는 글이 올라왔다. 야구 표뿐 아니라 기차표, 요가 회원권, 수영장 회원권, 심지어는 인터넷이나 원룸을 양도한다는 글이 심심찮게 올라온다. 사정이 있어 이용하지 못한 야구 표나 아직 계약 기간이 남은 인터넷 계약을 양도한다는 글들이다. 그런데 며칠 후에 몹시 분개한 다른 학생의 성토 글이 뒤이어 올라왔다. 야구 표를 사러 그 학생에게 전화를 걸었더니 몇 배의 값을 부르더라는 것이다. 어떻게 같은 학생끼리 암표 장사를 할 수 있느냐는 것이 그 학생의 주장이다. 그런데 여기서 조금 궁금하다. 이 학생이 분개한 것은 암표를 파는 행위 그 자체인가, 아니면 같은 학생끼리 암표를 파는 행위인가? 다시 말해서 같은 학생이 아닌 다른 사람에게 암표를 파는 행위는 분개할 만한 일이 아닌가, 아니면 그도 똑같이 분개할 만한 일인가?

야구만 그런 것이 아니다. 국내 대회인 K리그 경기에는 관중석이 텅 빈다는 축구도 국가대표 팀들끼리의 경기가 있을 때에는 표를 구하기 어렵다. 특히 그것이 한일전이라면 더 말할 것도 없다. 이참에 한마디 하자. 독도는 우리 땅 맞다. 왜? 우리 삽살개가 지키고 있지 않은가? 그래서 야구든 축구든 큰 경기마다 뉴스에 나오는 것이 바로 암표상이다. 보통 사람의 상식과 정서로는 암표를 사고파는 것은 나쁜 일이다. 굳이 왜 그런가 설명할 필요도 없는 일이다. 그런데 조금 의외의 이야기일지 모르지만, 경제학을 공부하면서 '아하!' 하고 감탄한 적이 몇 번 있는데 그 가운데 하나가 바로 암표에 관한 이야기다. 워낙 유명한 경제학 교과서에 나오는 이야기라 들어본 독자도 적지 않을 것이다. 간단히 요약하면 암표란 자원을 보다 효율적으로 배분하는 아주 좋은 방법이라는 주장이다. 물론 요즘처럼 인터넷으로 표를 예약하는 시절이 아니라, 큰 경기의 표를 구하기 위해 사나흘씩 운동장 앞에서 밤샘을 하던 시절의 이야기다.

암표는 말하자면, 공식 가격의 몇 배를 주더라도 표를 구하고 싶으나 시간이 없어서 못 구하는 사람들과, 시간은 남아돌지만 그 시간에 다른 일로 돈을 벌 기회가 없는 사람들이 모두 만족스럽게 자원을 배분하는 좋은 수단이다. 솔직히 나는 교과서에서 이 대목을 읽으면서 경제학이란 참으로 대단하다고 생각했다. 경제학이 단순히 우리의 상식을 확인해 주는데 그친다면 솔직히 무엇 때문에 우리가 이렇게 열심히 경제학을 공부하겠는가? 우리가 예사로 넘기기 쉬운 상식 밖의 진리를 이처럼 세련되고 명료하게 설명해 주니 경제학이 대단한 것이다. 그런데 경제학 교과서의 설명이 대단히 감탄스럽기는 하지만, 무언지 모르게 선뜻 공감하기에 어려운 찜찜함이 마음 한편에 남는다. 교과서대로라면 암표상에게 자원을 잘 배분한 공로로

상이라도 주어야 하는가 말이다. 그렇다면 교과서의 무엇이 잘못되었을까?

경제학 교과서에 나오는 암표 이야기는 결국 시간과 돈에 관한 이야기다. "시간은 금이다(Time is gold)"라는 서양 속담─이 속담의 원래 문장은 "시간은 돈이다(Time is money)"라고 하는데, 이 말을 처음 한 사람은 미국의 언론인인 벤저민 프랭클린(Benjamin Franklin)이라고 한다. 연을 날려 번개가 전기임을 실험하다가 타 죽을 뻔했던 바로 그 사람 말이다. 물론 프랭클린이 언제 어디서 그런 말을 했는지 확인해 본 적은 없지만, 미국 지폐 가운데 가장 비싼 100달러짜리에 프랭클린의 초상이 있는 이유도 아마 그 때문인가 싶기는 하다─도 있지만, 경제활동에서 매우 자주 시간은 돈과 대체관계에 있다. 물론 많은 경우에 시간은 시간 그 자체라기보다는 그 시간 동안 다른 활동을 함으로써 얻을 수 있는 소득이나 효용의 기회비용을 의미한다. 가령 암표 이야기를 다시 예로 들어 보면, 시간당 10만 원의 수당을 버는 회계사에게 표를 사기 위해 두 시간 동안 줄을 서는 행위의 기회비용은 곧 20만 원이다. 따라서 이 회계사는 줄을 서는 대신 암표상에게 10만 원을 주고 암표를 구매하는 편이 10만 원 더 이익이다. 물론 꼭 시간이 소득의 대체재이기만 한 것은 아니다. 인터넷을 보니 어느 소년이 너무 바빠 매일 늦게 귀가하는 아빠에게 한 시간 동안 얼마를 버느냐고 묻더란다. 아빠가 20달러라고 말하자 아이는 아빠에게 20달러를 주면서 자기에게 한 시간을 달라고 한다. 한 시간만이라도 아빠와 함께 저녁도 먹고 놀고 싶다는 것이다. 이 이야기는 누군가의 창작일 듯싶지만, 아무튼 시간은 자녀와 더 많은 시간을 보낼 수 있게 해 주고 행복한 일들을 더 많이 할 수 있도록 해 준다. 물론 나처럼 시간이 너무 많아서 심심한 사람도 있기는 하다.

이제 질문을 하나 던져 보자. 당신은 경제학 연구에 몰두하다 그만 홀아비로 늙고만 파우스트 박사다. 그런데 당신 앞에 문득 메피스토펠레스가 '뽕' 하고 나타나서 다음 주 로또 복권의 1등 번호와 당신의 삶 1년을 바꾸자고 제안하면 과연 당신은 그 제안을 승낙할 것인가? 미리 이야기하자면 다음 주 로또 1등의 상금은 무려 100억 원을 넘을 것이라고 한다. 한마디로 100억 원과 당신의 목숨 가운데 1년을 바꾸자는 이야기다. 내 삶의 1년이라? 고민스럽다. 20대나 30대는 '그까짓 1년'이라고 할 지도 모르겠다. 40대나 50대라면 또 다를 것도 같다. 세상을 달관한 70대나 80대가 되면 또 달라질까? 하기야 세상을 달관한다는 일이 어디 말처럼 그렇게 쉬울까? 나이보다는 지금 내 삶의 처지가 더 선택에 영향을 줄 것도 같다. 가령 우리가 다 아는 그 회장님에게 100억과 1년을 바꾸자고 하면, 거꾸로 내가 100억 줄 테니 1년 더 달라고 말할 것 같다. 자, 이제 당신이라면 어떻게 할 것인가? 옆 사람의 눈치는 보지 말고 솔직한 자기 마음을 대답해 보시라. 나라면 바꾼다. 오늘날 기대수명이 100년이라는 호모 헌드레드(homo hundred)의 시대라고들 하는데, 젊어서는 워킹 푸어, 허니문 푸어, 하우스 푸어로 살다가 늙어서는 실버 푸어로 전락하고 마는, 한마디로 말해서 자칫 하다가는 삶이 더 큰 고역일 수도 있는 세상이다. 그러니 1년쯤 먼저 돌아가도 남는 한은 별로 없다. 그 대신 마누라와 자식에게 100억 원을 물려준다면 얼마나 좋은 일인가? 그래서 예전에 어느 보험회사의 광고에도 이런 카피가 있었다. "남편이 죽었습니다. 10억 원을 받았습니다." 그다음 카피가 "우리 아이에게 새 아빠가 생겼습니다"였다는 믿거나 말거나 식의 이야기도 있었던 것 같다.

마음이 씁쓸하다. 이런 이야기를 하려고 했던 것이 아닌데 이야기가 많이 엇나가고 말았다만, 아무튼 시간은 우리에게 그만큼의 행복을 가능하게 해 주기도 하지만 때로는 고통이기도 하다. "4월은 가장 잔인한 달, 죽은 땅에서 라일락을 키워 내고 기억과 욕망을 뒤섞고 봄비로 잠든 뿌리를 뒤흔든다"는 구절로 시작되는 T. S. 엘리엇(Thomas Stearns Eliot)의 시 「황무지」의 제사(題詞)에는 영원히 사는 무녀의 이야기가 있다. 이 무녀는 신에게 영원한 생명을 약속받았지만, 영원한 청춘을 함께 달라고 말하는 것을 깜빡 잊어버리고 말았다. 늙고 병들어 새장 속에 갇힌 무녀에게 아이들이 소원이 무엇이냐고 묻자 무녀는 이렇게 대답한다. "죽고 싶어." 이 무녀에게 영원한 시간은 축복이 아니라 너무도 끔찍한 고통인 것이다. 영원까지는 아니더라도 시간이 끔찍한 이들은 우리 주변에도 많다. 가령 제대를 한 달 앞둔 말년 병장에게 시간은 마치 거북이 걸음처럼 느리게 갈 것이다. 그러다 하필 그 부대로 북한 병사가 노크 귀순이라도 해 오는 날이면, 그래서 온 부대에 비상이 걸리고 휴가고 외출이고 심지어 제대도 보류되면 그때는 지옥이다. 요컨대 행복을 기다리는 이들에게는 시간이 너무 길고 지금 이 순간 행복한 이들에게는 시간이 너무 짧다. 여러분에게는 어떠한가?

내가 원숭이보다 못하다고?

『열자(列子)』의 「황제(黃帝)」편을 보면 춘추전국시대 송나라에 저공(狙公)이라는 사람이 살았다. 저공은 원숭이를 많이 기르고 있었는데 아침저녁으로 도토리 4개씩을 주었다. 그러다 먹이가 부족해지자 저공이 원숭이들에게 말하기를 "앞으로 너희들에게 주는 도토리를 아침에 3개, 저녁에 4개씩 주겠다"고 하자 원숭이들은 화를 내며 아침에 3개를 먹고는 배가 고파 못 견딘다고 하였다. 그러자 저공은 "그렇다면 아침에 4개를 주고 저녁에 3개를 주겠다"고 하자 원숭이들이 좋아하였다고 한다. 이 이야기를 모르는 사람은 아마 없을 것이다. 여기서 나온 말이 바로 '조삼모사(朝三暮四)'인데, 흔히 얕은꾀로 다른 사람을 속인다는 의미로 사용된다. 반대로 그런 꾀에 속는 어리석음을 비유하기도 한다. 아침에 3개, 저녁에 4개를 받든 아침에 4개, 저녁에 3개를 받든 간에 모두 7개를 받는다는 사실에는 변함이 없는데도 4개를 먼저 받는다는 데 현혹되었기 때문이다. 하기야 원숭이만 그런가? 우리도 눈앞의 작은 이익에 현혹되어 어리석은 선택을 저지르고 만 적이 어디 한두 번인가 말이다.

그런데 뜻밖에도 경제학은 원숭이들의 결정이 어리석은 것이 아니라 현명하다고 가르친다. 모두 7개라는 사실에는 변함이 없지만, 아침에 3개, 저녁에 4개보다는 아침에 4개, 저녁에 3개가 낫다는 것이다. 왜냐고? 가장 쉬운 이유를 들자면 아침에 도토리를 주고 나서 갑자기 저공이 죽어 버릴 수도 있지 않은가? 이럴 때는 아침에 4개를 미리 받아 놓았다는 것이 그나마 위안이 될 것이다. 예가 너무 극단적이다 싶으면 조금 더 쉬운 예를 들어 보자. 아침에 4개를 받으면 그 도토리를 아침에 먹을 수도 있고 아껴 두었다가 저녁에 먹을 수도 있지만, 아침에 3개를 받으면 선택할 수 있는 대안이 적어진다. 당연히 아침에 4개를 받는 편이 더 나은 것이다. 물론 사람마다 생각이 다를 수는 있다. 언젠가 중학생들에게 이 이야기를 설명하기 위해 "부모님이 오늘 용돈을 주시는 게 좋아요, 내일 용돈을 주시는 게 좋아요?" 하고 물었더니 내일 주시는 게 더 좋단다. 용돈을 가지고 있다 보면 써 버리기 때문이란다. 그렇다고 중학생들에게 부모님이 오늘 밤에 돌아가시면 어떡하냐고 물을 수도 없고, 이런 난감한 경우에는 나도 답이 없다.

중학생들이야 아직 어리니까 그렇다고 치자. 대개 사람들이 미래보다 현재를, 먼 미래보다는 가까운 미래를 더 선호한다는 사실은 분명하다. 미래보다 현재의 소비가 더 큰 효용을 준다는 것을 경제학에서는 '시간선호(time preference)'라고 부른다. 서양 속담을 잠시 빌리면 "손안의 새 한 마리가 숲 속의 새 두 마리보다 낫다"는 것이다. 우리 속담은 더 적나라하다. "아끼면 똥 된다"가 바로 시간선호에 관한 표현이다. 우리가 은행에 저금하면 이자를 받는 것도 바로 이 시간선호의 대가이다. 미래보다 현재를 더 선호하기는 하는데 얼마나 더 선호하는가를 '할인율(discount rate)'이라고 부른다. 할인율이라는 말이 낯설다면 이자율을 생각하면 된다. 할인이란 이자를 제한다는 의미이기 때문이다. 사채업자들은 전문용어로 "와리깡"이라고 부르기도 한다. 다른 대학도 그런지는 모르겠다만 내가 강의하는 대학의 화장실에서는 가끔 "학생신용대출", "학생증만 있으면 당일 100만 원 대출"이라는 스티커가 보인다. 그래서 학생들에게 아무리 어려워도 사채는 절대 쓰면 안 된다고 이야기하고는 한다. 그런데 한번은 어느 학생이 등록금을 빌려 달라고 찾아왔다. 이럴 때 훌륭한 교수님들은 점심값을 아껴서 제자의 등록금을 대신 내 주시기도 하더라마는 다들 아시다시피 나는 그런 사람이 못 된다. 그래서 학장님께 가서 말씀드리라고 했다.

예전에 왕회장이라 불렸던 분은 "아버지 소 판 돈 70원"으로 사업을 시작했다고 말한 적 있다. 그때의 70원이 지금의 얼마인지 정확하게는 모르겠지만, 소 한 마리 값이 사립대학교의 한 학기 등록금과 비슷할 테니 400만 원이라 가정하고, 우리도 등록금 400만 원으로 사업을 시작해 보자. 내가 이 돈을 지금 쓰지 않고 1년 후에 쓰기로 하고 은행에 맡긴다면 당연히 이자가 나올 것이다. 이자율이 10%라고 가정하면 1년 후의 나에게는 원금 400만 원과 이자 40만 원을 합한 440만 원이 들어올 것이다. 수식으로 적으면 400만 원×(1+0.1)=440만 원이 된다. 할인이란 똑같은 개념을 거꾸로 표현한 것이다. 그렇다면 1년 후의 440만 원은 지금 얼마일까? 10%를 곱해 주는 대신 나눠 주면 된다. 즉 440만 원÷(1+0.1)=400만 원이 된다. 그럼 지금의 400만 원이 2년 후에는 얼마가 될까? 400만 원×(1+0.1×2)=480만 원일까? 아니다. 400만 원×(1+0.1)²=484만 원이 된다. 이자 40만 원에도 또 이자 4만 원이 붙기 때문이다. 마찬가지로 2년 후의 484만 원은 지금 484만 원÷(1+0.1)²=400만 원과 같은 가치를 가진다. 이제 이자율, 즉 할인율을 r이라 하고 기간을 n이라고 하면 지금의 A원은 미래 가치로 A×(1+r)ⁿ원이 되고 미래의 A원은 현재 가치로 A÷(1+r)ⁿ원이 된다. 참 쉽죠잉?

문제는 세상 일이 언제나 그렇게 쉽지만은 않다는 것이다. 할인율은 시점 간 선택의 문제에서 매우 중요한 문제다. 가령 당신이 업무에 쓰기 위해 컴퓨터를 주문했는데 오늘 물건을 배송 받으려면 내일 받는 경우보다 10달러를 더 지불해야 한다. 과연 당신은 10달러를 더 지불하고 오늘 배송 받겠는가, 하루를 참고 내일 받겠는가? 늘 하는 이야기지만 여기에 정답은 없다. 다만 많은 사람이 10달러 정도라면 더 지불하더라도 오늘 상품을 배송 받고자 한다. 컴퓨터는 그리 싼 물건이 아니니 10달러쯤 더 지불한다고 해도 큰 부담이 아니다. 그런데 똑같은 질문을 "31일 후에 물건을 받겠는가, 10달러를 더 지불하고 30일 후에 받겠는가?" 하고 물으면 거의 예외 없이 사람들은 31일 후에 받는 쪽을 선택한다. 어차피 30일을 기다렸는데 굳이 10달러를 추가로 지불하느니 하루를 더 기다리겠다는 것이다. 얼핏 보기에 이런 선택에는 아무런 모순도 없는 듯하다. 그러나 30일이 지나서 같은 질문을 다시 던져 본다면 10달러를 더 지불하고 오늘 물건을 받겠느냐는 질문과 똑같은 질문이 된다. 말하자면 사람들은 같은 질문에 다른 대답을 한 셈이다. 솔직히 말하면 나도 똑같이 대답할 것이다. 이러한 현상을 '선호역전'이라고 부른다. 물론 앞에서도 나왔듯이 선호역전이라는 개념은 이러한 시간선호의 경우에만 사용되는 것이 아니라, 선호의 비일관성이 나타나는 여러 현상에 두루 적용되는 말이다. 그래서 다른 이들은 '시간적 비정합성'이라거나 '동태적 비일관성'이라고 말하기도 한다.

단순한 설명을 좋아하는 사람들이라면 이렇게 말할 것이다. 오늘과 내일의 하루 차이와 30일과 31일의 하루 차이는 당연히 다르지 않느냐고? 그 당연한 이치를 어렵게 설명하는 것이 바로 전문가들이다. 경제학자든 물리학자든 말이다. 그래서 여러분도 지금 이 책을 읽고 있는 것 아닌가? 시점에 따라 선호역전 현상이 일어나는 이유는 할인율이 일정하지 않기 때문이다. 주류경제학은 시간에 대한 할인율이 일정하다고 가정한다. 만약 할인율이 10%라면 처음부터 끝까지 똑같이 10%라는 것이다. 이러한 형태의 할인을 '지수형 할인(exponential discount)'이라고 한다. 이해를 돕기 위하여 지금의 100만 원을 간단히 10%의 할인율로 할인해 나가 보자. 1년 후에는 지금의 100만 원이 90만 원이 될 것이고 2년 후에는 81만 원, 그리고 3년 후에는 72만 9천 원이 될 것이다. 즉 1년 후의 100만 원은 지금의 90만 원과 같고, 2년 후의 100만 원은 81만 원과 같다. 물론 굳이 정확하게 계산하자면 1년 후 100만 원의 현재가치는 90만 9,090원이지만 좀 더 쉬운 설명을 위한 예시에 불과하니 간단히 90만 원이라고 하자.

그런데 행동경제학에서는 할인율 그 자체가 상황과 조건에 따라서 달

<그림 9-1> 시간에 따른 선호역전

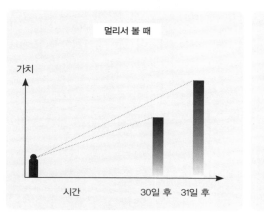

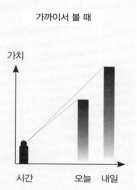

라진다고 가정한다. 먼 미래보다는 가까운 미래일수록, 다시 말해서 30일과 31일 사이에서보다는 오늘과 내일 사이에서 할인율이 더 크다는 것이다. 가령 시간이 지남에 따라 할인율이 12%, 10%, 9% 하는 식으로 체감한다고 가정하면, 지금의 400만 원은 1년 후에는 352만 원, 2년 후에는 316만 8천 원, 그리고 3년 후에는 288만 2,880원이 될 것이다. 이러한 형태의 할인을 '쌍곡형 할인(hyperbolic discount)'이라고 부른다.[1] 쌍곡형 할인을 가정하면 왜 사람들의 시간선호가 비일관적인가를 설명할 수 있다. 내일 물건을 받거나 10달러를 지불하고 오늘 받는 것 사이의 선택이 31일 후에 물건을 받거나 10달러를 지불하고 30일 후에 받는 것 사이의 선택과 달라지는 이유는 시간이 지날수록 할인율이 달라지기 때문이다.

---

1 시간선호와 쌍곡형 할인에 대해서는 여러 책에서 소개하고 있다. 본문의 설명은 주로 도모노 노리오,
  『행동경제학』, 193쪽 이하와 리처드 세일러, 『승자의 저주』, 185쪽 이하를 많이 참고하였다. 위에 나오는
  〈그림 9-1〉은 하워드 댄포드의 『불합리한 지구인』, 167쪽에서 빌렸다.

〈그림 9-1〉을 보면 먼 곳에서는 두 기둥의 높이, 즉 효용의 크기가 잘 비교된다. 따라서 30일 후가 아니라 31일 후를 선택하는 것이다. 그러나 가까운 곳에서는 앞의 기둥에 가려 뒤의 기둥이 보이지 않는다. 그래서 사람들은 내일보다 오늘을 선택한다. 일반적으로 시간이 멀수록 할인율은 낮아지고 시간이 가까울수록 할인율은 높아진다. 그래서 오늘과 내일 사이에는 할인율이 높으므로 사람들은 10달러 대신 오늘을 선택하지만 30일과 31일 사이에는 할인율이 낮으므로 30일보다 10달러를 선택하는 것이다. 물론 할인율은 시간에만 영향을 받는 것은 아니다. 할인의 대상이 되는 금액이나 효용이 작을수록 할인율은 높아지고 금액이나 효용이 클수록 할인율은 낮아진다. 만약 지불해야 할 대가가 10달러가 아니라 100달러라면 적지 않은 사람들은 오늘보다 내일을 선택했으리라는 이야기다. 마지막으로 사람들은 이익보다 손실에 대해 할인율을 더 크게 느낀다. 10달러를 지불해야 하는 선택의 할인율이 10달러를 받는 선택의 할인율보다 더 크다는 뜻이다. 이는 프로스펙트 이론의 손실회피성이나 현상 유지 바이어스와 같은 이유로 이해하면 되겠다.

애덤 스미스의 친구이자 『국부론』을 저술하는 데 큰 영향을 주었던 데이비드 흄은 사람들의 이러한 비일관성을 이렇게 갈파한 적이 있다. "지금부터 12개월 후에 내가 할 수 있는 행동을 생각해 볼 때 나는 항상 선한 쪽을 선택할 마음이 있다. 설령 시간상으로 그것이 가깝든지 멀든지 상관없이. 그러나 선택해야 할 순간에 접근해 갈수록 새로운 경향이 생겨 내가 처음 결심했던 내 행동 지침을 바꾸지 않고 고수하는 일이 쉽지 않다."[2] 간단

---

2 도모노 노리오, 『행동경제학』, 211~212쪽.

히 말하면 로또에 당첨되면 불우한 사람들을 위해 10억 원을 내놓겠다는 사람은 많지만, 지금 10만 원을 내놓는 사람은 적다는 뜻이다. 더 쉬운 예를 들자면 아침 출근길에는 오늘 저녁 아내를 위해 귀가해서 가사를 도와야지 마음먹었던 남편이 정작 퇴근 시간이 되면 동료와 술 한 잔의 유혹을 뿌리치지 못하는 것은 실은 그 남편이 유달리 나쁜 놈이어서가 아니라 사람들의 할인율이 쌍곡형이기 때문이다. 사람들의 이런 행동에 대해 어떤 이들은 그 이유를 사람이 비합리적이기 때문이라고 설명한다. 그러나 더 많은 사람이 그렇게 선택했다면 바로 그것이 합리성이다. 행동경제학은 사람들이 비합리적이라는 사실을 설명하는 학문이 아니라, 비합리적인 것처럼 보이는 선택들이 실은 합리적이라는 것을 설명하려는 학문이다. 다만 주류경제학과 행동경제학은 무엇이 합리성인가에 대한 정의가 서로 다를 뿐이다.

어제 같은 오늘

사람들의 시간선호가 그다지 일관되지는 않다는 사실은 다른 예에서도 나타난다. 우연히 응모한 이벤트에 당첨되어 멋진 프랑스 식당에서 비싼 요리를 먹을 수 있는 쿠폰을 받았다고 가정하자. 당신은 이번 주말에 식사를 하기를 원하는가, 한 달 후에 식사를 하기를 원하는가? 시간선호를 생각하면 이 질문의 정답은 당연히 "이번 주말에 식사하겠다"가 될 것 같다. 그런데 내 강의를 듣는 학생들에게 이 질문을 던져 봤더니 절반가량이 다음 달에 식사하겠다고 대답하였다. 물론 언제나 그랬듯이 그 가운데는 이번 주말에 시험이 있다거나, 함께 갈 친구가 없다는 등의 엉뚱한 답변도 있었지만, 그런 답변들을 모두 제외하고도 절반가량이 이번 주말이 아닌 다음 달의 식사를 더 선호한다는 것이다. 하기야 당신 학생들이 늘 그렇지 않느냐고 말씀하시면 뭐라고 대꾸할 말이 없다. 그러나 내 학생들만이 아니라 실은 미국 아이비리그의 대학생들도 비슷하게 응답하였다. 음~ 아이비리그라? 그렇다면 여기에는 뭔가 또 심오한 이야기가 있음직하다. 이번 주말의 식사를 포기하고 다음 달의 식사를 선택한다면 이자는 못 주더라도 당연히 샐러드 한 접시쯤은 더 줘야 한다. 그런데도 많은 이들이 아무런 대가 없이 이번 주말보다 오히려 다음 달의 식사를 더 선호하는 이유는 맛있는 식사 못지않게 그것을 기다리는 마음도 우리에게 효용을 주기 때문이다.

주류경제학은 어떤 상품의 소비 그 자체만 우리에게 효용이 있다고 가정한다. 다시 말해 지금 프랑스 요리를 먹는다는 직접적인 행위만이 우리에게 효용을 준다는 뜻이다. 우리가 효용이라고 말할 때에는 바로 이러한 의미다. 그러나 과거에 맛있는 요리를 먹어 본 사람은 그 기억을 떠올리면서 다시 효용을 얻기도 한다. 특히 그것이 사랑하는 사람과 바다가 보이는 멋진 레스토랑에서의 추억이라면 더욱, 그리고 마침 그 자리에서 그 멋진 연인이 당신에게 다이아몬드 반지를 건네며 낭만적인 프러포즈를 했다면 더더욱 그럴 것이다. 물론 그 멋진 놈이 지금은 당신 곁에서 드르렁 코를 골며 자고 있겠지만 말이다. 아무튼 이러한 효용을 '회상효용(retrospection utility)'이라고 부르기로 하자. 기존의 책들에 적당한 용어가 없어서 내가 만든 말이다. 물론 사람마다 회상효용의 정도는 다를 것이다. 평균적으로 보면 여성들의 경우가 남성들보다 회상효용이 더 강한 것 같다. 대개의 남자는 지나간 연애의 기억 따위에서 그다지 효용을 얻지 못한다. 첫사랑의 그녀를 떠올려 봐도 그저 맹숭맹숭할 뿐이다. 솔직히 그이의 얼굴도 가물가물 제대로 생각나지 않는다. 그래서 이놈들이 무슨 단란한 곳을 찾아다니는 것이다. 여성들의 경우는 내가 알 리 없다. 다만 영화나 소설을 보면 많은 여성들이 지금은 원수처럼 지긋지긋하기만 한 남편에 대해서도 연애 시절에는 멋진 남자였다고 기억하기도 한다. 물론 착각이겠지만 말이다.3

회상효용과 반대되는 것이 바로 '희망효용(anticipation utility)'이다.4 회상효용이 과거의 체험에서 오는 효용이라면 희망효용은 미래의 체험이 주는 효용이다. 프랑스 요리보다 더 좋은 예를 들어 보자. 당신은 내일 원빈—만약 당신이 여성이라면—과, 또는 김태희—물론 당신이 남성이라면—와 데이트를 하기로 했다. 과연 오늘 밤 잠이 올까? 밤새 뜬눈으로 지새울 망정 오늘 밤은 당신 인생에서 가장 행복한 밤일 것이다. 바로 희망효용 때문이다. 때로는 김태희와 마주 앉아 있는 그 순간의 체험효용보다 그와의 데이트를 기다리는 동안의 희망효용이 더 클 수도 있다. 물론 내가 김태희와 데이트를 할 확률은 로또에 열두 번 연속으로 당첨될 확률보다 낮겠지만, 이런 예는 우리의 생활 속에서 흔히 발견된다. 가령 여행을 예로 들어 보자. 여행의 즐거움 가운데 절반은 준비하는 동안에 나온다고 한다. 가령 당신이 난생처음 해외여행을 가게 되었다고 하자. 아마 한 달 전부터 여

---

3 사람들이 실제로 체험한 '경험효용'과 그 경험에 대한 '기억효용'은 다르다. 우리가 어떤 선택을 하는 데 더 큰 영향을 미치는 것은 대부분 경험효용이 아니라 기억효용이다. 그러나 우리의 기억이라는 것은 지극히 주관적일 뿐 아니라 때로는 모호하고 때로는 혼란스럽고 심지어는 거짓된 것이기도 하다. 구로자와 아키라(黑澤明) 감독의 「라쇼몽(羅生門)」이나 홍상수 감독의 「오! 수정」이 보여 주는 것처럼 말이다.

4 예전에 잠시 언급한 것처럼 'anticipation'은 '기대'로 번역하는 것이 가장 적절한 것 같지만 'expectation'과 혼란을 일으키기 쉬워서 '희망'으로 번역하였다. 경제학에서 기대란 확률적인 예상을 의미한다. 여기에서 희망이란 기다린다는 의미다. 그렇다면 차라리 '기다림 효용'이라고 해야 하나? 어떤 책을 보니 '고대'한다고 번역해 놓았는데, 의미는 확실하지만 좀 그렇다.

기에 갈까 저기에 갈까, 여긴 어떨까 저기는 또 얼마나 좋을까 하고 설레는 마음으로 행복할 것이다. 바로 희망효용 때문이다.

물론 때로는 부작용도 있다. 정작 여행지에 가서 실망하는 경우는 그나마 낫다. 경우에 따라서는 여행 출발일 아침이 되어 희망효용이 사라지고 나면 오히려 여행이 불안하고 마음을 무겁게 눌러서 이 여행을 꼭 가야 하나 싶은 마음이 들기도 한다. 바로 내가 그런데, 학교 일로 출장이라도 가게 되면 시간 여유가 없어서 가 보지도 못할 것을 뻔히 알면서 한 달 전부터 그 도시와 주변 지역의 여행 안내 책자를 달달 외울 만큼 읽는다. 그러나 막상 출발일이 되면 조금 과장해서 말하자면 마치 도살장에 끌려가는 소가 된 기분이다. 이런 마음이 가장 크게 드는 경우는 바로 결혼할 때이다. 느끼한 남자 리처드 기어와 입 큰 여자 줄리아 로버츠가 나오는 영화 가운데 「런어웨이 브라이드(Runaway Bride)」라는 작품이 있다. 습관적으로 결혼식 전날 도망가는 신부의 이야기다. 아마 이 글을 읽고 있는 독자들 가운데 기혼 여성이라면 그 마음에 공감하는 분이 적지 않을 것이다. 뭐라고 말로 설명하기는 어렵지만 당장 내일 아침 닥칠 결혼식이 왠지 두렵고, 좋아서 죽겠다던 남자가 갑자기 못 미덥고, 무엇보다 결혼 이후의 내 인생이 어떻게 변할지 불안한 마음 말이다.

사람들의 시간선호가 거꾸로 나타나는 데에는 희망효용 이외에 '향상에 대한 기대'가 작용하기도 한다. 학생들에게 앞의 질문과 비슷한 질문을 던져 보았다. 먼저 학교 앞 분식집의 라면과 멋진 레스토랑의 스테이크 가운데 선택하라고 하면 대부분 학생들은 스테이크를 선택한다. 물론 "스테이크를 좋아하지 않습니다" 하는 놈들은 빼고 하는 이야기다. 그런 다음 이번 주말에 라면을 먹고 다음 달에 스테이크를 먹겠느냐, 반대로 이번 주말 스테이크를 먹고 다음 달에는 라면을 먹겠느냐고 질문했더니 뜻밖에도 전자를 선택한 학생이 더 많았다. 나라면 당연히 일단 이번 주말에 스테이크를 먹고 본다. 다음 달에 무슨 일이 일어날지 누가 아느냐 말이다. 그러나 많은 사람들이 후자를 선택하는 이유는 바로 향상에 대한 기대 때문이다. 옛날에 할머니들이 자주 쓰는 표현처럼 '찰떡 다음에 개떡'보다는 '개떡 다음에 찰떡'이 훨씬 낫다는 이야기다.

"내일은 내일의 바람이 분다"는 유명한 영화 대사를 굳이 인용하지 않더라도 우리가 이 꿀꿀한 세상을 꿋꿋하게 버틸 수 있는 이유도 바로 내일은 오늘보다 나으리라는 믿음 때문이다. "내일은 내일의 해가 뜬다"였던가? 아무튼 가난한 보통 사람들이 힘들게 한 푼 두 푼 모은 돈을 저축하는 이유도 실은 알량한 이자 몇 푼 때문이 아니라 내일을 기다리는 마음 때문일 것이다. 오늘은 김치 한 보시기 놓고 라면을 먹지만 내일은 김태희와 멋진 레스토랑에서 스테이크 먹을 것을 기다리는 마음 말이다. 이쯤에서 그만 고백하자. 김태희 이야기를 자주 하기는 하지만 사실 그이는 내 스타일이 아니다. 나는 김혜수를 좋아한다. 아무튼 학생들이 지난달 성적보다는 이번 달 성적이 더 오르기를 바라는 마음도 향상에 대한 기대이고, 글쟁이가 지난달 원고료보다 이번 달 원고료가 좀 더 올랐으면 하는 마음도 바로 향상에 대한 기대이다. 기대한다고 실현되는 경우는 거의 없더라만.

제10장

다시 사람은
무엇으로 사는가?

아낌없이 주는 나무

　　　　　　　이제 슬슬 그동안 했던 이야기를 정리해 보자. 이 책을 시작하면서 던진 질문이 사람은 무엇으로 사는가 하는 것이었다. 그래서 먼저 같은 질문을 다시 한 번 던져 보련다. 사람은 무엇으로 사는가? 사람이 당연히 일용할 양식으로 살지 무엇으로 살기는? 그러나 어디 사람이 밥만 먹고 사는가? 삼겹살도 구워 먹고 소주도 마시면서 살아야지. 그래서 사람은 늘 이 돈으로 짜장면을 먹을 것인가 소주를 마실 것인가를 고민하면서 산다. 그런 고민 앞에 선 당신이 더 나은 대안을 선택하도록 도와주는 것이 바로 경제학이다. 경제학을 선택의 학문이라고 부르는 것도 바로 그런 이유에서다. 믿거나 말거나. 그런데 실은 경제학의 지혜라는 게 매우 단순하기는 하다. 소주보다 짜장면이 나에게 더 많은 행복과 만족을—경제학의 용어로 표현하자면 효용을—준다면 짜장면을 먹으면 되고, 반대로 짜장면보다 소주가 나에게 더 많은 효용을 준다면 소주를 마시면 된다. 물론 효용은 주지만 건강에는 그다지 좋지 않다. 누가 그걸 몰라서 소주를 마시나? 알면서도 마셔야 하니 괴로울 수밖에. 아무튼 소주를 더 좋아하느냐, 짜장면을 더 좋아하느냐를 경제학에서는 선호라고 부른다. 이건 정말 쉬운 이야기다. 소주를 좋아하면 소주를 마시고 짜장면을 좋아하면 짜장면을 먹으라는 것인데, 솔직히 사람의 마음이 늘 그렇다면야 경제학자들이 고민할 이유가 없을 터이다.

그런데 가끔 우리는 이렇게 간단하지만은 않은 실존적(?) 고뇌에 빠질 때가 있다. 가령 나는 짜장면을 먹고 싶지만 애인에게 차인 친구 때문에 함께 소주를 마시기도 하고, 반대로 소주 한잔하고 싶은 마음이 간절하지만 지금 막 병원에서 간암 선고를 받고 온 친구—이건 너무 센가? 그냥 어제의 숙취로 오늘 속이 쓰린 친구라고 하자—를 위해서 짜장면 한 그릇으로 참기도 한다. 이런 마음을 무엇이라고 표현해야 하나? 경제학에서 말하는 선호란 "니가 하고 싶은 대로 하라"는 것이다. 이건 정말 쉽게 이해된다. 그런데 참으로 이해하기 어려운 것이 있으니, "네가 기뻐하니 내 마음도 기쁘다"는 이 마음은 도대체 무슨 말로 표현하느냔 말이다. 그런데 이런 마음을 표현할 말이 경제학에 있다. 참 대단한 학문이다. 바로 '사회적 선호(social preference)'라는 것이다.

딸아이의 책장에서 우연히 『아낌없이 주는 나무』라는 책을 발견하였다. 그 책을 펼쳐 보면서 사뭇 남다른 감회가 들었던 이유는 단지 고등학생이던 시절 나도 그 책을 읽었기 때문이 아니라, 좋아하던 옆집 여학생에게 그 책을 선물한 적이 있기 때문이다. 이런, 그게 벌써 삼십 년 하고도 한참 전의 일이다. 최백호의 노래처럼 첫사랑 그 소녀도 분명히 어디서 나처럼 늙어가고 있을 터이다. '사회적 선호'란 아낌없이 주는 나무처럼 사람들이 어떤 선택을 할 때 자신의 효용만이 아니라 다른 사람의 효용도 함께 고려한다는 뜻이다. 아니, 왜? 우리 모두 애덤 스미스 할아버지께 배우지 않았는가? 사람은 이기적 동물이라고. 그런데 왜 나의 효용만 따지면 되지 남의 효용까지 생각하느냐고? 그래서 인간은 알다가도 모를 동물이다. 인간이 그렇게 단순한 동물이었다면 그 숱한 죄악이 모두 어디서 왔겠는가? 아무튼 이렇게 알다가도 모를 사람의 마음을 찾아서 경제학이 여기까지 온 것이다.

경제학에서 호모 에코노미쿠스의 첫 번째 속성으로 지적하는 이기심이란 나의 이익을 위해 타인을 해치거나 그의 이익을 침해하는 따위와는 거리가 먼, 쉽게 이야기하자면 지금보다 조금만 더 행복해지고 싶다는 소박한 마음을 의미한다는 이야기는 한참 이전에 이미 했다. 그런 이기심 때문에 빵집 주인은 조금 더 일찍 가게 문을 열고 푸줏간 주인은 조금 더 맛있는 고기를 가져다 놓으려고 하는 것이다. 그러니 이런 이기심은 남을 해치는 이기심이 아니라 나를 위하는 동시에 다른 사람도 행복하게 하는 이타심이다. 다만 다른 사람의 행복을 위해 적극적으로 애쓰지는 않으니 소박한 이타심이라고 불러야 옳겠다. 경제학의 아버지로 불리는 스미스 선생님은 그 마음을 '동감(sympathy)'이라고 불렀다. 불쌍하다는 의미의 '동정(compassion)'이 아니라, 너의 마음과 나의 마음이 같다는 뜻이다. 물론 불쌍하다는 그 마음도 동감의 한 부분을 이루기는 한다.[1]

애덤 스미스만 동감에 대해 이야기한 것이 아니다. 「지상에서 영원으로」,

---

1 애덤 스미스에 관한 예전의 책들에서는 'sympathy'를 '동정(심)'으로 번역하는 경우가 많았다. 그러다 보니 'compassion'과 혼동하여 용어를 사용하는 경우도 있었다. 요즘 책들은 대개 전자를 '동감'으로, 후자를 '동정(심)'으로 번역한다.

「왕과 나」 등의 명작들에 출연했던 여배우 데버러 커(Deborah kerr)가 주연한 영화 가운데 「차와 동정(Tea and Sympathy)」이라는 작품이 있다. 동정이라고 번역했지만 원제목은 'sympathy'다. 내용을 잠깐 들여다보면 학생들에게 매우 억압적인 교사가 있다. 그는 자신의 교육 방식이 학생들을 위해 최선이라고 믿는다. 그 대신 교사는 오후의 휴식 시간에 학생들을 자신의 관사에 불러 차를 대접함으로써 자신의 진심을 학생들에게 알리고자 한다. 하지만 교사의 부인과 학생이 사랑에 빠진다. 실은 영화 속에서만 그랬던 것이 아니라 실제로 열 살 차이이던 주연 남녀 배우가 사랑에 빠지는 사건도 있었다. 아무튼 영화 제목과는 달리, 아니 어쩌면 그것이 원제목의 의도였는지도 모르겠다만, 이 교사에게는 학생들을 위한 동정은 있었지만 동감은 없었던 것이다.

사람들이 타인의 감정에 동감을 느끼는 이유에 관해 스미스는 두 가지로 설명한다. 하나는 우리가 흔히 이기심으로 번역하는 자애심과 동류의식(fellow-feeling)의 발로에서이다. "동감의 원인이 무엇이건 간에, 또는 그것이 어떻게 생겨나건 간에 다른 사람도 마음속으로 우리 마음속의 감정에 동류의식을 느끼고 있음을 보게 되는 것 이상으로 즐거운 것은 없다. 또한 다른 사람이 마음속으로 우리와는 반대로 느끼고 있음을 보게 되는 것만큼 충격적인 일도 없다. 우리의 모든 감정을 정련된 자애에서 끌어내기 좋아하는 사람들은 그들 자신의 자애의 원리에 따라서 이런저런 기쁨과 고통을 완전히 설명해낼 수 있다고 생각한다."[2] 간단히 말해서 내가 그를 이렇게 대접하면 그도 나를 똑같이 대접하리라는 기대가 바로 동감이다. 그

---

2 애덤 스미스, 『도덕감정론』, 13쪽.

래서 『성경』의 말씀에도 "남에게서 바라는 대로 남에게 해주어라"라고 하셨지 않은가. 이런 마음을 표현하기 위해 김건모의 가사를 빌리면 "입장 바꿔 생각을 해 봐!"이고, 수준 있는 사자성어를 잠시 가져오자면 역지사지(易地思之)의 마음이다. 행동경제학에서는 스미스 할아버지가 말씀하신 이런 마음을 좀 더 어려운 말로 '상호적 이타성(reciprocal altruism)'이라고 부른다.[3] 내가 타인의 이기심을 존중하고 그의 효용과 선호를 존중하는 이유는 그래야만 타인도 나의 이기심을 존중해 줄 것이기 때문이다. 내가 타인의 사적 소유물에 함부로 손대지 않는 것도 모두 같은 이유에서다. 물론 우리가 어떤 선택을 할 때마다 일일이 내가 이렇게 해 주면 너도 나에게 똑같이 보답하겠느냐고 확인하지는 않는다. 이런 약속은 그 사회의 제도와 관습 속에 체화되어 있는 것이 보통이기 때문이다. 따라서 우리는 일일이 확인하지 않더라도 타인이 어떻게 행동하리라는 것을 예측할 수 있다. 물론 모든 사람이 반드시 그렇게 행동하지는 않는다. 세상을 살다 보면 온갖 인간을 다 만나게 된다. 어차피 우리가 살고 있는 이 세상은 위험성과 불확실성으로 가득 찬 확률의 세계가 아니던가? 다만 그 확률은 시장경제가 더 성숙하고 시장 윤리가 더 존중받는 사회일수록 그만큼 높아진다.

이처럼 상호적 이타성이란 조건부 이타심이다. 다른 말로 하면 소극적인 이타심이며 소박한 이타심이다. 궁금한 일은 이런 소박한 이타심을 넘어서, 사람들이 다른 사람의 행복에 함께 기뻐하는 것을 넘어 더 적극적으로 그들의 행복을 위해 애쓰고 더러는 그들의 행복을 위해 나의 행복이 줄어드는 것까지도 감수하는 그런 아낌없는 마음은 도대체 어디서 오느냐는

---

3 리처드 H. 세일러, 『승자의 저주』, 38쪽.

것이다. 동감을 자애심의 발로로 설명하는 데 대해서 정작 애덤 스미스 자신은 그다지 만족스럽게 여기지 않은 듯싶다. 오히려 그는 동감을 이기심(selfishness)과는 전혀 다른 감정으로 설명한다. "인간이 아무리 이기적인 존재라 하더라도, 그 천성에는 분명히 이와 상반되는 몇 가지가 존재한다. 이 천성으로 인하여 인간은 타인의 운명에 관심을 두게 되며, 단지 그것을 바라보는 즐거움밖에는 아무것도 얻을 수 없다 하더라도 타인의 행복을 필요로 한다. 연민과 동정심이 이런 종류의 천성에 속한다. 이것은 타인의 고통을 보거나 그것을 아주 생생하게 느낄 때 우리가 느끼는 종류의 감정이다."[4] 단지 그것을 바라보는 즐거움밖에는 아무것도 없을 수 없음에도 우리는 타인의 행복을 필요로 한다. 이런 마음을 김규항은 『B급 좌파』 서문에서 "우파는 자기 혼자만의 양심을 건사하기에도 힘겨워하지만 좌파는 타인의 양심까지 건사하기 위해 애쓴다"고 좀 더 수준 있게 표현한다. 남의 양심까지 건사하려 하다니 참으로 대단한 오지랖이다. 나는 이 양반을 존경하지만 따라 하지는 못한다.

아무튼 이타심이 이기심에서 나온다면 이해하지 못할 바가 전혀 아니다. 그러나 아무런 대가도 바라지 않고 타인의 행복을 기뻐할 수 있다면, 그런 마음은 도대체 어디서 나오는가 말이다. 행동경제학에서는 이런 마음을 '순수한 이타심(pure altruism)'이라고 부른다.[5] 순수한 이타심은 간단히 말해서 아무런 대가 없이 타인의 행복을 기뻐하는 마음을 말한다. 순수한 이타심의 반대편에는 당연히 '불순한 이타심(impure altruism)'이 있는데, 이는 대가를 바란다는 뜻이 아니라, 타인이 행복하건 말건 나의 선한 행동

---

4 애덤 스미스, 『도덕감정론』, 3쪽.
5 리처드 H. 세일러, 『승자의 저주』, 42쪽 이하.

을 즐긴다는 뜻이다. 내가 좋아하는 서양 속담 가운데 "에밀리에게는 에밀리의 장미를"이라는 것이 있다. 내가 주고 싶은 것이 아니라 사랑하는 그이가 받고 싶은 것을 주라는 말이다. 간단한 일이다. 에밀리가 빨간 장미를 원하면 빨간 장미를, 노란 장미를 원하면 노란 장미를 주면 된다. 그런데 우리 주변에는 상대방이 무엇을 원하는가는 무시한 채 그저 자기만족을 위하여 빨간 장미, 파란 장미, 찢어진 장미를 마구 던지는 사람들이 많다. 바로 불순한 이타심이다. 이런 놈들이 조만간 스토커가 된다. 나는 너를 이만큼 사랑하는데 너는 왜 나를 사랑하지 않느냐는 것이 스토커들의 똑같은 항변이다. 이놈아, 빨간 장미 말고 노란 장미 달라니까! 물론 스토커 이야기가 아니라 순수한 이타심의 반대말은 불순한 이타심이 아니라 바로 상호적 이타심이라는 이야기다. 앞에서 게임이론 가운데 반복게임을 설명하면서 '눈에는 눈, 이에는 이' 전략이 가장 효과적이라는 이야기를 한 적이 있다. 바로 상호적 이타심이다. 그런데 반대로 보상이나 처벌이 오히려 더 효과가 작더라는 이야기도 했었다. 보상이나 처벌이 오히려 순수한 이타심을 감소시키기 때문이다.

행동은 게임이다

이 글을 쓰면서 게임이론을 여러 번 인용하였다. 그러다 보니 게임이론이 행동경제학의 한 분야이거나 반대로 행동경제학이 게임이론의 한 분야인 것으로 생각하는 독자도 있을 듯싶다. 그러나 게임이론과 행동경제학은 전혀 별개의 분야로 따로 발전해 왔다. 다만 사람의 행동을 설명하기 위해 보다 현실적인 가정을 도입하고자 애쓴다는 점에서 서로 비슷한 내용이 많은 것도 사실이다. 그러다 보니 먼저 나온 게임이론은 행동경제학을 인용하는 경우가 별로 없지만, 뒤에 나온 행동경제학은 게임이론을 자주 인용한다. 게임이론을 이용한 행동경제학을 따로 행동게임이론(Behavioral Game Theory)라고 부르기도 한다. 너무 복잡한 이야기는 빼고, 여러 가지 상황에서 사람들의 사회적 선호가 어떻게 나타나는가를 게임이론을 빌려 이야기해 보자.

〈표 10-1〉 용의자의 딜레마

		이몽룡	
		협력	배반
변학도	협력	(3, 3)	(1, 4)
	배반	(4, 1)	(2, 2)

〈표 10-1〉을 보시면 이제 곧바로 '아, 용의자의 딜레마구나'라고 생각하실 것이다. 좀 뿌듯하신가? 용의자의 딜레마는 우월전략 게임이라고 부른다. 가령 이몽룡이 어떤 전략을 선택하든 변학도는 배반을 선택하는 것이 더 우월한 보수를 가져다준다. 반대로 변학도가 어떤 전략을 선택하든 이몽룡 역시 배반하는 편이 더 우월한 보수를 준다. 우월전략은 보수행렬이 N자형으로 나타난다. 즉 변학도의 보수를 큰 쪽에서부터 4, 3, 2, 1의 순서로 이어 보자. N자형이 나타난다. 마찬가지로 이몽룡의 보수를 큰 쪽에서부터 이어 보면 옆으로 누운 N자가 나타난다.[6] 두 사람 모두 배반이라는

---

6 지금 이야기하는 내용은 여러 책에서 소개하고 있다. 다만 보수행렬의 순서로 여러 가지 게임의 상황을 설명하는 방식은 정태인의 『착한 것이 살아남는 경제의 숨겨진 법칙』(상상너머, 2011)에서 빌렸다.

우월전략을 가지고 있으므로 균형은 두 사람 모두 배반하는 (2, 2)가 된다. 이미 이야기한 것처럼 용의자의 딜레마는 두 사람 모두 합리적으로 행동하였음에도 불구하고 결과는 가장 나쁜 선택이 이루어졌다는 것이다. 이래서는 경제학이 전제하는 합리성의 근거가 성립할 수 없다. 그렇다면 이 딜레마를 어떻게 극복할 것인가? 그 이야기는 조금만 더 기다리시라.

그런데 만약 두 사람 모두 우월전략을 가지지는 않고 한 사람만 우월전략을 가진다면 어떻게 될까? 가령 〈표 10-2〉를 보면 변학도는 이몽룡이 어떤 전략을 선택하더라도 배반이 우월전략이다. 그러나 이몽룡은 변학도가 협력할 때는 배반이 우월한 보수를 주고 배반할 때는 협력이 우월한 보수를 준다. 이 경우의 균형은 (4, 2)가 된다. 이몽룡은 변학도가 어떤 전략을 선택하느냐에 따라 선택이 달라진다. 그러나 변학도는 이몽룡이 어떤 전략을 선택하는가와 상관없이 배반을 선택할 것이다. 따라서 이몽룡은 협력을 선택할 수밖에 없다. 말하자면 변학도가 시장의 선도기업(leading company)과 같은 역할을 하는 셈이다.

〈표 10-2〉 다른 용의자의 딜레마

		이몽룡	
		협력	배반
변학도	협력	(3, 3)	(1, 4)
	배반	(4, 2)	(2, 1)

두 번째 상황은 흔히 사슴 사냥 게임이라고 부른다. 프랑스의 계몽사상가인 장 자크 루소(Jean-Jacques Rousseau)의 『인간불평등기원론』에는 사

슴 사냥에 관한 이야기가 나온다. "이렇게 사람들은 모르는 사이에 서로의 약속과 그것을 실행하는 일의 이익에 대한 개략적인 관념을 획득할 수 있다. 그러나 그것은 현재 눈에 보이는 이해가 그것을 요구할 수 있는 한도 안에서 이루어졌다. (……) 사슴을 잡으려고 할 경우, 각자는 맡은 자리를 충실하게 지켜야 한다고 생각했다. 그러나 한 마리의 토끼가 그들 중 누군가의 손에 닿는 곳을 우연히 지나가는 일이라도 있으면, 그는 아무 주저 없이 쫓아가 그 토끼를 잡았고, 그 때문에 자기 동료가 짐승을 놓치는 일이 있더라도 전혀 마음에 두지 않았다."**7** 사슴은 사냥하기 어려워서 반드시 두 사람이 협력해야 한다. 한 사람은 사슴을 쫓고 다른 사람은 길목을 지키고 있다가 사슴을 잡는다. 어렵기는 하지만 그 보수도 크다. 반면에 토끼는 쉽게 잡을 수 있다. 그러나 한 사람이 토끼를 잡으러 가면 다른 사람은 사슴을 놓치고 만다. 만약 내가 토끼를 잡으러 간다면 친구는 사슴을 놓치게 된다. 그러나 반대로 내가 자리를 지키더라도 친구가 토끼를 잡으러 가 버리면 나는 사슴을 놓치고 말 것이다. 자, 당신이라면 어쩔 것인가? 사슴을 잡기 위해 그 자리를 지킬 것인가, 그냥 토끼를 잡으러 갈 것인가?

〈표 10-3〉 사슴 사냥 게임

		이몽룡	
		협력(사슴)	배반(토끼)
변학도	협력(사슴)	(4, 4)	(1, 3)
	배반(토끼)	(3, 1)	(2, 2)

---

7 장 자크 루소, 최석기 옮김, 『인간불평등기원론/사회계약론』, 동서문화사, 2009, 96~97쪽.

사슴 사냥의 보수행렬은 〈표 10-3〉과 같다. 두 사람의 보수를 큰 쪽에서부터 이어 보면 U자형으로 나타난다.[8] 여기에는 아무런 우월전략이 없다. 사슴 사냥 게임에서 내가 어떤 전략을 선택할 것인가 하는 문제의 핵심은 거꾸로 친구가 어떤 전략을 선택할 것인가, 더 정확하게 말하면 친구가 어떤 전략을 선택할 것이라고 내가 기대하는가에 달려 있다. 만약 친구가 토끼를 잡으러 갈 것이라고 기대한다면 나도 토끼를 잡으러 가는 편이 낫다. 그러나 친구가 사슴을 몰고 올 것이라고 믿는다면 그 자리를 지키고 있다가 사슴을 잡는 편이 낫다. 과연 당신은 친구를 얼마나 신뢰하는가? 형태는 다르지만 사슴 사냥 게임의 문제가 용의자의 딜레마와 본질적으로 동일하다는 것을 아마 눈치 챘을 것이다. 문제의 핵심은 신뢰에 있다. 용의자의 딜레마에서도 비록 우월전략은 배반에 있지만, 두 사람 모두 신뢰를 지켜 협력하는 것이 최선의 결과를 가져온다. 사슴 사냥은 그러한 신뢰의 딜레마를 더 잘 보여 주는 예일 뿐이다.

세 번째 경우는 흔히 치킨 게임이라고 부르는 상황이다. 제임스 딘을 청춘의 아이콘으로 만든 영화 「이유 없는 반항」을 보면 소녀를 차지하기 위해 자동차를 타고 마주 보고 달리는 게임이 나온다. 당연히 두 자동차가 충돌하면 두 사람 모두 죽는다. 그러나 살기 위해 충돌을 피하면 치킨(겁쟁이)이라는 놀림을 각오해야 한다. 한마디로 무리에서 왕따, 찌질이, 빵셔틀이 되느냐 아니면 죽느냐의 선택인 것이다. 이 게임에서 최선은 두 사람 모두 충돌을 피하는 것이다. 최악은 당연히 충돌하여 둘 다 죽는 것이다. 물론 상대방이 먼저 피해 준다면 더 바랄 나위가 없겠지만, 내가 먼저 피하려 하지

---

8 물론 사슴 사냥 게임에서도 두 사람의 보수행렬이 반드시 대칭적이어야 하는 것은 아니다. 그럴 경우에는 어떤 결과가 나올지는 스스로 표를 그려서 생각해 보시라.

않는다면 상대방 역시 먼저 충돌을 피하여 겁쟁이로 불리고 싶어하지는 않을 것이다. 〈표 10-4〉는 치킨 게임의 보수행렬을 그린 것이다. 치킨 게임의 보수행렬은 사슴 사냥과 정반대 모양인 역U자형으로 나타난다.

<표 10-4> 치킨 게임

		이몽룡	
		협력(피한다)	배반(충돌한다)
변학도	협력(피한다)	(3, 3)	(2, 4)
	배반(충돌한다)	(4, 2)	(1, 1)

치킨 게임이 우리에게 이야기하는 교훈은 이타적 행동이 최선의 결과를 가져온다는 것이다. 이 게임에서 가장 좋은 선택은 나의 효용을 계산하는 이기적 행동이 아니라 타인의 효용을 먼저 존중하는 이타적 행동에 있다. 즉 변학도와 이몽룡 모두 자신의 보수를 가장 크게 하려고 충돌을 선택한다면 결과는 (1, 1)이 되고 만다. 그러나 두 사람이 서로 상대방의 보수가 가장 큰 경우를 선택한다면 결과는 (3, 3)이 된다. (1, 1)도 치킨 게임의 균형이고 (3, 3)도 역시 균형이다. 게임에서는 여러 개의 균형이 존재하기도 한다. 다만 어느 균형을 선택하느냐가 문제일 뿐이다.

우리를 술 푸게 하는 것들

교과서에 실리는 시나 수필에는 다 그만한 이유가 있기 마련이다. 그만큼 훌륭한 작품들이라는 뜻이다. 내가 중·고등학

246

생이던 시절 교과서에 실렸던 작품들 가운데 지금도 기억에 남아 있는 몇 편이 있다. 그 가운데 내용은 그다지 기억나지 않지만 제목만은 유달리 기억나는 수필이 있다. 바로 안톤 슈나크(Anton Schnack)라는 독일 사람이 쓴 「우리를 슬프게 하는 것들」이라는 수필이다. 지금 기억나는 그 글 속의 문장은 "울음 우는 아이들은 우리를 슬프게 한다"는 한 구절뿐이지만, 그 제목만은 내 가슴 속에 남아 시시때때로 되살아나고는 한다. 때로는 나를 슬프게 하는 것들로, 때로는 나를 기쁘게 하는 것들로, 때로는 나를 화나게 하는 것들로, 때로는 나를 억울하게 하는 것들로, 그리고 아주 자주는 우리를 술 푸게 하는 것들로…… 물론 대부분의 경우 내가 분노하는 일들은 김수영 시인이 말했듯이 왕궁의 탐욕 따위는 아니고 아주 사소한 일들이다. 국밥집 아줌마가 살코기는 적게 주고 비계만 많이 넣었다거나, 동네 슈퍼 아저씨가 거스름돈을 100원 적게 주었다는 것 등등 말이다. 뭘 그런 일로 분노하느냐고? 그럼 당신을 분노하게 하는 일은 무엇인가?

그러니 이제 무엇이 우리를 분노하게 하는지 따져 보자. 아주 급하게 처리해야 할 일이 있어서 바쁜 업무 시간 가운데 겨우 짬을 내서 은행에 들렀을 때 당신을 가장 분노하게 하는 일은 무엇인가? 바로 내 앞 차례의 눈도 어둡고 귀도 어두운 할머니가 전기요금 몇천 원을 내느라고 당신을 10분이나 기다리게 한 일? 하필 오늘 처음 발령받은 인턴 행원의 일 처리가 미숙해 또 당신을 10분 더 기다리게 한 일? 당신이 태어나서 지금까지 단 한 번도 찍어 본 적이 없는 정당의 국회의원이 '저축의 날'이라는 빨간 어깨띠를 두르고 1일 은행원이랍시고 창구에 앉아 있는 일? 게다가 그놈의 국회의원이 헤벌쭉 웃으면서 당신에게 악수를 청한 일? 아니다. 은행에서 우리를 가장 분노하게 하는 일은 바로 나보다 늦게 온 옆줄 고객이 나보다 먼저 가는 일이다. 할머니는 할머니니까 용서가 된다. 인턴 행원도 인턴이니까 용서가 된다. 국회의원은 용서가 안 되지만 어쩌겠는가, 내가 참아야지. 그러나 나보다 늦게 온 사람이 단지 줄을 잘 섰다는 이유로 나보다 먼저 돌아가는 일만은 참을 수 없다. 왜? 우리가 옹졸하기 때문인가? 그럴지도 모른다. 솔직히 내가 좀 옹졸하기는 하다. 하지만 소인배인 나는 그렇다 치고 대인배를 자처하는 당신은 왜 그런 사소한 일에 분노하는가 말이다.

요컨대 용의자의 딜레마를 해결하는 방법은 신뢰와 이타심이다. 실제로 사람들은 이기적이면서 동시에 이타적 행동을 선택하는 모순된 존재이다. 생물학자들은 사람이 이타적 행동을 하는 이유를 다섯 가지로 설명한다.[9] 첫 번째는 '직접적 상호성'이다. 이것은 앞에서 이야기한 상호적 이타성의 다른 표현이라고 생각해도 좋다. 그러나 우리가 좀 더 궁금한 것은 순수한 이타심은 어디에서 오는가 하는 것이다. 두 번째는 '간접적 상호성'이다. 역시 앞에서 이야기한 것처럼 상호적 이타심이 제도나 관습의 형태로 체화된 경우를 말한다. 세 번째는 '네트워크 상호성' — 노왁의 책에서는 '공간 게임' — 이다. 협력은 특정한 공간을 전제로 할 때 더 잘 이루어진다는 뜻이다. 공간이라는 개념을 네트워크로 이해할 수도 있다. 옆집 사람에게 망치를 빌려야 할 때, 평소에 인사를 나누면서 안면을 튼 이웃에게는 쉽게 빌릴 수 있지만 그렇지 못한 이웃에게는 어려운 이치다. 네 번째는 '혈연 선택'이다. 일반적으로 부모가 자식을 사랑하는 것은 이기적 동기와는 무관하다. 마찬가지로 혈연관계에 있을수록 더 협력하기 쉽고 더 이타적으로 행동하

---

9 이 이야기도 『착한 것이 살아남는 경제의 숨겨진 법칙』을 참고하였다. 그런데 이 책이 인용하고 있는 것은 바로 노왁(Martin Nowak)의 논문이다. 그러니 더 자세한 내용이 궁금한 독자는 마틴 노왁·로저 하이필드의 『초협력자』(허준석 옮김, 사이언스북스, 2012)를 읽어 보기 바란다.

게 된다는 뜻이다. 마지막으로 '집단 선택'이다. 이것은 협력이 개체가 아니라 그보다 상위인 집단의 이익까지 고려해야 한다는 뜻이다. 가령 개체의 차원에서는 배신자가 협력자를 이기는 경우가 많지만, 집단의 차원에서는 이기적으로 행동하는 구성원이 많은 집단이 이타적으로 행동하는 구성원이 많은 집단을 이기지 못한다는 것이다.

생물학자들의 이러한 설명은 우리로 하여금 저절로 고개를 끄덕이게 한다. 그러나 생물계의 수준에서 적용되는 원리가 반드시 그대로 인간 사회에 적용되는 것은 아닐 수 있다. 생물계에서 일어나는 일들은 사회에서 일어나는 일들을 설명하는 유용한 예이거나 비유일 뿐, 사람을 동물이나 세포로 환원시킬 수 없듯이 사람의 행동도 그런 방식으로는 충분히 설명될 수 없기 때문이다. 사람들이 가지는 순수한 이타심은 어디에서 오는가? 애덤 스미스는 그것을 사람의 천성이라고 설명한다. 솔직히 이보다 더 좋은 설명은 없다. 그러나 조금만 더 나아가 보자. 사람의 천성 가운데 어떤 천성이 그런 마음을 가져올까? 미안하다. 나도 모른다. 다만 전부는 아닐지라도 사람들이 이타적 마음을 가지는 이유 가운데 조금은 바로 '공정함(fairness)'에 대한 기대 때문이 아닐까 하고 조심스럽게 생각해 본다. 야구든 축구든 스포츠 경기를 보다 보면 심판의 오심 때문에 승부가 바뀌는 경우가 가끔 있다. 그런데 내가 응원하지도 싫어하지도 않는 두 팀 간의 시합에서도 대부분의 사람은 어느 한 팀이 오심 때문에 지게 되면 그 팀의 팬처럼 분노한다. 특히 그 팀이 약팀일 경우에는 더욱 그러하다. 내가 응원하는 팀도 아닌데 왜 그럴까? 평범한 민주 시민인 우리 모두에게는 공정함에 대한 기대가 있기 때문이다. 굳이 공자님 말씀이 아니더라도 우리는 "이로움을 보면 옳고 그름을 생각하는(見利思義)" 마음을 가지고 있는 것이다. 물론 아주 조금만 그렇다. 솔직히 현금이 쏠쏠히 들어 있는 지갑을 주우면 나도 마음이 흔들린다.

은행에서 나보다 늦게 온 옆줄 사람이 나보다 먼저 갈 때, 운전을 하는데 유독 내가 가는 차선이 더 막힐 때 사람들이 분노하는 이유는 꼭 은행업무가 늦다거나 목적지까지 가는 시간이 오래 걸려서가 아니다. 먼저 온 내가 더 늦는다는 사실이 억울한 것이다. 직장을 구했는데 막상 일해 보니 면접 볼 때 사장이 한 이야기보다 업무량도 많고 보수는 박하다. 그래도 대부분의 사람은 "그래, 그럴 수 있지" 하고 참는다. 회사 형편이 나아지면 사장님이 알아서 월급도 올려 주고 근무 환경도 좋아지겠지 하고 믿는다. 그런데 알고 보니 나와 함께 입사한 동료는 단지 사장과 같은 고향 후배라는 이유만으로 나보다 10만 원씩 더 받아 가는 것이다. 물론 이런 경우에 그 동료가 나보다 더 능력 있기 때문이라고 한다면 문제는 좀 애매해진다. 아무튼 우리나라 사람들이 특히 공정성에 대한 기대가 매우 높다는 것은 분명하다. 나는 그 이유를 개발 독재 시대를 거쳐 오면서 워낙 불공정한 일을 많이 당했기 때문이라고 생각한다. 아무튼 억울하다는 마음은 단순히 내가 받는 이익이 적다는 것과는 다르다. 사람들은 이익의 크기 못지않게 공정함에서도 행복을 느낀다. 왜 사람들은 나의 행복뿐 아니라 타인의 행복에서도 동감을 느끼는가? 그것이 공정하다고 생각하기 때문이다. 대부분의 보통 사람들은 내게 주어진 이익이 좀 적더라도 공정하게 선택했다고 스스로 생각할 때가 더 행복하다. 행복까지는 아닐지 몰라도, 그날 밤 잠자리에 들면서 왠지 내 마음이 더 뿌듯한 것만은 분명하다.

물론 때로는 공정함에 대한 기대가 이타심이 아니라 더 큰 이기심으로 분출되는 경우도 있다. 숭례문에 불 지른 사람이나 수년 전 대구 지하철에 불을 질러 수십 명의 생명을 앗아간 이들의 행동도 바로 공정함에 대한 기대가 좌절당했다는 심리, 더 쉽게 말해서 왜 나만 이렇게 억울해야 하는가 하는 심정 때문일 것이다. 이런 경우에는 과연 무엇이 공정한가라는 고민을 해 보지 않을 수 없다. 때로는 심판의 오심에 분노하면서도 우리는 오심 때문에 우리 팀이 이기면 오심도 경기의 일부라며 즐거워한다. 법을 이용해 고문 같은 비인간적인 행위들을 자행해 온 자들이 악법도 법이라고 주장하는 것과 같은 심보이다. 야구 시합 한 판에 고문기술자들과 비교하는 것은 좀 지나친가? 당연히 야구 시합 한 번 이기고 지는 일과 지하철에 불 지른 일을 똑같이 말할 수는 없다. 다만 나는 공정함의 잣대가 언제나 자기 자신이 되는 그 마음을 이야기하고 싶을 뿐이다. 공정함보다 더 중요한 것은 결국 타인에 대한 존중과 배려이다. 내가 억울한 일은 좀 참더라도 남이 억울한 일은 하지 말자는 이야기다. 하기야 나처럼 평범한 소시민들은 대부분 그렇게 산다.

참고문헌

- 경제교육연구회, 『근대사회 경제사상의 탐구』, 시그마프레스, 2008.
- 경제교육연구회, 『생활인을 위한 경제학 이야기』, 시그마프레스, 2008.
- 곽준식, 『브랜드, 행동경제학을 만나다』, 갈매나무, 2012.
- 김영세, 『게임의 기술』, 웅진지식하우스, 2007.
- 니혼게이자이신문, 송수영 옮김, 『마음을 유혹하는 경제의 심리학』, 밀리언하우스, 2005.
- 댄 애리얼리, 김원호 옮김, 『경제심리학』, 청림출판, 2011.
- 댄 애리얼리, 이경식 옮김, 『거짓말하는 착한 사람들』, 청림출판, 2012.
- 댄 애리얼리, 장석훈 옮김, 『상식 밖의 경제학』, 청림출판, 2008.
- 데이비드 보일·앤드류 심스, 조군현 옮김, 『이기적 경제학 이타적 경제학』, 사군자, 2012.
- 도모노 노리오, 이명희 옮김, 『행동경제학』, 지형, 2008.
- 로스 M. 밀러·버논 L. 스미스, 권춘오 옮김, 『실험경제학』, 일상이상, 2011.
- 리처드 H. 세일러, 최정규·하승아 옮김, 『승자의 저주』, 이음, 2009.
- 마이클 모부신, 김정주 옮김, 『왜 똑똑한 사람이 어리석은 결정을 내릴까』, 청림출판, 2010.
- 마이클 솔로몬, 김경자 외 옮김, 『기업이 알아야 할 고객 니즈의 50가지 진실』, 시그마북스, 2009.
- 마틴 노왁·로저 하이필드, 허준석 옮김, 『초협력자』, 사이언스북스, 2012.
- 박찬희·한순구, 『인생을 바꾸는 게임의 법칙』, 정문사, 2005.

- 버나드 맨더빌, 최윤재 옮김, 『꿀벌의 우화』, 문예출판사, 2010.
- 범상규·송균석, 『NON 호모 이코노미쿠스』, 네시간, 2010.
- 샘 소머스, 임현경 옮김, 『무엇이 우리의 선택을 좌우하는가』, 청림출판, 2013.
- 아이자와 아키라, 김지룡 옮김, 『승부에 강해지는 게임의 법칙』, 이다미디어, 2003.
- 안광호·곽준식, 『행동경제학 관점에서 본 소비자 의사결정』, 학현사, 2011.
- 애덤 스미스, 김수행 옮김, 『국부론』, 동아출판사, 1996.
- 애덤 스미스, 박세일·민경국 옮김, 『도덕감정론』, 비봉출판사, 2009.
- 야마모토 미토시, 이서연 옮김, 『심리학이 경제학을 만나다』, 토네이도, 2008.
- 오리 브래프먼·롬 브래프먼, 강유리 옮김, 『스웨이』, 리더스북, 2009.
- 이준구, 『36.5°C 인간의 경제학』, 랜덤하우스코리아, 2009.
- 이준구·이창용, 『경제학원론』, 법문사, 2010.
- 장 자크 루소, 최석기 옮김, 『인간불평등기원론/사회계약론』, 동서문화사, 2009.
- 정태인, 『착한 것이 살아남는 경제의 숨겨진 법칙』, 상상너머, 2011.
- 조준현, 『19금 경제학』, 인물과사상사, 2009.
- 조준현, 『누구나 말하지만 아무도 모르는 자본주의』, 카르페디엠, 2011.
- 조준현, 『서프라이즈 경제학』, 인물과사상사, 2009.
- 조준현, 『승자의 음모』, 카르페디엠, 2011.
- 조준현, 『중산층이라는 착각』, 위즈덤하우스, 2012.
- 조지 레이코프, 유나영 옮김, 『코끼리는 생각하지 마』, 삼인, 2006.
- 조지 애커로프·로버트 쉴러, 김태훈 옮김, 『야성적 충동』, 랜덤하우스코리아, 2009.
- 조지 애커로프·레이첼 크렌턴, 안기순 옮김, 『아이덴티티 경제학』, 랜덤하우스코리아, 2010.
- 최인철, 『나를 바꾸는 심리학의 지혜 프레임』, 21세기북스, 2011.
- 크리스토프 드레서, 전대호 옮김, 『수학 시트콤』, 해나무, 2012.
- 토머스 길로비치, 이양원·장근영 옮김, 『인간 그 속기 쉬운 동물』, 모멘토, 2008.
- 톰 지그프리드, 이정국 옮김, 『게임하는 인간 호모 루두스』, 자음과모음, 2010.
- 하워드 댄포드, 김윤경 옮김, 『불합리한 지구인』, 비즈니스북스, 2011.
- J. C. 브래드버리, 정우영 옮김, 『괴짜 야구 경제학』, 한스미디어, 2011.